Chuck Spezzano
Glückliche Partnerschaft

via nova
Verlag Via Nova

CHUCK
SPEZZANO

Glückliche Partnerschaft

Beziehungen in einer neuen Dimension

Verlag Via Nova

Übersetzung aus dem Englischen:
Ulrike Kraemer und Evelyn Horsch-Ihle

Originaltitel:
Relationships and the Golden Life
Copyright © 2015 Chuck Spezzano

---

1. Auflage 2016
Verlag Via Nova, Alte Landstr. 12, 36100 Petersberg
Telefon: (06 61) 6 29 73
Fax: (06 61) 96 79 560
E-Mail: info@verlag-vianova.de
Internet: www.verlag-vianova.de
Umschlaggestaltung: Guter Punkt, München
Satz: Sebastian Carl, Amerang
Verzierungen: © Milos Dizajn – shutterstock_150103664
Druck und Verarbeitung: Appel und Klinger, 96277 Schneckenlohe

© Alle Rechte vorbehalten

ISBN 978-3-86616-357-7

Für Sam Hazo

Danksagungen

Wo wäre ich ohne mein Team?
Meine Frau Lency und meine Kinder Christopher und J'aime, die mir Liebe, Inspiration und Unterstützung schenken.

Charlie und Cilla, die dafür sorgen, dass im Büro alles reibungslos läuft.

Harrylne und Peter, die alles rund um den Haushalt meistern.

Sunny, die dafür sorgt, dass meine Worte nicht aus der Reihe tanzen.

Eric und Celia Taylor, die meine Manuskripte lektorieren und Klarheit an unklare Orte bringen.

Sie bereinigen sie und verleihen ihnen größeren Glanz.

Sie helfen mir, sowohl den Wald als auch die Bäume zu sehen.

Ich danke euch allen, meine Lieben.

Mein Dank gilt Daniel Ladinsky für seine wunderbaren Übersetzungen der Texte mystischer Dichter und Sam Hazo für seine inspirierenden Gedichte, denen Weisheit, Menschlichkeit und Humor innewohnen.

Nicht zuletzt möchte ich *Ein Kurs in Wundern* für das hohe Maß an Heilung danken, das er mir persönlich geschenkt hat, und für die Inspiration des höheren Bewusstseins zum Einssein aus einem wahren christlichen Blickwinkel.

Inhalt

Einführung: Was ist für ein goldenes Leben erforderlich? 13

1   Griesgrämigkeit als eine Form von Kontrolle und Klage 23
2   Die Feinfühligkeit von Männern und Frauen in Beziehungen 26
3   Widerstand gegen das Tao 29
4   Das Partnerschaftsprinzip 32
5   Kenichi 34
6   Alles, was du brauchst, ist Bereitschaft 38
7   Deine Probleme in Beziehungen 40
8   Hartherzigkeit heilen 42
9   Dein Partner hat Recht 44
10   Die Macht des Loslassens 47
11   Das Selbstkonzept der Angst vor Nähe 49
12   Die Schichten heilen 51
13   Warum Männer zu Astronauten werden 53
14   Was unsere Klagen zeigen 55
15   Verschmelzung 56
16   Es begann mit Torheit 59
17   Die tiefe Zerrissenheit 61
18   Die Angst vor Nähe überwinden 64
19   Deine Klagen 67
20   Mit einem einzigen Partner die ganze Fülle des Lebens erfahren........... 69
21   Ahnenheilung 72
22   Dich nicht länger selbst betrügen 74
23   Der herzzerreißende Verlust der Ebenbürtigkeit 77
24   Die schamanische Geschichte 79
25   Sage Ja zu deinem Herzen 81

26 Gaben für deinen Partner...83

27 Kernbedürfnisse zeigen deine Kernpersönlichkeiten.................85

28 Du hast alles bekommen, was du brauchst 87

29 Deine Klagen verbergen deine Angst...88

30 „Ich muss die ganze Arbeit tun," klagte sie 90

31 Der Meister im Zentrum 92

32 Heilen durch Verstehen 94

33 Standpunkte 96

34 Unheilige Allianz..99

35 Anpassung – Der Fluch des goldenen Lebens 102

36 Der Sinn von Beziehungen..107

37 Im Schnelldurchgang durch Beziehungen 110

38 Die heilige Beziehung..113

39 Das Verlangen, anzugreifen 117

40 Wo du dich nicht rückhaltlos einbringst................................121

41 Seelenmuster geplatzter Träume 124

42 Ich bin du..126

43 Ich bin du, Teil 2 132

44 Selbstüberhöhung und Selbstentwertung in der Beziehung....135

45 Komm zurück in deinen Körper 138

46 Eine häufige Form der Schizophrenie 140

47 Wertlosigkeit heilen..142

48 Wie du dich wieder zentrieren kannst 144

49 Von unten nach oben 146

50 Von außen nach innen 148

51 Die höchste Autorität 150

52 Das fehlende Puzzleteil 152

53 Erkenne dich im anderen 154

54 Wenn ein Mann sich über seine Frau
   und eine Frau sich über ihren Mann beklagt 157

55 Vier Ursachen, die Beziehungen lähmen 160

56 Das Abenteuer, vor dem du dich fürchtest 163

57 Zwiespältigkeit 165

58 Dich dem goldenen Leben verpflichten...................................167

59 Die Gefühle, die du vermeidest 169

60 Dein anderer Partner im goldenen Leben..............................171
61 Die Macht, die rückhaltloser Hingabe innewohnt 173
62 Was du siehst und erlebst, ist deine Entscheidung 175
63 Der Teufelskreis aus Besonderssein und Unzulänglichkeit.........177
64 Du besitzt das, was dein Partner braucht 179
65 Etwas von ganzem Herzen wollen 181
66 Verpflichte dich deiner Vision und deiner Bestimmung............182
67 Eltern für unsere Eltern werden 184
68 Entscheide dich für Veränderung 187
69 Was Übertragung dich lehrt 189
70 Du bist auf dem Glauben an Ungerechtigkeit aufgebaut 191
71 Der Aufstieg des Ödipus...193
72 Der Veränderung verpflichtet..196
73 Wenn du im Autoritätskonflikt feststeckst 198
74 Den Tyrannen erlösen 200
75 Deine Rüstung ablegen 203
76 Was du dir selbst nicht vergeben kannst............................206
77 Vom Vergessen zum Erinnern..208
78 Der Liebeskomet 209
79 Mangel und der Mensch, den du nicht glücklich machen willst.........211
80 Du hast Angst davor, das zu bekommen, was du willst.............213
81 Integriere deinen Partner 215
82 Verrat heilen 218
83 Die verschiedenen Formen der Wut 221
84 Kundalini und Gnade 225
85 Am Scheideweg: Urteilen oder Geben?..............................228
86 Kommunikation mit dem Einssein...................................230
87 Deine Bestimmung erreichen 232
88 Liebe die Vergangenheit, erlöse die Gegenwart 235
89 Was eure Beziehung behindert......................................237
90 Was wollt ihr wirklich?..239
91 Schattenfiguren und Selbstkonzepte 241
92 Ich bin du, Teil 3 244
93 Persönliche Gedanken aufgeben 246
94 Der wichtige Scheideweg der ödipalen Verschwörung 248

95 Der Weg von einer besonderen zu einer heiligen Beziehung 251
96 Wie Groll euch von der Wahrheit fernhält 253
97 Verbitterung und Zorn 256
98 Das Selbst, das nie erwachsen wurde 258
99 Liebe und Hass gehören zusammen 260
100 Wenn du dich hilflos fühlst, stehst du deiner Bestimmung im Weg 263

Zusammenfassung 267

Einführung

Was ist für ein goldenes Leben erforderlich?

Ein goldenes Leben in Beziehungen zu führen heißt, ein goldenes Leben in allen Lebensbereichen zu führen. Wenn du es in deinen Beziehungen verwirklicht hast, dann erfüllt es dein ganzes Leben. Menschen, die keinen Weg der Heilung gehen, gelingt es nur selten und nur mit Hilfe der Liebe, ein goldenes Leben zu verwirklichen. In dem Maße, in dem die Liebe zu deinem Partner wächst, wächst auch die Liebe zu anderen Menschen und zu Gott. Ein Teil des goldenen Lebens besteht in dem Wissen, dass Gott wirklich ist und dass er einen Plan hat, der das Glück aller Menschen und allen voran dein eigenes Glück zum Ziel hat. Du kannst einen Beitrag zu dem leisten, was dich unbeschreiblich glücklich machen würde, indem du deinen Partner glücklich machst und selbst glücklich bist. Ein goldenes Leben in deiner Beziehung zu führen heißt, dass du sie in die Hände des Himmels gelegt hast, statt dem Ego zu erlauben, sie zugrunde zu richten. Deine Beziehung wird zu dem Werkzeug, mit dessen Hilfe du das goldene Leben erreichst. Sie ist deine Himmelsleiter, und du kannst deinen Fortschritt daran messen, wie erfüllt deine Beziehung ist. Dieser Prozess beginnt damit, dass du die volle Verantwortung für deine Erfahrung, deine Emotionen und deine Situation übernimmst, und in dem Maße, in dem du voranschreitest, übernimmst du diese Verantwortung ganz natürlich auch in Bezug auf deinen Partner. Wenn du den großen Schritt gemeistert hast, für deinen Partner ein ebenso hohes Maß an Verantwortung zu übernehmen wie für dich selbst, dann übernimmst du diese Verantwortung allmählich auch für die Welt, denn du erkennst, dass sie lediglich ein Spiegel deines eigenen Geistes ist. Dich selbst in anderen Menschen zu erkennen spornt dich dazu an, ein Leben der Vergebung in allen Dingen zu leben, denn wo die Liebe dich nicht erhebt, dort ist deine Vergebung gefordert, um deinen Frieden und dein Glück zurückzubringen. Alles, was zwischen dir und dem Himmel steht, tritt zwischen deinem Partner und dir zutage. Alle Angst, aller Angriff und alle Schuld, die du gehortet hast, treten als Problem zwischen euch oder in eurer Umgebung zutage. Du lebst ein Leben, in dem Vergebung, Großzügigkeit und Offenheit für Gnade nicht nur natürliche Aspekte des goldenen Lebens sind, sondern auch Voraussetzungen dafür, es leben zu können.

Du beginnst deine Beziehung mit der Besonderheit, die die Verliebtheit mit sich bringt, aber ohne Bewusstheit endet sie später in den Untiefen von Erwartungen und Enttäuschung. Wenn du nicht weißt, welchen Zweck deine Beziehung hat, wie sie sich entfaltet und was du tun kannst, um sie zu verbessern, wenn sie zu scheitern droht, dann bricht das, was geschieht, zwangsläufig wie aus heiterem Himmel über dich herein. Wenn du deinen Partner „besonders" machst, dann sagst du damit, dass er deine Bedürfnisse erfüllen soll. Du bist von ihm abhängig, wenn es um Liebe und Glück geht, und damit verwandelst du deinen Partner und deine Beziehung in einen Götzen. Ein Götze ist ein falscher Gott, was zu geplatzten Träumen, Groll und zu Selbstkonzepten führt, mit deren Hilfe das Ego seine Macht und damit dein Gefühl von Trennung vergrößert. Wenn du deinen Partner in einen Götzen verwandelst, dann versuchst du, ihn zur Geisel deiner Bedürfnisse zu machen. Götzen machen dich glauben, dass dein Glück von dem herrührt, was du bekommen kannst, und nicht aus deiner Liebe und aus dem resultiert, was sie dir eröffnet. Alle Menschen, die eine Beziehung eingehen, tun dies also aus dem falschen Grund und auf dem falschen Weg. Es liegt an dir, die Wende herbeizuführen und die richtige Richtung einzuschlagen. Ohne dieses Verstehen gelingt es einem Paar nur sehr selten, das goldene Leben gemeinsam zu erreichen. Wenn du diese wenigen, grundlegenden Prinzipien kennst, dann weißt du, dass der Himmel hinter dir steht, und wenn es dich nach Frieden und den höheren Zuständen der Liebe dürstet, dann ist das goldene Leben tatsächlich möglich.

Im goldenen Leben geht es nicht mehr nur um dich und deinen Partner als den Geliebten, sondern auch darum, dass du Gott deinen höchsten Geliebten sein lässt. Wenn du deinen Partner nicht als deinen Geliebten betrachtest, wird es dir allerdings nicht gelingen, das goldene Leben zu erreichen. Die Heilung des Grolls, der zwischen euch steht, und der Distanz, die euch trennt, ist der Ort, an dem du beginnst, erste Schritte auf das goldene Leben zuzugehen. Der Groll, den du gegen deinen Partner hegst, entspricht dem Maß an Groll, den du gegen alle Menschen hegst, und die Distanz, die dich von deinem Partner trennt, entspricht dem Maß an Distanz, die zwischen dir und allen Menschen steht, auch wenn du diese Erkenntnis vermutlich vor dir selbst verbirgst.

Die Menschen wissen in Wahrheit so wenig über Beziehungen, dass es ein Wunder ist, dass es überhaupt so viele funktionierende Beziehungen gibt. Eine funktionierende Beziehung schreitet Schritt um Schritt voran. Wenn Beziehungen sich in Machtkampf, Leblosigkeit oder chronischen Problemen verstricken, dann geht diese größte zwischenmenschliche Quelle verloren, und das Ego jauchzt vor Freude darüber, weil es seine selbstgerechten Mauern auf den Bausteinen ihrer Verletzungen errichtet.

Eine Beziehung soll dich glücklich machen, und wenn du nicht glücklich bist, ist es von entscheidender Bedeutung, die Verantwortung dafür zu übernehmen. Erkenne, dass deine emotionalen Verstimmungen von deinen Bedürfnissen und vor allem von deinem Bedürfnis nach Besonderheit herrühren, das vorgetäuschte Liebe ist. Um über deine Besonderheit hinauszugelangen, lässt du nicht zu, dass eine Emotion oder ein Umstand dir wichtiger sind als dein Partner. Du verzichtest auf Urteile und Groll, weil du weißt, dass du sie nur benutzt, um deinem Partner deine eigene Schuld aufzutischen. Es ist eine Mahlzeit, an der jeder erstickt. Du erkennst, dass alles, was zwischen dir und deinem Partner zutage tritt, lediglich ein Symptom der Angst ist, die du davor hast, zusammen mit ihm den nächsten Schritt hin zu größerer Nähe zu gehen. Unsere Ängste sind vielfältig, aber es gibt einige klassische Gemeinsamkeiten, wie etwa die Angst, dich in deinem Partner zu verlieren, oder die Angst vor dem Verlust der Kontrolle. In Wirklichkeit ist dies jedoch der Zweck einer Beziehung. Er besteht darin, dich selbst zu verlieren, um dich selbst zu finden. Er besteht darin, das Selbst zu verlieren, das du aufgebaut hast, um das andere Selbst zu finden und, wenn es dir vollkommen gelungen ist, das Paradies in und mit deinem Partner zu entdecken. Du entscheidest dich dafür, allen Schmerz und alle Distanz aufzugeben, die du benutzt hast, um dir selbst eine Identität zu geben, die du eifersüchtig vor jeder noch so geringfügigen Kränkung schützt.

Liebe heißt, dass du dich über die Mauern hinaus öffnest, die du errichtet hast, eine neue Brücke zu einem anderen Menschen baust und eine Verbindung erschaffst, die einen Aspekt eurer beiden Seelen in sich vereint. Wenn du deine Seele in ausreichendem Maße einbringst und bei deiner geistigen Wesensnatur ankommst, dann findest du das Licht, das du vor so langer Zeit bei deiner Suche nach Trennung aus den Augen verloren hattest. Dadurch wirfst du den Glauben über Bord, dass weltlicher Tand und Trödel ein echter Schatz sind. Alles, wonach du in der Welt strebst, fällt fort. Kein Götze kann die Zeit oder die Ewigkeit überdauern. Dazu ist nur wahre Heilung imstande. Du bist dazu aufgerufen, über dich selbst hinauszugehen und dich von der Liebe über diese Welt hinaustragen zu lassen. Dein Partner ist dein Mannschaftskamerad. Gemeinsam könnt ihr es schaffen. Das goldene Leben ist der Durchgangsraum zur Transzendenz. Du kannst darüber hinausgehen und aus dem Traum ausbrechen, der dich glauben lässt, du seiest in einem ausbruchssicheren Gefängnis gefangen. Tod ist nicht der Ausweg. Er lässt alles wieder von vorne beginnen.

Die ersten Beziehungen, die mehr waren als oberflächliche Verabredungen, hatte ich, als ich an der Graduate School studierte, um meinen Masterabschluss zu erlangen. Ich war deshalb ein solcher Spätstarter, weil ich bis kurz vor meinem einundzwanzigsten Geburtstag ein katholisches Priesterseminar besucht hatte. In diesen Beziehungen war ich äußerst leidenschaftlich, aber auch in hohem Maße abhängig. Meine dreieinhalb Jahre ältere Freundin hatte dagegen schon seit ihrer Zeit an der High School feste Beziehungen gehabt und war extrem unabhängig. Ich war sehr verliebt, aber meine Bedürftigkeit war noch größer. Die Katastrophe war somit vorprogrammiert, und ein spektakulärer Herzensbruch war die Folge. Danach hatte ich nur die Wahl, entweder meine Opferhaltung beizubehalten, die Beziehung zu beenden oder in ebenso hohem Maße unabhängig zu werden. Ich wählte die Unabhängigkeit und wechselte zum anderen Extrem. Das Maß meiner Unabhängigkeit entsprach dem Maß meiner vorherigen Abhängigkeit, und die Kontrolle über die Beziehung ging auf mich über. Die zweite Beziehung glich der ersten in sehr hohem Maße, wobei diesmal jedoch nicht Untreue meine Ausrede dafür war, die Kontrolle zu übernehmen. In meinen Regeln ging es nicht mehr um Treue, sondern nur noch um Ehrlichkeit. Auf sehr schmerzhafte Weise lernte ich dann, dass Regeln dazu da sind, gebrochen zu werden. Ich benutzte die mit der Untreue meiner Freundin verbundene Unaufrichtigkeit, um Herzeleid herbeizuführen und dann die Kontrolle über die Beziehung zu übernehmen. In den folgenden

Beziehungen wurde ich in immer höherem Maße unabhängig. Ich war sehr offen und ehrlich zu den Frauen, mit denen ich mich verabredete, wollte mich jedoch nicht in eine verbindliche Beziehung hineindrängen lassen. Nach einer sehr langweiligen Beziehung mit einer sehr schönen jungen Frau gab ich verzweifelt die Hoffnung auf, je wieder eine spannende Beziehung zu finden, und fiel auf den Vorschlag meines Egos herein, das mich glauben machen wollte, die Lösung bestünde darin, mich mit vielen Frauen gleichzeitig zu verabreden. Das vergrößerte meine Unabhängigkeit nur noch weiter. Allmählich erkannte ich, dass ich die falsche Richtung eingeschlagen hatte, und war ehrlich genug zu mir selbst, um zu erkennen, dass ich mich weder mit meiner besitzergreifenden Art noch mit meiner Eifersucht auseinandergesetzt hatte. Ich wusste, dass ich meine Angst aufgeben musste, um eine erfolgreiche Beziehung führen zu können. An diesem Punkt begann ich ernsthaft darüber nachzudenken, bei welcher meiner vielen Freundinnen die Chance am größten war, gemeinsam mit ihr glücklich zu werden. Ich schränkte die Zahl meiner Verabredungen allmählich ein und konzentrierte mich auf Lency, die nun seit dreißig Jahren meine Frau ist.

Dies war aber erst der Anfang. Es gab noch viele Dinge, mit denen ich mich auseinandersetzen musste. Der Tag, an dem ich in Beziehungen meine Kontrolle aufgab, gehört zu den beängstigendsten Tagen meines Lebens, vergleichbar mit der Zeit, als ich einen Bungee-Sprung wagte oder trotz meiner Höhenangst aus einem Flugzeug sprang. Und natürlich warteten die Herzensbrüche, die ich vergraben hatte, schon auf mich, sobald ich die Kontrolle aufgab. Ich musste ein hohes Ausmaß an Rache für das kaltschnäuzige Verhalten überstehen, das ich in der Zeit an den Tag gelegt hatte, in der ich unabhängig war und mich mit so vielen Frauen gleichzeitig verabredet hatte. Dies geschah ungeachtet dessen, wie sehr Lency und ich einander liebten. Sie erkannte ihr Verhalten erst, als wir schon viele Jahre miteinander verheiratet waren. Trotz unserer wahren Liebe mussten wir wie alle anderen Paare auch jeden Schritt im Stadium des Machtkampfs gehen. Der Unterschied bestand jedoch darin, dass ich das Territorium nun kartographisch erfasste. Ich glaubte, dass wir zumindest eine kleine Chance hatten, eine der wesentlichen Abwehrstrategien des Egos zu überwinden, nämlich die Tote Zone mit all ihren Rollen, Regeln und Pflichten, ihren ödipalen Mustern, ihrer Konkurrenz und ihrer Angst, die uns in einer Sicherheitszone festhielt, in der wir auf der Stelle traten. Unsere

Hingabe half uns jedoch, über dieses äußerst gefährliche Stadium hinauszugelangen. Im Laufe unserer Zusammenarbeit lernten wir, einander näherzukommen, ein höheres Maß an Innigkeit zu erfahren und erfolgreicher zu sein. Wir überwanden erfolgreich auch unsere größte Herausforderung, die jeder Beziehung eigen ist. Bei uns war es ein klassisches Thema, nämlich Sex, aber es gelang uns, unseren Weg durch Traumata, Herzensbrüche, begrenzende Glaubenssätze, Schuldgefühle und Ängste sowie die ödipalen Muster hindurch zu finden, bis wir uns wirklich umarmen und einander Genuss bereiten konnten. Dies erforderte viele Jahre der Akzeptanz, der Vergebung, des Loslassens und der Verbindung. Wir verpflichteten uns dem jeweils anderen auf immer tieferen Ebenen. Wir lernten die Lektionen und schritten von der Partnerschaft zu unserer persönlichen Führerschaft voran, bis unsere Beziehung selbst zur Führungskraft wurde. Wir begannen, gemeinsam eine Geschichte des schönen Lebens zu schreiben, bis wir ganz allmählich in ein goldenes Leben eintreten konnten. Das hieß nicht, dass wir nicht zu den Stadien des Machtkampfs und der Toten Zone zurückkehrten, um weitere Lektionen zu lernen, die wir auf dem Weg versäumt hatten, aber immer öfter wagten wir uns in die unbewussten Themen chronischer Seelenmuster vor. Trotzdem erlebten wir häufig Wochen oder Monate tiefen Friedens und tiefer Liebe. Wir schienen – und scheinen – einander immer noch näherzukommen. Wir sind überrascht, wenn ein Missverständnis oder eine Verletzung zutage tritt, die der Heilung bedarf. Wenn die Lektion gelernt und geheilt wurde, kehren Liebe und die Freude aneinander zurück. Ich lernte allmählich, meine Gefühle und Emotionen zu kommunizieren, statt den Mund zu halten, um den Frieden nicht zu gefährden. Wir gelangten darüber hinaus, auf Zehenspitzen um den jeweils anderen herumzuschleichen.

Vor unserer Silberhochzeit glaubte ich, das schönste der vielen Geschenke, die ich Lency machen konnte, bestünde darin, die Dinge zu finden, die ich ihr noch zur Last legte. Mein Wunsch, diese verborgenen Dinge zu heilen, förderte eine Reihe alter Themen zutage, mit denen ich mich bereits in mehr oder minder großer Tiefe auseinandergesetzt und denen ich vergeben hatte. Offenkundig gab es jedoch noch mehr, was der Heilung bedurfte. Ich widmete mich dieser Heilung von ganzem Herzen und schaffte es innerhalb von nur zwei Tagen, auf die andere Seite dieser falschen Wahrnehmungen und dieses Grolls, der uns zurückgehalten hatte, zu gelangen. Es war eine wunderbare

Rückkehr zu neuen Flitterwochen, die von Vergnügen, Humor und verspielter Leidenschaft erfüllt waren.

Das Leben meint es gut. Seine Lektionen werden uns auf den tiefsten wiederkehrenden Ebenen zuteil, aber wenn wir unsere Nähe bewahren, weitergehen und uns stets aufeinander zubewegen, dann finden wir den Weg, der hindurchführt. Ich habe den Mut zu sagen, was ich fühle, auch wenn die Gefahr besteht, dass Lency meine Worte missverstehen und sich dadurch verletzt fühlen könnte. Sie weiß, dass es sich immer um einen Bereich handelt, in dem ich noch nicht zu voller Reife gelangt bin, und dass wir ihn benutzen, weil wir uns davor fürchten, den nächsten Schritt zu gehen und eine weitere Mauer zwischen uns niederzureißen. Aus diesem Grund nehmen wir Anstoß.

Angst ist das, was uns alle von diesem neuen Maß an Nähe fernhält. Sie ist ein Ort, an dem wir an einem Aspekt unseres Egos festhalten, obschon wir ihn einfach loslassen und stattdessen ein höheres Maß an Liebe erfahren könnten. Es ist nicht immer leicht, Mauern loszulassen, die aus Blut, Schweiß und Tränen erbaut sind, aber wenn du dich auf die Liebe berufst, werden Schmerz und Stolz rasch aufgelöst. Wir entdecken immer mehr Bereiche, in denen wir noch nicht zu voller Reife gelangt sind, noch keine Ebenbürtigkeit oder Gegenseitigkeit erlangt haben. Und je mehr wir in diesem Stadium an unserer Heilung arbeiten und mit unserem Partner zusammenkommen, umso mehr ist das goldene Leben für uns verfügbar. Im nächsten Stadium geht es darum, uns in noch höherem Maße zu unserer Meisterschaft und zu unserem *Sein* zu bekennen. Hier nehmen unsere Zentriertheit und unsere Unschuld zu. Hier nehmen wir unsere Bestimmung auf der menschlichen Ebene an, die, während sie wächst und unser spiritueller Weg sich in stärkerem Maße mit dem unseres Partners verbindet, ein höheres Maß an Gemeinschaft in unserer Umgebung entstehen lässt. Wir erkennen in höherem Maße, dass wir reiner Geist sind. Wir werden zum Hohepriester und zur Hohepriesterin, erheben die Menschen zu Gott und bringen Ihn zur Erde herab, weil die Entfernung sonst zu groß erschiene und Gott eine bloße Vorstellung bliebe. Bis die nächste Schicht eines Problems zusammen mit der damit verbundenen Angst zutage tritt, können wir das Gefühl der Liebe und der tiefen Dankbarkeit genießen, die wir unserem Partner entgegenbringen.

Die Fallen, die für Lency und mich besonders reiche Frucht bringen, sind die chronischen Gesundheitsthemen, in denen sie genau das Gegenteil von mir zu sein scheint, sowie äußere Dinge, die uns aus dem Gleichgewicht zu bringen oder in unsere Emotionen hineinzustoßen scheinen. Die Unnachgiebigkeit dieser Fallen zeigt unsere verborgene Unnachgiebigkeit. Wir gewinnen das zurück, was wir als Kind verloren haben, und dementsprechend auch das, was in uralter Zeit verloren ging. An manchen Tagen fühlt es sich so an, als sei die Distanz zwischen uns sehr groß, wenn ein neuer Aspekt zutage getreten ist, um geheilt zu werden, aber an den meisten Tagen fühlt es sich so an, als ob es überhaupt keine Distanz zwischen uns gäbe. Wir wissen beide, dass der Weg nach Hause durch den jeweils anderen führt und dass irgendwann nicht nur wir selbst, sondern auch unsere Beziehung das goldene Leben erreichen wird. Es ist eine große Leistung, wenn in einer Beziehung beide Partner zur Meisterschaft gelangen. Eine noch größere Leistung ist es, wenn ihre Meisterschaft sich in ihrer Beziehung widerspiegelt, in der sich so viele Gegensätze jenseits der Dualität vereinigt haben. Dann können die großen Spaltungen des Bewusstseins in vollkommener Kraft und Verbindung geheilt werden, sodass wir in stärkerem Maße fähig sind, Gnade zu empfangen. Liebe und Heilung nehmen noch weiter zu.

Wenn wir das goldene Leben erreichen, wird jeder von uns persönlich zu einem Quell der Spiritualität und der Hilfe für andere Menschen. Unser spirituelles Leben und unser Weg der Heilung verschmelzen und richten sich auf unsere Beziehung aus. Wir lassen jede Versuchung der Besonderheit ebenso an uns vorüberziehen wie das Verlangen des Egos, sich zu überhöhen, herabzusetzen oder seine Macht auf Kosten unseres Partners zu vergrößern. Die Erkenntnis, dass alles unsere Wahl ist und dass das, was wir sehen, unsere Projektion ist, bringt uns zur Vergebung und dazu, unseren Selbstangriff nicht an der Welt auszulassen.

Wir erreichen das goldene Leben, indem wir uns fortwährend mit unserem Partner verbinden durch Vergebung, das Loslassen von Phantasievorstellungen, Geben und die Erkenntnis, dass wir alles, was er braucht, als Gabe in uns tragen, die nur darauf wartet, dass wir sie öffnen. Wir finden das goldene Leben unseres Seins und das freudvolle Licht in unserem Partner dadurch, dass wir unaufhörlich wachsam sind und nicht zulassen, dass Urteil oder Distanz zwischen uns stehen, und dadurch, dass wir jede Trennung auflösen, die durch Unterschiede zwischen uns hervorgerufen wird.

Wir erkennen, dass unser Glück der Maßstab ist, an dem wir unser Leben und unsere Beziehung messen, und dass, wenn wir nicht glücklich sind, es etwas gibt, das wir geben oder vom Himmel empfangen können, um das Gleichgewicht wiederherzustellen und die Situation ungeschehen zu machen. Der Himmel will, dass wir das goldene Leben verwirklichen. Dies geschieht dadurch, dass unsere Beziehung gesegnet ist, wenn wir sie von einer besonderen Beziehung in eine heilige Beziehung verwandeln.

Die folgenden Lektionen sind Erfolgsprinzipien, die dir helfen können, ein goldenes Leben mit deinem Partner zu leben. Sie decken einige der Fallgruben auf, die der tiefen Liebe im Weg stehen, die du brauchst, um ein goldenes Leben aufzubauen, und zeigen Wege auf, diese Fallgruben zu überwinden.

1

Griesgrämigkeit als eine Form von Kontrolle und Klage

Wenn du griesgrämig bist, dann lässt du dein Unbehagen zwangsläufig an anderen Menschen aus. Du strahlst dein Unglücklichsein aus. Selbst wenn du deine schlechte Laune nicht in Worte fasst, ist sie für alle Menschen in deiner Umgebung deutlich spürbar. Deine Verdrießlichkeit ist eine Klage. Du glaubst, so handeln zu müssen, wie du dich fühlst. Du könntest jedoch eine andere Entscheidung treffen. Du verkündest eine Klage, und deine Klage ist ein Versuch, die Welt durch Nötigung und emotionale Erpressung zu kontrollieren. Oberflächlich betrachtet ist Griesgrämigkeit eine Form von emotionaler Umweltverschmutzung, die allen Menschen in deiner Umgebung laut und deutlich kundtut, dass du unglücklich bist.

Du bist auf den größten Fehler hereingefallen, den es gibt und der darin besteht, dass jemand oder etwas anders sein sollte, als er oder es ist. Dabei erkennst du nicht, dass dein Bewusstsein gespalten ist. Auf einer sichtbaren Ebene zeigt es, dass jemand scheinbar gegen **deine** Regeln verstoßen hat. Auf einer tieferen Ebene des Unterbewusstseins agiert der betreffende Mensch jedoch genau das Drehbuch aus, das du für ihn vorgesehen hattest. Dieses verborgene Drehbuch erlaubt dir eine bestimmte Verhaltensweise. Es liefert dir eine Ausrede dafür, dich zurückzuziehen oder etwas nicht zu tun, das du nicht tun willst.

Wenn du versuchst, andere Menschen mit Hilfe deiner Launen zu kontrollieren, oder sie zu zwingen versuchst, sich um dich zu kümmern, weil du unglücklich bist, dann handelst du in böser Absicht, und das zeugt von emotionaler Unreife. Es kann durchaus sein, dass dein Verhalten dir überhaupt nicht bewusst ist. Du glaubst, dein Schmerz rechtfertige dein Verhalten. Wenn du versuchst, andere Menschen auf diese Weise zu kontrollieren, gewinnst du die Schlacht und verlierst den Krieg. Wenn du sie dazu bringst, vor dir zu katzbuckeln, machst du dir die schlechte Gewohnheit der Nötigung und der Schikane zu eigen, um deinen Willen durchzusetzen. Dadurch spielst du mit den Menschen in deiner Umgebung ein Spiel, bei dem einer gewinnt und einer verliert, und wenn du diese Masche lange genug einsetzt, verlierst du die Achtung vor den Menschen, die du kontrollierst, und wirst ein Tyrann.

Der einzig wahre Weg, deine Klage zu heilen, besteht darin, deine Gefühle der Hilflosigkeit abzulegen, dir deines emotionalen Missbrauchs bewusst zu werden und eine Taktik einzusetzen, die deine Integrität wiederherstellt und sowohl dir selbst als auch der Situation neue Ganzheit bringt. Die beste Möglichkeit, eine Klage in Erfolg zu verwandeln, besteht in der Erkenntnis, dass, vergraben unter all deinen Emotionen, eine Gabe in dir verborgen liegt, die nicht nur deine Gefühle, sondern auch die Situation selbst verwandeln kann. Jemand, der sich beklagt, erkennt nicht, dass er selbst das Werkzeug in sich trägt, das alles verändern könnte. Du kannst durch Schlussfolgerung oder mit Hilfe deiner Intuition herausfinden, worin deine Gabe besteht.

Wenn du dich beklagst, dann glaubst du, in deinem ureigenen Interesse zu handeln, aber du bist derjenige, der deine Seelengabe verleugnet. Du hast dich gegen die Gaben und die Gnade gesperrt, die der Himmel stets bereithält, um eine Situation zu entschärfen.

Es ist an der Zeit, dein Verhalten zu überprüfen, um herauszufinden, in welchem Maße dein Handeln von mangelnder emotionaler Reife geprägt war. Griesgrämigkeit, Rückzug, Depression oder andere Verhaltensweisen, die dir emotionale Überlegenheit verschaffen, gehören dazu. Wenn du erkennst, dass diese Form der Kontrolle oder Manipulation am wenigsten dazu beiträgt, Zuversicht und Erfolg in deiner Beziehung aufzubauen, dann bist du bereit, eine neue Entscheidung zu treffen. Wenn dir dein Handeln bewusst ist, hast du die Schlacht gegen deinen verborgenen Angriff bereits halb gewonnen, weil du ihn normalerweise vehement leugnest.

Sobald du dein falsches Verhalten erkennst, ist es an der Zeit, in deinem Geist die Tür zu den Gaben zu öffnen, die dich dort erwarten. Du kannst auch die Tür zu dem öffnen, was der Himmel für dich bereitgehalten hat, um dir zu helfen und dich glücklich zu machen. Dies bringt dir weit größeren Erfolg als der Versuch, den Menschen in deiner Umgebung durch missbräuchliches Handeln erzwungenen Respekt und Fürsorge abzuringen. Verpflichte dich deiner Integrität. Teile die Gaben, die du empfangen hast, und führe in deiner Situation selbst eine Veränderung herbei. Du kannst in guter Absicht handeln und die Situation selbst transformieren, statt in die alte Falle zu tappen und andere Menschen zu tyrannisieren, um ihnen deinen Willen aufzuzwingen. Du kannst dafür sorgen, dass dein Handeln von Integrität geprägt ist, und die Gaben wiedererlangen, die du in dir trägst.

2

Die Feinfühligkeit von Männern und Frauen in Beziehungen

Männern fällt echte Kommunikation enorm schwer, denn sie bedeutet, die eigenen Gefühle mitteilen zu müssen. Das kann ihnen Angst einjagen, weil es ihnen das Gefühl gibt, verletzlich zu sein. Viele Männer sind in hohem Maße dissoziiert. Diese Dissoziation wird gegenwärtig noch verstärkt, weil die westliche Gesellschaft sich im unwahren, dissoziierten und unabhängigen Stadium ihrer Entwicklung befindet, in dem das übersteigerte Männliche besonders stark hervortritt. Das wahre Weibliche ist die rettende Gnade, die uns zur Partnerschaft und zum Stadium der wechselseitigen Abhängigkeit voranbringt. Das wahre Weibliche hilft uns, die Kontrolle aufzugeben, und gibt uns im Gegenzug unser Herz zurück. Das Weibliche ist sehr mutig im Umgang mit Emotionen, während das Männliche eher daran gewöhnt ist, Emotionen zu unterdrücken, weil das Handeln im Vordergrund steht. Der Umgang mit einer Emotion, die sich in ihm aufgebaut hat, kann für einen Mann sehr erdrückend und beängstigend sein. Da ist es besser, schlafende Hunde nicht zu wecken, statt sich mit etwas zu befassen, das möglicherweise zu schmerzhaft wird, um darüber zu sprechen, oder das Verletzungen oder Missverständnisse zur Folge haben kann. Ein Mann ist der Meinung, dass es besser ist, nicht darüber zu sprechen, sondern sich zurückzuziehen oder im Zweifelsfall vor Wut zu explodieren, um die schmerzhaften Emotionen und verletzlichen Gefühle zu schützen, die er in sich trägt. Wenn es um Kommunikation geht, halten die meisten Männer sich an den Spruch: „Reden ist Silber, Schweigen ist Gold." Sie schweigen lieber, statt einen Sturm zu entfachen.

Untersuchungen haben gezeigt, dass Jungen im Säuglingsalter ein höheres Maß an Feinfühligkeit besitzen als Mädchen. Wenn sie heranwachsen, lehrt man sie in unserer Kultur jedoch, ihre Emotionen zu dissoziieren, damit keine „Heulsuse" aus ihnen wird. Unterdrückte Emotionen haben jedoch zur Folge, dass sich Stress aufbaut, und Stress macht dich nicht einfühlsam, sondern reaktiv. Frauen sind im Umgang mit ihren Emotionen mutiger und deshalb besser geeignet, uns etwas über sie zu lehren. Diese Tatsache weist ihnen auch auf dem Gebiet der Kommunikation eine natürliche Führungsrolle zu. Das gilt allerdings nur, wenn Frauen nicht dissoziiert sind oder – was häufiger vorkommt – schwelgen und ihre Emotionen einsetzen, um bestimmte Bedürfnisse erfüllt zu bekommen oder Aufmerksamkeit in irgendeiner Form zu erlangen. Ihr Schwelgen steht in direkter Beziehung dazu, wie sehr ihr Partner seine Emotionen dissoziiert und versucht, seine emotionalen Bedürfnisse durch Sex erfüllt zu bekommen. Das Maß, in dem eine Frau hysterisch ist, entspricht üblicherweise dem Maß, in dem ihr Partner stoisch und dissoziiert ist. Wenn es ihnen gelingt, diese Differenzen zu überbrücken, stellt sich sowohl in als auch zwischen ihnen ein immer größeres Gleichgewicht ein.

Männer können auch deshalb dissoziiert sein, weil man sie nichts über Feinfühligkeit gelehrt hat und sie nicht wissen, wie sie damit umgehen sollen. Sie wollen unter keinen Umständen die „Prinzessin auf der Erbse" sein. In diesem Märchen ließ sich mühelos feststellen, bei welchem Mädchen es sich um eine echte Prinzessin handelte, denn sie schlief auf sieben Matratzen und klagte am nächsten Morgen dennoch darüber, dass das Bett unbequem gewesen sei, nachdem die Königin am Abend zuvor heimlich eine Erbse darunter gelegt hatte. Wenn du deine Emotionen richtig einsetzt, wird deine Energie zunehmend feiner. Dies ist ein natürlicher Entwicklungsprozess hin zu den Geisteswissenschaften und zur Heilung, der sich mit jedem weiteren Schritt in die Feinheit deiner mystischen Verbindung zuerst mit anderen Menschen und dann mit dem reinen Geist entwickelt.

Emotionale oder sexuelle Grobheit heißt, die eigenen Emotionen genau entgegengesetzt zu dem Zweck einzusetzen, dem sie eigentlich dienen. Es kann ein Zeichen dafür sein, dass ein zutiefst erschütterndes Trauma einen Menschen dazu gebracht hat, seine höheren Chakras abzuschneiden und die Verbindung nach oben zu trennen, um dem Schmerz aus dem Weg zu gehen. Natürlich haben ebenso viele Menschen ihre Verbindung nach unten getrennt und ihre unteren Chakras abgeschnitten. Damit schneiden sie sich jedoch auch von dem Treibstoff ab, den sie brauchen, um zum goldenen Leben und darüber hinaus zur Erleuchtung und zum Bewusstsein der Einheit zu gelangen.

Du brauchst deine Emotionen als Hinweiszeichen dafür, dass du einen Fehler machst und vom Weg abkommst. Deine Aufgabe besteht darin, deine Emotionen in positive Gefühle zu verwandeln, damit deine Liebe und deine Fähigkeit, zu empfangen, wachsen können. Die Heilung, die dadurch geschieht, verstärkt auch dein Gefühl, liebenswert zu sein, was auf tieferen Ebenen wiederum eine positive Erfahrung in deiner Welt bewirkt.

Sei dir der Feinfühligkeit deines Partners bewusst. Verpflichte dich, deine Emotionen und deine Dissoziation zu nutzen, um Heilung zu bewirken und deine Feinfühligkeit auf diese Weise in Feinheit und in die Fähigkeit zu verwandeln, mit deinem Partner auf Ebenen höheren Verstehens und tieferer Verbindung zusammenzukommen.

Die Frauen sind aufgefordert, den Männern zu helfen, die zu Beginn in höherem Maße feinfühlig waren, nun jedoch in höherem Maße dissoziiert sind und weder wissen, wie sie effektiv mit ihren Emotionen umgehen sollen, noch, wie sie ihre Gefühle, ihre Liebe und ihre Wertschätzung zum Ausdruck bringen können. Die Männer sind aufgefordert, mutig zu sein, damit sie etwas über ihre Emotionen lernen und effektiv mit ihnen umgehen können. Das bedeutet, dass sie lernen müssen, sie wahrzunehmen, darüber zu sprechen und sie zu heilen.

Das Maß, in dem ein Mann sich davor fürchtet, über seine Emotionen und seine tieferen Gefühle in einer Beziehung zu sprechen, entspricht genau dem Maß, in dem eine Frau ihre Emotionen benutzt, um zu schwelgen und sich zu trennen. Das Maß, in dem ein Mann dissoziiert ist, entspricht dem Maß, in dem seine Partnerin ihre Emotionen einsetzt, um zu schwelgen. Wenn du nicht urteilst, sondern erkennst, dass ihr beide gleichermaßen vom Weg abgekommen seid und dass dein Partner deine verborgene Seite ausagiert, dann reichst du ihm einfach deine helfende Hand in dem Wissen, dass es euch beide effektiv voranbringt.

3

Widerstand gegen das Tao

Auf der ganzen Welt findet ein Entwicklungsprozess statt. Dieser Entwicklungsprozess hat seine Höhen und Tiefen. Er ist ein System gegenseitiger Kontrolle, der beeinflusst wird durch das kollektive Unbewusste der Menschheit, die Natur und die Welt selbst mit ihren positiven Aspekten und den zahllosen alten Geschichten, die noch der Heilung bedürfen. Dieser weltweite Entwicklungsprozess betrifft auch deine persönliche Entwicklung, und auch du durchlebst Höhen und Tiefen. Innerhalb dieses Entwicklungsprozesses wiederholst du ständig die alten Geschichten sowohl deiner eigenen Vergangenheit als auch der Vergangenheit der gesamten Menschheit. Ungelernte Lektionen werden zu Prüfungen, und was sich nicht bewährt, wird zu einem selbstschädigenden Muster. Dennoch steht hinter all diesen Dingen eine höhere Intelligenz. Der Heilige Geist trägt dazu bei, dass dieser Entwicklungsprozess mit der größtmöglichen Geschwindigkeit stattfinden kann.

Nachdem ich mich nun über vier Jahrzehnte lang eingehend mit dem persönlichen Entwicklungsprozess der Menschen befasst habe, kann ich erkennen, dass nicht nur der Einzelne, sondern auch die Welt in diesem Prozess einer offensichtlichen Auf- und Abbewegung unterworfen ist. Auf der tiefsten Ebene dient dieses Tao jedoch immer deinem ureigenen Interesse, wenn es darum geht, Heilung zu erlangen. Dennoch kann es geschehen, dass du dich aus Angst oder Eigensinn von diesem tiefen Prozess abwendest, der dir zeigt, was der Heilung bedarf, damit du ein höheres Maß an Ganzheit erlangen kannst. Dieser törichte Widerstand, der von unserem Wunsch nach Selbstbestimmtheit herrührt, ist nur selten auf das Tao ausgerichtet. Die Folge sind Schwierigkeiten und Probleme sowohl in deinem Leben als auch in deinen

Beziehungen. Selbst alten, schmerzhaften Themen, die mit deiner Gesundheit, deiner finanziellen Situation oder anderen Problemen in deinem Leben zu tun haben und die du nun zutage förderst, liegt stets ein von Gnade erfüllter Fluss zugrunde. Wenn du den Mut aufbringst, einen Zugang zu dieser Gnade zu finden und dich auf sie auszurichten, dann kannst du auf eine vollkommen neue Ebene der Heilung gelangen.

Ich habe kürzlich mit einer sehr unabhängigen Frau gearbeitet, die ein extrem hohes Maß an Widerstand in sich trug, weil sie der Meinung war, durch jede Emotion hindurchgehen und jede Emotion fühlen zu müssen, bis sie sich vollständig aufgelöst hatte. Ich erklärte ihr, dass sie das natürlich tun könne, dass ihre Angst dem aber Widerstand leisten und der lange und schwere Weg, den sie gewählt hatte, dadurch noch länger würde. Ich zeigte ihr eine gnadenvolle Methode, die sie stattdessen anwenden konnte und die sie nicht nur auf den richtigen Weg zurückbringen, sondern ihr auch die Möglichkeit geben würde, das zurückzugewinnen, was sie in diesem und auch in früheren Leben verloren hatte. Als sie ging, hatte ihr Widerstand sich aufgelöst, und sie hatte ihrem Leben eine vollkommen neue Richtung gegeben. Sie hatte keine Angst mehr, sondern frohlockte. Dies war die Gnade, die bewirkte, dass ihr Leben sich auf die denkbar müheloseste Weise entfaltete, weil sie bereit war, den Himmel anzurufen und mit seiner Hilfe die neunzig Schritte zu überwinden, die sie aus ihrer Mitte geraten war. Der Prozess bereicherte nicht nur ihr eigenes Leben, sondern auch das kollektive Feld.

Die Schwierigkeiten und Themen, denen du dich in deinem Leben stellen musst, verbergen Aspekte deiner Gaben, deiner Lebensaufgabe und deiner Bestimmung. Dieses Versteckspiel ist nicht die Wahrheit, denn auf der tiefsten Ebene ist die Wahrheit gut und positiv. Negative Dinge zeigen dagegen deinen Widerstand und deine Selbstkonzepte auf unterbewussten und unbewussten Ebenen. Du bist hier, um diese Themen zu heilen, sodass du dich in höherem Maße der Weisung öffnest. Dadurch kannst du nicht nur die Liebe und die Präsenz des Himmels willkommen heißen, sondern auch den Willen des Himmels annehmen, der ein glückliches Leben für dich vorgesehen hat.

Wenn du in deinem Leben oder in deiner Beziehung vor einem Problem stehst, solltest du der vermeintlich damit verbundenen Negativität also keinen Glauben schenken. Schaue darüber hinaus. Schaue tiefer. Es gibt einen positiven Fluss, der niemals zum Stillstand kommt und den du auf ganz natürliche

Weise in deinem Leben willkommen heißt, wenn du die Fähigkeit besitzt, ihn zu sehen. Wenn du den folgenden Satz aus *Ein Kurs in Wundern* (Lektion 295) entschlossen wiederholst und um die Hilfe des Himmels bittest, kann genau das geschehen, was du dir wünschst: „Der Heilige Geist schaut heute durch mich."

Wähle heute ein Problem und verweile dabei, um herauszufinden, welche positive Entwicklung sich dahinter verbirgt. Wenn du dich nicht vor deiner Begabtheit, deiner Größe und deinem Glück fürchtest, erkennst du die positiven Neuigkeiten, die sich unter jeder vermeintlichen Schwierigkeit verbergen und darauf warten, dass du sie akzeptierst.

4

Das Partnerschaftsprinzip

Das Partnerschaftsprinzip ist ganz einfach. Es besagt, dass Partnerschaft dir alles bringen kann, was dir in deinem Leben fehlt.

Denke an ein Bedürfnis, das du hast, oder an etwas, das du in deinem Leben vermisst. Frage dich dann, mit wem du dich partnerschaftlich verbinden sollst, um ihm zu geben, was dir fehlt, und damit dein Bedürfnis zu erfüllen. Stelle dir vor, dass du auf den betreffenden Menschen zugehst und ihm die Gabe deiner Partnerschaft schenkst. Dies verbindet den Anteil deines eigenen Bewusstseins, für den der betreffende Mensch steht, mit dem entsprechenden Anteil seines Bewusstseins und erfüllt ihn mit neuer Ganzheit. Dadurch können er und auch der Himmel sich ihrerseits partnerschaftlich mit dir verbinden. Die Heilung, die geschieht, verwandelt deine Gegner in Freunde. Die Menschen, gegen die du einen Groll gehegt hast, werden zu Verbündeten. Du erkennst dein geheimes Einverständnis mit dem, was geschehen ist. Es kann darin bestehen, dass du die betreffenden Menschen benutzt hast, um dich zurückzuhalten, oder dass du sie beschuldigt hast, das getan zu haben, was du in Wirklichkeit selbst getan hast. Partnerschaft hat die Eigenart, den Schleier zu lüften, der deinen Partner verhüllt, sodass du ihn klarer erkennen kannst. Sie gibt dir die Möglichkeit, nicht nur deine eigenen Bedürfnisse, sondern auch die Bedürfnisse der Menschen in deiner Umgebung zu erfüllen. Dich dieser Praxis dauerhaft zu verpflichten hilft dir, deinen Seelengeist zu enthüllen und die ersten Schritte in deiner Entwicklung zur Meisterschaft zu gehen. Sie ist ein Weg, dich partnerschaftlich mit dem Himmel zu verbinden, sodass du zur Brücke zwischen Himmel und Erde wirst.

Je stärker dein Leben von Partnerschaft erfüllt ist, umso größer ist das Maß an Freundlichkeit und Schönheit, das dir zuteilwird. Partnerschaft ermöglicht dir einen Zugang zu den verborgenen Anteilen deines Bewusstseins, die der Heilung bedürfen, und macht dir zugleich die Gaben zum Geschenk, die du brauchst, um sie mühelos zu klären. Partnerschaftliche Verbundenheit heißt, den Weg des Herzens hin zu immer größerer Liebe zu gehen, der dir in immer höherem Maß das Erbe und den Schatz erschließt, den der Himmel für dich bereithält. Das Maß, in dem du dich partnerschaftlich verbindest, entspricht dem Maß, in dem du die Hilfe in Anspruch nimmst, die dir von allen Seiten angeboten wird. Partnerschaft bewirkt Heilung, stellt Verbundenheit wieder her und bringt dich in den Fluss zurück.

5

Kenichi

Kenichi war die erste Fokusperson in einem Workshop, der in Japan während der so genannten Goldenen Woche stattfand. Die Goldene Woche besteht aus einer Reihe von Feiertagen, sodass mehr Menschen an meinem Workshop über glückliche Beziehungen teilnehmen konnten. In seinen Prozesskarten ging es um Forderungen und um den größten Fehler, den man in Beziehungen machen kann. Ich hatte gerade einen Vortrag gehalten, mit dem ich den Teilnehmern verdeutlichen wollte, dass der größte Fehler in Beziehungen in dem Glauben besteht, andere Menschen seien auf dieser Welt, um sich um unsere Bedürfnisse zu kümmern, und dass der Ursprung dieses Glaubenssatzes bei uns selbst und unseren Eltern liegt. Dieser irrige Glaubenssatz hat alle möglichen Formen von Schmerz, Verletzung und Enttäuschung zur Folge. Er ist die Wurzel allen Herzensbruchs. Jede emotionale Verstimmung zeigt, dass wir in unseren Beziehungen oder im Leben diesen Fehler machen.

Kenichi schien seine fünf Sinne beisammen zu haben, und ich fragte ihn, wann seine Bedürftigkeit, seine fordernde Einstellung und seine emotionale Verstimmung begonnen hatten. Er antwortete intuitiv, dass er ein Jahr alt gewesen war.

Das deckte sich mit der Tatsache, dass er die erste Fokusperson war, die nicht nur für seine Beziehung zu sich selbst stand, sondern auch dafür, dass er der Wegbereiter beziehungsweise der Mittelpunkt einer Gemeinschaft, einer Firma oder einer Vereinigung war. Ein schwerwiegendes Problem, das im Alter von einem Jahr auftritt, wirkt sich auf unser Ich-Gefühl aus. Die Persönlichkeit, die dieses Problem erzeugt, gleicht uns jedoch in so hohem Maße, dass es extrem schwer ist, unser problematisches Handeln von unserer wahren Wesensnatur zu unterscheiden. Persönlichkeiten sind die Selbstkonzepte, die entstehen, wenn wir unsere Verbundenheit verlieren. Sie können äußerst subtiler Natur sein, sodass es sehr schwierig ist, sie zu entdecken. Eine Persönlichkeit, die im Alter von einem Jahr entsteht, ist doppelt schwierig zu finden, weil sie scheinbar eher unserem wahren Wesenskern als einer Verkleidung gleicht. Die Persönlichkeiten, die entstehen können, wenn ein Selbstkonzept erschaffen wird, nehmen ganz häufig eine von zwei Hauptformen an. Bei Kenichi war es eine besonders schwer durchschaubare Persönlichkeitsform, weil sie eine Gabe nachahmte. Seine Gabe bestand in Liebe und Hilfsbereitschaft, und genau diese Dinge versuchte Kenichi, außerhalb seiner selbst zu bekommen. Persönlichkeiten können jedoch nicht empfangen. Sie haben – bildlich gesprochen – die gleiche Wirkung wie ein lebensgroßer Gummiüberzug. Die Persönlichkeit, die seine Gabe nachahmte, verhinderte, dass Kenichi empfangen konnte, wie es bei einer Gabe, einer Lebensaufgabe oder einer Bestimmung naturgemäß der Fall ist. Das hatte zur Folge, dass er sich bedürftig fühlte und versuchte, sein Bedürfnis außerhalb seiner selbst erfüllt zu bekommen.

Kenichi machte den weitverbreiteten Fehler, zu glauben, es sei die Pflicht seiner Eltern, sich um seine Bedürfnisse zu kümmern. Statt jedoch ein selbstsabotierendes Muster daraus zu machen, emotionale Forderungen an seine Eltern und andere Menschen zu stellen und sie zu Geiseln seiner Bedürfnisse zu machen, kompensierte Kenichi und richtete die emotionale Forderung, sich der Bedürfnisse anderer Menschen anzunehmen, stattdessen an sich selbst. Dieses Verhalten ahmte eine wahre Gabe nach und verwandelte die der „Nummer eins" innewohnende Macht, die als Grundpfeiler gedacht war, auf dem er selbst und andere Menschen aufbauen konnten, in eine Persönlichkeit der Aufopferung. Weil er sich aufopferte, konnte er nicht empfangen. Diese Persönlichkeit glich jedoch so sehr dem, der er in seinem Großmut hatte sein sollen, dass man sie leicht übersehen konnte. Die Falle war so raffiniert, dass sie vermutlich unentdeckt geblieben wäre, wenn ich Kenichi als Fokusperson nicht persönliche Aufmerksamkeit gewidmet hätte. Der einzige Unterschied zwischen der Gabe und seinem Handeln aus dieser Kernpersönlichkeit heraus bestand darin, dass die Persönlichkeit ihn weder einbezog noch ihm zu empfangen erlaubte. Das machte sein Verhalten zur Aufopferung und hatte somit zur Folge, dass er zum Ausgleich schwelgte. Sein Gewichtsproblem war Ausdruck dieses Schwelgens. Statt fett zu wirken, schien seine Körpergröße jedoch seiner heldenhaften und jovialen Einstellung in der Welt zu entsprechen.

Ich bat Kenichi, einen Teilnehmer auszuwählen, der für das einjährige Selbst stehen sollte, das er enteignet und abgespalten hatte. Er entschied sich für eine zarte, leicht verloren wirkende junge Japanerin, die das kleine Kind in ihm verkörpern sollte. Die Tatsache, dass sie eine junge Frau war, zeigte, dass er seine empfangende Seite verloren hatte. Dann wählte er zwei Teilnehmer aus, die für den Konflikt seiner Kernpersönlichkeit stehen sollten, der darin bestand, dass er emotionale Forderungen an andere Menschen stellen wollte, sie stattdessen aber an sich selbst stellte. Beide hatten ein Mikrofon und forderten Kenichi lautstark auf, ihrem Denken und Handeln zu folgen. Obwohl sie japanisch redeten, konnte ich die Komik hinter den gegensätzlichen Forderungen erkennen, die an Kenichi gestellt wurden. Alle im Raum mussten lachen, als sie die haarsträubenden Forderungen hörten, die nun ans Licht kamen. Kenichi war kaum in der Lage, einen Fuß vor den anderen zu setzen. Unmittelbar jenseits des Konflikts, den die beiden Teilnehmer verkörperten, lagen jedoch seine Lebensaufgabe und seine Bestimmung, die darin bestanden, „der Eine" zu sein. Der Konflikt verbarg außerdem ein neues Maß an Ganzheit, das angeboten wurde, damit durch ihn und um ihn etwas aufgebaut werden konnte, ohne dass es eine Belastung für ihn darstellte.

Obwohl es großen Spaß machte, die beiden Konfliktseiten zu hören, denen nun eine Stimme gegeben wurde und die Kenichi beschwatzen wollten, doch ihren Weg einzuschlagen, ging er mühelos an ihnen vorüber und auf die Gaben seiner Lebensaufgabe und seiner Bestimmung zu, die durch zwei schöne junge Frauen verkörpert wurden. Nachdem er sie umarmt hatte, wandte er seine Aufmerksamkeit dem Mann und der Frau zu, die für seine Eltern standen. Wir hatten bereits darüber gesprochen, dass seine Eltern ebenfalls in diesem Problem gefangen waren, denn wenn sie die Gaben besessen hätten, um ihrem Sohn zu helfen, dann hätten sie – wie alle Eltern – diese Gaben natürlich mit ihm geteilt. Die Tatsache, dass sie noch nicht einmal erkennen konnten, was er brauchte, bedeutete, dass sie ebenfalls in diesem Problem gefangen waren. Kenichi, der seine Gaben der Lebensaufgabe und der Bestimmung jedoch erkannt hatte und sie sich nun zu eigen machte, war jedoch in der Lage, sie mit den Teilnehmern zu teilen, die seine Eltern verkörperten.

Es hatte den Anschein, dass Kenichi, der den Drang verspürt hatte, anderen

Menschen zu helfen, sich nun erlauben würde, den Lohn für sein großzügiges Geben in noch höherem Maße zu empfangen und zu genießen. Außerdem konnte er sich nun auch in höherem Maße selbst einbeziehen. Das bedeutete, dass er sich nun endlich von einem Teil seiner Last befreien und in höherem Maße entspannen konnte. Er hatte mehr Energie und war effektiver in dem, was er tat. Kenichi war sehr glücklich über die Heilung, die stattgefunden hatte, und alle Teilnehmer im Raum fühlten sich erhoben, weil einer ihrer Führer sich aus einer raffinierten, aber weit verbreiteten Falle befreit hatte.

6

Alles, was du brauchst,
ist Bereitschaft

Ich bin bei meinen Vorträgen schon sehr häufig gefragt worden, was man tun könne, um sich von einem Problem zu befreien. Wenn ich den betreffenden Menschen dann erklärte, was sie tun konnten, um ihre Situation zu verbessern, schauten sie mich oft verständnislos an und begannen, ihre Geschichte noch einmal ganz von vorne zu erzählen. Sie waren weniger daran interessiert, ihr Problem zu lösen, als vielmehr daran, Aufmerksamkeit zu erlangen, weil sie eine so dunkle und schmerzhafte Geschichte in sich trugen. Der Versuch, ihnen ihre „böse Absicht" in Bezug auf ihre Heilung zu erklären, verstärkte ihre abwehrende Haltung jedoch nur noch weiter. Verletztheit und falsches Verstehen stiegen in ihnen auf, um mich abzuwehren, als sei ich die Ursache ihres Schmerzes und nicht derjenige, der versuchte, ihnen zu helfen, damit sie einen Weg durch die starken Verteidigungsbollwerke finden konnten, die sie benutzten, um ihre Widerborstigkeit und ihre falsche Geisteshaltung zu verbergen. Da ich nicht die Zeit hatte, mir mit ihnen eine Schlammschlacht zu liefern, beschrieb ich ihnen einfach ihren Prozess, wie er sich für mich darstellte. Er bestand üblicherweise darin, dass sie auf einer Ebene ein Muster in sich trugen, bei dem alle verloren, und auf einer anderen Ebene einen tiefsitzenden Autoritätskonflikt, den sie verborgen und mit starken Schutzwällen umgeben hatten.

Dann erklärte ich ihnen, dass ihre Angst stärker war als ihr Wunsch nach Heilung und dass kein Heilungsprozess gegen die Kombination aus Dynamiken ankommen konnte, die diese chronischen Probleme erzeugte. Ich wies sie darauf hin, dass sie Bereitschaft brauchten und dass diese Bereitschaft sowie die Verpflichtung, ihr Problem zu lösen, sie vor sich selbst und vor der problematischen Situation retten würden, in die sie sich gebracht hatten. Ich erklärte ihnen, dass, wenn ihre Bereitschaft und ihre Verpflichtung stärker würden als ihre Angst, sie ganz selbstverständlich und mühelos den Menschen, das Buch oder den Prozess finden würden, der sie durch ihr chronisches Problem hindurchbrachte. Weil sie nicht zugehört hatten, als ich ihnen einige mühelos umsetzbare Vorschläge machte, beschränkte ich mich schließlich auf diese Schlüsselsätze über das Wesen der Bereitschaft, die sie schlussendlich befreien würden, denn ich wollte ihnen die Verantwortung für ihr Problem zurückgeben und sie weder zwingen noch ihnen die Arbeit abnehmen.

Nachdem ich ihre Bereitschaft auf die Probe gestellt und für äußerst unzulänglich befunden hatte, schlug ich ihnen vor, nicht nur um Bereitschaft, sondern auch um Wunder zu bitten. Sie schossen panische Blicke in meine Richtung, als ich die Verantwortung wieder in ihre Hände legte.

Bitte um Bereitschaft. Verpflichte dich ihr. Sie gehört zu den grundlegenden Methoden der Heilung, und sie funktioniert immer, wenn du sie so lange einsetzt, bis dein Widerstand nicht länger von deiner Angst befeuert wird. Wünsche dir von ganzem Herzen, bereit zu sein. In *Ein Kurs in Wundern* heißt es, dass nicht mehr gebraucht wird als die *Bereitschaft, bereit zu sein*. Bereitschaft kann dich sogar von dem Konglomerat aus Abwehrstrategien befreien, das mit einem chronischen Problem einhergeht.

7

Deine Probleme in Beziehungen

Das Problem, vor dem du jetzt in deinen Beziehungen stehst, ist einfach nur eine Ausrede, um nicht zur nächsten Stufe von Nähe und Erfolg vorangehen zu müssen. Du fürchtest dich davor, dass eine bestimmte Sache geschehen könnte, wenn du den nächsten Schritt gehst. Deine Angst ist auf etwas Bestimmtes gerichtet. Was, glaubst du, wird geschehen? Angst ist eine Phantasievorstellung darüber, dass ein negatives Ereignis eintreten könnte. Sie ist eine Illusion. Sie ist die Entscheidung, in einen Gedanken zu investieren, der ein Angriff auf dich selbst ist. Du könntest dich dafür entscheiden, statt-dessen in die Liebe zu investieren, und auf etwas vertrauen, das positiv ist.

Jedes Problem, das du hast, benutzt du, um dich selbst zu kontrollieren. Es ist deine Ausrede, dein Licht nicht leuchten lassen oder dich nicht rückhalt-los einbringen zu müssen. Du könntest eine andere Entscheidung treffen, die einen anderen Ausgang der Situation zur Folge hat.

Bei jedem Problem gibt es jemanden, den du zum „bösen Buben" gemacht hast. Es gibt jemanden, dem du die Schuld an der Situation gibst. Wem weist du die Schuld für dieses Problem zu? Wenn du von deinem Problem frei sein willst, musst du den betreffenden Menschen sprichwörtlich vom Haken lassen, denn dort, wo du dafür gesorgt hast, dass er am Haken hängt, hängst auch du selbst. Wirklich interessant an der Sache, derer du einen anderen Menschen beschuldigst, ist die Tatsache, dass er es getan oder auch nicht getan haben kann. Wen betrachtest du als den Verursacher deines Problems, und was hat er getan oder nicht getan? Nun, er mag das, was du ihm vorwirfst, getan oder nicht getan haben, aber fest steht, dass du das getan hast, was du ihm zum Vorwurf machst. Die Ursache deines Problems liegt darin, dass du genau das getan hast, was du ihm vorgeworfen hast. Du magst es gut verborgen haben, aber nun ist es an der Zeit, dich mit dieser Vorstellung allmählich vertraut zu machen. Das Bewusstsein dafür hast du naturgemäß im Unterbewusstsein verborgen und unter Leugnung und Projektion vergraben, aber es zu erkennen und zu verstehen, bedeutet, den betreffenden Menschen und damit auch dich selbst vom Haken zu lassen. Denke eine Weile über die Vorstellung nach, dass du das, wovon du glaubtest, er habe es getan, in Wirklichkeit selbst getan hast. Wenn du erkennst, dass du derjenige warst, der den Fehler begangen hat, dann kannst du zulassen, dass er berichtigt wird. Dies löst das Problem auf, das dich in deiner Beziehung zurückhält, und du kannst gemeinsam mit deinem Partner den nächsten Schritt hin zu größerer Freiheit und Verbundenheit gehen. Das hat zur Folge, dass du einen großen Schritt in deiner Entwicklung hin zu emotionaler Reife gehst, der auch deine Beziehungen verbessern wird.

8

Hartherzigkeit heilen

Hartherzigkeit zu heilen heißt, einen weiteren Kanal der Liebe zu deinem Partner zu erschließen. Dies eröffnet dir die Möglichkeit, ein höheres Maß an Romantik und Liebe zu erfahren. Deine Hartherzigkeit maskiert sich als eine Situation aus der Vergangenheit, in der du zum Opfer gemacht wurdest. Ein Mensch aus der Vergangenheit, der dich vermeintlich verletzt hat, war in Wirklichkeit derjenige, *von dem du dich abgewandt hast, als er in Not war. Du hast ihn zum Sündenbock gemacht und ihn als Ausrede benutzt, um urteilen, dich trennen und unabhängig sein zu können.* Du glaubtest, dass diese Dinge dich glücklich machen würden. Tatsächlich vermag jedoch nur größere Verbundenheit dir größeres Glück zu bringen. Dein Groll und die Verletzungen, die deine Hartherzigkeit verbergen, bleiben so lange bestehen, bis du diese alten Täuschungen geheilt hast. Du projizierst sie auf deinen jetzigen Partner. Dein Rückzug in Muster des Opfers, der Hartherzigkeit, der Aufopferung und der Unabhängigkeit, die entstanden sind, als du verletzt wurdest, ist immer noch am Werk. Das verhindert, dass du auf neue Ebenen von Partnerschaft, Nähe und Erfolg gelangen kannst. Du brauchst jedoch nicht darin zu verharren. Dein Starrsinn und deine falsche Geisteshaltung, die chronische Probleme am Leben erhalten, können transformiert werden. Die Transformation deiner Hartherzigkeit bewirkt, dass du über deine Angst vor Veränderung hinausgelangst, die dafür gesorgt hat, dass du auf der Stelle trittst. Gleichermaßen gibst du im Austausch gegen deine Seelengaben nicht nur deine Selbstkonzepte und den Groll, auf dem sie aufgebaut sind, sondern auch deine Götzen auf. Deine Seelengaben sind in hohem Maße erfüllend, weil du sie nicht benutzt, um etwas zu nehmen oder zu bekommen, sondern weil sie etwas sind, das du gibst. Eine Gabe kann nahezu mühelos gegeben werden, und sie erzeugt stets neuen Fluss. Gaben helfen dir selbst und anderen Menschen, und sie bringen neuen Fluss für euch beide. Diese Gaben verstärken das Gefühl, dass du dich von deiner besten Seite zeigst.

9

Dein Partner hat Recht

Diesem Prinzip wohnt große Macht inne. Es gibt dir die Möglichkeit, über die Differenzen zwischen dir und deinem Partner hinauszugehen. Wenn du über diese Differenzen hinausgehst und dich mit deinem Partner verbindest, geschieht etwas ganz Erstaunliches. Es findet eine Integration zwischen seinem Weg und deinem Weg statt, die zu einem besseren Weg vereint werden. Neue Ganzheit und neue Integrität entstehen, und das neue Maß an Wahrheit, das daraus hervorgeht, zeigt dir den besten Weg.

In dieser Übung gehst du über Recht und Unrecht hinaus. Wenn es darum geht, wer im Recht und wer im Unrecht ist, dann sind beide Parteien in einen Kampf verstrickt. Der Kampf kann Anzeichen von Aggression oder passiver Aggression aufweisen. Es ist möglich, dass ein Partner oder beide Partner sich zurückgezogen haben. Es ist möglich, dass ein Partner oder beide Partner das Gefühl haben, von dem jeweils anderen in eine Opferrolle gezwungen worden zu sein. Wenn du in ein Spiel verwickelt bist, in dem es um Recht oder Unrecht geht, dann versuchst du Recht zu haben, um deine Schuldgefühle zu verbergen. Um über die heimliche Schuld, das Urteil und die Ungerechtigkeit hinauszugelangen, die du auf deinen Partner projiziert hast, ist es von entscheidender Bedeutung, dass du über Recht und Unrecht hinausgelangst, weil diese Dualität unabhängig davon, auf welcher Seite du stehst, deine Schuldgefühle festschreibt. Du bist also selbst dann im Unrecht, wenn du Recht hast. Du könntest dich stattdessen der Wahrheit zuwenden. Du könntest dir das zum Ziel setzen, was Erfolg bringt, statt es darauf auszurichten, dass du gewinnst. Das Beste ist immer das, was wahr ist. Wirklich erfolgreich ist immer der Weg, der euer beider Energien vereinigt. Das bedeutet, dass du nicht einfach dem zustimmen kannst, was dein Partner sagt oder tut. Du darfst keine Kompromisse schließen und darfst dich nicht aufopfern. Rückhaltlose Hingabe ist gefordert. Wenn dein Partner unvernünftige oder zerstörerische Dinge sagt oder tut, besteht der richtige Weg nicht darin, sich mit ihm in der *Form* dessen zu verbinden, wofür er kämpft. Er besteht jedoch ganz sicher darin, dich mit *ihm* zu verbinden. Wenn du dich mit ihm verbindest, kann die Antwort in dem bestehen, was er will. Sie kann in dem bestehen, was du willst, kann aber auch eine vollkommen neue Form annehmen. Fest steht jedoch, dass die Antwort nur dann den besten Weg finden kann, wenn eure Energien sich miteinander verbinden. Diese Verbindung kann energetisch von Geist zu Geist und von Herz zu Herz geschehen. Du kannst ihn Recht haben lassen, denn der beste Weg wird sich dann zeigen, wenn du dich mit ihm verbindest. Du kannst deinen Weg zu ihm finden. Dies bringt euch auf eine neue Stufe der Partnerschaft und schenkt eurer Beziehung neue Flitterwochen. Alle diese Dinge sind durch deine innere Arbeit möglich.

Nur der Teil deines Egos, der urteilen, Recht haben und sich trennen will, würde Einwände gegen eine solche Übung erheben. Das hilft weder dir, noch deinem Partner oder deiner Beziehung. Du kannst dir vorstellen, dass du Schritt für Schritt auf deinen Partner zugehst, um dich mit ihm zu verbinden. Nimm die Einwände wahr, die dein Verstand mit jedem Schritt vorbringt, den du auf deinen Partner zugehst. Sei dir auch der Emotionen bewusst, die in dir hochsteigen. Du kannst dir deinen Partner als den Schlüsselaspekt deiner Seele vorstellen, mit dem du dich nicht als du selbst identifizierst. Jedes Mal, wenn du deinen Partner erreichst und dich mit ihm verbindest, gewinnst du Anteile deiner selbst zurück, die du verurteilt und auf ihn projiziert hast. Dies bereichert deinen Partner, dich selbst und eure Beziehung, und es hat zur Folge, dass deine Beziehung von einem höheren Maß an Verbundenheit, Mühelosigkeit und goldenem Glanz erfüllt wird.

Jede negative Eigenschaft deines Partners ist ein Ort, an dem du versuchst, Recht zu haben und zu beweisen, dass du der bessere Partner bist. Wenn du dich mit ihm verbindest, wird ihm die Liebe und Hilfe zuteil, die er braucht, um über eine solche Falle hinauszugelangen, bei der es sich um deine verborgene Falle handelt. Wenn du dich auf den Weg machst, um deinem Partner zu helfen und dich mit ihm zu verbinden, lässt du irgendwann deine Urteile los, weil du erkennst, dass du mit ihnen ein schlechtes Geschäft machst. Zur gleichen Zeit oder kurz darauf lässt du auch deine Schuld fallen. Während du dir vorstellst, wie du jeden Schritt gehst, um deine Position aufzugeben und dich mit deinem Partner zu verbinden, können unterschiedliche Emotionen und Widerstand in dir hochkommen. Dann kannst du dich fragen: „Will ich hier in dieser Erfahrung verharren, oder will ich mich mit meinem Partner verbinden?" Wenn du dich für die Lösung und die Wahrheit entscheidest, gehst du immer weiter auf deinen Partner zu, bis du dich vollständig mit ihm verbunden hast. Die entscheidende Frage ist: „Will ich hier verharren, oder will ich einen Schritt gehen, um mich mit meinem Partner zu verbinden?" Dein Wunsch nach Wahrheit und einer neuen Ebene der Partnerschaft bringt dich zum nächsten Schritt voran. Du kannst die göttliche Präsenz um Unterstützung bitten und dich darauf besinnen, wer jeden Schritt des Weges an deiner Seite geht.

10

Die Macht des Loslassens

Es gibt kein Problem – weder in einer Beziehung noch in anderen Lebensbereichen –, das nicht auch eine Form des Festhaltens in sich birgt. Deine Verhaftung verhindert, dass du dich weiterentwickeln und damit dein Leben in eine positive Richtung lenken kannst. Du hältst an der Vergangenheit fest. Du hältst an etwas fest, das jetzt noch nicht einmal existiert. Du hältst an einer Vergangenheit fest, die nur für dich selbst wahr ist. Du fürchtest dich davor, das bisherige Gefühl oder die bisherige Form zu verlieren, und du hast Angst vor Veränderung. Veränderung ist jedoch genau das, was dich retten wird. Du willst einem außenstehenden Menschen die Schuld geben – deinem Partner, deiner Schwiegermutter oder wem auch immer –, aber dahinter verbirgt sich lediglich dein Unwille, den nächsten Schritt zu gehen. Du willst keine Verantwortung übernehmen, und du willst dich nicht weiterentwickeln. Das ist immer dann der Fall, wenn du urteilst, einen anderen Menschen beschuldigst oder einen Kampf beginnst. Wenn du Verantwortung übernehmen würdest, könntest du viel eher sehen, woran du festhältst, erkennen, dass es eine Sackgasse ist, die Angst verbirgt, und den nächsten Schritt gehen.

Loslassen ist gleichbedeutend mit einem Neubeginn. Wo du festgesteckt und dich davor gefürchtet hast, den nächsten Schritt zu gehen, dort gelangst du in einen neuen Fluss. Einen tiefen Groll loszulassen ist gleichbedeutend mit einem Neubeginn in deinem Leben, der dich auf eine ganz neue Ebene der Liebe und des Erfolges hebt. Wenn du das goldene Leben in deiner Beziehung erreichen willst, dann musst du dein Leben in seiner jetzigen Form loslassen. Ist das nicht das, was du wirklich willst? Nein, es hängt nicht von deinem Partner ab. Es hängt von deiner Ehrlichkeit, deiner emotionalen Integrität und deiner Bereitschaft ab, den nächsten Schritt zu gehen. Deine Beziehung liegt in deinen Händen. Es scheint nur so, als läge die Verantwortung zur Hälfte in deinen Händen und zur anderen Hälfte in den Händen deines Partners. Auf unterbewussten und unbewussten Ebenen verläuft deine Beziehung genau so, wie du es geplant hast. Sorgst du dafür, dass sie so bleibt, wie sie ist, um dich verstecken zu können und dich nicht zeigen zu müssen? Sorgst du dafür, dass deine Beziehung so bleibt, wie sie ist, um vor deiner Lebensaufgabe davonzulaufen und in Kleinheit zu investieren? Du könntest stattdessen einfach loslassen und vertrauen. Ist ein Neubeginn nicht das, was du wirklich willst? Das Universum ist überreich, aber es kann dich nur dann erfüllen, wenn deine Hände und dein Herz leer sind, um empfangen zu können. Nur Nichtanhaftung lässt dich empfangen.

Deine Beziehung liegt in deinen Händen. Habe den Mut zu einem Neubeginn. Der Lohn sind dein Glück und die Dankbarkeit deines Partners.

11

Das Selbstkonzept der Angst vor Nähe

Wenn du ein Selbstkonzept der Angst vor Nähe in dir trägst, dann ist dein Bewusstsein gespalten. Du willst Nähe und willst sie gleichzeitig nicht. Wenn du dich vor Nähe fürchtest, dann ist es schwer, beflügelt zu sein und dich zu verlieben. Deine Angst vor Nähe blockiert deine Fähigkeit, zu empfangen und dich partnerschaftlich zu verbinden. Ein Selbstkonzept ist eine Persönlichkeit, die dich wie eine Zellophanhülle umgibt und verhindert, dass du mit anderen Menschen in Verbindung treten kannst. Es schreibt den Schmerz der verlorenen Verbundenheit fest und erzeugt Widerstand gegen das Empfangen oder die Liebe, die deine Verbundenheit wiederherstellen würde. Es erzeugt sowohl Illusion als auch einen Glaubenssatz über dich selbst, dessen Ursprung die Angst und die Schuld der Spaltung sind, die mit dem Verlust deiner Verbundenheit einherging.

Ein tief verwurzeltes Selbstkonzept der Angst vor Nähe setzt in deinem Leben ein Drehbuch in Gang, in dem es um Ausgeschlossenheit geht, die von dir selbst, deinem Partner oder dem ausagiert wird, was das Leben dir scheinbar diktiert. Es scheint ein äußeres Problem zu sein, das in Wirklichkeit jedoch von diesem Programm in deinem biologischen Computer herrührt, und jede Persönlichkeit bringt den Fluss zum Stillstand und führt zu einer Form von Mangel. Solange du diese Persönlichkeit nicht abstreifst, kannst du nicht zur Partnerschaft und noch viel weniger zum goldenen Leben gelangen. Eine Persönlichkeit der Angst vor Nähe bedeutet, dass du nicht nur andere Menschen fürchtest, sondern auch dich selbst und den Himmel. Dieser Glaube an die Angst vor Nähe kann mühelos verhindern, dass du ein goldenes Leben führen kannst, und er ist Teil deines uralten Autoritätskonflikts mit Gott, den du benutzt, um an Trennung zu glauben. Nun bist du jedoch auf dem Rückweg zum Einssein, und du kannst diese tief verborgene Persönlichkeit aufgeben, die es so aussehen lässt, als seien es die Umstände, die dich aufhalten, oder als sei dein Partner derjenige, der Angst hat. Die Falle deines Partners ist jedoch deine Falle. Du bist im gleichen Maße in diese Falle getappt, denn anderenfalls hättest du ihm bereits geholfen, sein Problem zu lösen. Es mag sich so darstellen, als sei es allein sein Problem, aber das liegt nur daran, dass du es besser verbergen kannst.

Bitte nun darum, dass das Licht des Himmels sich mit deinem Licht verbinden möge, und bringe dann die Trennung und das gespaltene Bewusstsein zum Schmelzen, das diese Persönlichkeit in dir ist. Woraus besteht diese Persönlichkeit? Nimm wahr, wie das Licht in dich eintritt, um das aufzulösen, was dich von dir selbst, der Natur, anderen Menschen und dem Himmel getrennt hat. Während dies geschieht, kehre in die Zeit zurück, in der diese Persönlichkeit entstanden ist. Wenn du es wüsstest, dann warst du vermutlich .... Jahre alt.

Alle Menschen, die zu dieser Zeit an diesem Ort anwesend waren, haben diese Kernpersönlichkeit ebenfalls in sich getragen. Verbinde das mit deinem Licht verbundene Licht des Himmels nun mit ihrem Licht und bitte dieses verbundene Licht darum, ihre Kernpersönlichkeiten der Angst vor Nähe zum Schmelzen zu bringen. Wiederhole den Prozess dann mit allen an deiner gegenwärtigen Situation beteiligten Menschen, um auch sie zu befreien.

12

Die Schichten heilen

Dein Bewusstsein gleicht einer Zwiebel. Schicht um Schicht steigt zur Oberfläche empor, um geheilt zu werden. Und wie beim Schälen einer Zwiebel kann es passieren, dass du dabei ein paar Tränen vergießt. Wenn du die Lektion lernst, wachsen deine Zuversicht und dein Erfolg, deine Liebe und deine Fähigkeit, Probleme zu lösen. Probleme treten auf, wenn du die Lektionen nicht dann lernst, wenn sie sich zeigen, denn diese Probleme können sich aufstauen und dein Leben zum Stillstand bringen.

Ein bereitwilliger Schüler ist sogar imstande, die Lektionen vorherzusehen, ehe sie in Erscheinung treten, und sie aufzulösen, ehe ein Problem oder eine negative Emotion entsteht.

So wie die Schwerkraft beispielsweise Gestein nach oben drückt und dafür sorgt, dass Gegenstände von der Erde angezogen werden, so werden auch Konflikte und Dinge, denen es an Ganzheit mangelt, in deinem Bewusstsein zutage gefördert, um geheilt zu werden. Ich habe im Laufe der Zeit eine einfache Heilmethode entwickelt, die selbst die größten chronischen Probleme zu transformieren vermag, wenn sie zur Oberfläche emporsteigen. Es gibt drei Möglichkeiten, diese Übung einzusetzen, um tiefgreifende Änderungen zu bewirken.

Die erste Möglichkeit besteht darin, dir zunächst das schlimmste Ereignis in deinem Leben ins Gedächtnis zu rufen. Frage dich dann, wie viele Schritte du von vollkommener Heilung und Transzendenz entfernt bist. Nehmen wir einmal an, dass es dreizehn oder dreiunddreißig Schritte sind. Frage dich anschließend, wer deine Hilfe braucht. Sende dem betreffenden Menschen deine Liebe. Du kannst auch etwas für ihn tun oder ihm etwas senden, das dir eingegeben wird. Nehmen wir einmal an, dass dir dein Vater in den Sinn kommt. Sende ihm deine Liebe und gehe einen Schritt voran. Nun bist du noch zwölf oder zweiunddreißig Schritte von vollkommener Heilung oder Transzendenz entfernt. Setze die Übung fort, bis du dein Ziel erreicht hast.

Die zweite Möglichkeit besteht darin, dir das größte Problem in deinem Leben ins Gedächtnis zu rufen und dich zu fragen, wie viele Schritte du gehen müsstest, um das gesamte Problem zu lösen. Frage dich dann bei jedem Schritt dieses Weges, wer deine Hilfe braucht, bis du zur Ganzheit und zu einem Neuanfang gelangt bist.

Die dritte und letzte Möglichkeit besteht darin, dich zu fragen, wie viele Schritte du gehen müsstest, um zu einer glücklichen und transzendenten Sexualität zu gelangen. Das Muster deines Lebensdrehbuchs zeigt sich am stärksten in diesem Bereich, und wenn du ihn änderst, kannst du dein gesamtes Lebensmuster verändern. Hier geht es nicht nur um den körperlichen Akt, sondern vielmehr darum, was du mit deiner Energie anfängst, die für so viele Dinge gedacht ist, zu denen Lebenskraft, Selbstwert, Erfolg, Liebe, Großzügigkeit, Charisma, Vision und Wunder gehören. Wer braucht deine Hilfe? Gewähre sie und gehe den nächsten Schritt, bis du eine erfüllte Sexualität annehmen kannst.

13

Warum Männer
zu Astronauten werden

Warum werden Männer zu Astronauten? Die Antwort auf diese Frage ist ganz einfach. Ihre Frauen schicken sie auf die Reise. Warum geschieht das? Weil die Frauen nach einem langen Leidensweg endlich genug haben und beschließen, ihre Männer an einen höheren Ort zu befördern.

Eine Frau versucht, sich von ihrer besten Seite zu zeigen, und oftmals gelingt es ihr auch. Wenn sie es jedoch nicht tut, agiert sie entweder aus oder versucht es so aussehen zu lassen, als würde sie sich von ihrer besten Seite zeigen. Das bedeutet, dass sie eine Rolle spielt, in der sie ihr bestes Selbst ist, sich in Wirklichkeit jedoch aufopfert. Aufopferung lässt Verbitterung wachsen. Du hast das Gefühl, unter deinem Partner zu stehen, und versuchst deine Position in der Beziehung zu wahren, indem du dich aufopferst. Langfristig erwächst daraus ein hohes Maß an Verbitterung. Wenn du der unabhängigere Partner bist und das Gefühl hast, dich aufzuopfern, weil du jemanden führen und unterstützen musst, der dir nicht ebenbürtig ist, dann wächst die Verbitterung schneller, und der Starttermin wird vorverlegt. Aufopferung ist von Konkurrenzdenken geprägt. Sie versucht zu gewinnen oder sogar zu verlieren, will dabei aber moralisch überlegen sein. Aufopferung kann hart arbeiten und fleißig sein, aber wenn du dich aufopferst, dann bringst du dich selbst nicht ein und kannst deshalb nicht empfangen.

Ebenbürtigkeit und Selbsteinbeziehung sind notwendig, damit du in einer Beziehung glücklich sein kannst. Anderenfalls entstehen Konkurrenz und Leblosigkeit aus dem Rückzug, der mit Aufopferung unweigerlich einhergeht.

Wir alle tragen die Bereitschaft zur Aufopferung in uns, die eine Folge des Verlustes unserer Verbundenheit ist. Der Schlüssel liegt also darin, aus der Aufopferung herauszukommen, indem du dich rückhaltlos einbringst, dich selbst einbeziehst und dich erst dann zufriedengibst, wenn deine Beziehung von Ebenbürtigkeit geprägt ist. Rückhaltlosigkeit ist die Verpflichtung, die von deiner Entscheidung herrührt, dich uneingeschränkt zu geben. Selbsteinbeziehung erwächst aus deiner Entscheidung, dich selbst einzubeziehen, weil du erkennst, dass die Alternative zu Burnout führt und deine Beziehung sabotiert. Ebenbürtigkeit erwächst aus der Verpflichtung zur Ebenbürtigkeit. Je häufiger du dich ihr verpflichtest, umso größer wird sie. Die Entscheidung für ein immer höheres Maß an Ebenbürtigkeit lässt einen wunderbaren Fluss in deiner Beziehung entstehen.

Verpflichtung, Selbsteinbeziehung und Ebenbürtigkeit sind natürliche Gegenmittel zur Aufopferung und gehören zu den Geheimnissen erfolgreicher Beziehungen. Schwierigkeiten, Konflikte und Leblosigkeit sind Anzeichen von Aufopferung. Wenn du kein Interesse daran hast, auf eine Reise ins Weltall geschickt zu werden, dann sollest du diese einfachen, aber effektiven Prinzipien beherzigen.

14

Was unsere Klagen zeigen

Deine Klagen über deinen Partner, Freunde und Familienmitglieder zeigen eine Situation, in der sie in Schwierigkeiten sind und deine Hilfe brauchen. Ihr negatives Verhalten spricht dafür, dass sie in einem Konflikt gefangen sind. Du könntest dich dafür entscheiden, ihnen zu helfen, statt zu erwarten und zu fordern, dass ihr Verhalten deine Bedürfnisse erfüllen soll. Deine Klagen zeigen, dass du urteilst, statt zu helfen. Du benutzt die Situation, um die Gabe zu verstecken, die sich unter deiner Klage verbirgt, statt sie zu erkennen und zu verwirklichen. Diese Gabe könnte nicht nur dein Bedürfnis erfüllen, sondern auch dem Menschen helfen, über den du dich beklagt hast. Wenn du deine Gabe teilst, kann sie den Konflikt heilen, in dem der betreffende Mensch sich befindet, und euch beide ermächtigen. Sie heilt dein inneres Bedürfnis, das die Klage hervorbringt, und gäbe damit ihm und der Situation mehr Raum, sich zu entfalten.

Du kannst dich natürlich auch weiterhin beklagen und verstecken. Wenn du dich aber dafür entscheiden würdest, dem betreffenden Menschen zu helfen, bräuchtest du nur intuitiv herauszufinden oder zu schlussfolgern, worin die Gabe besteht. Sie würde dein Bedürfnis erfüllen und zugleich dem Menschen helfen, über den du dich beklagst. Es ist allein deine Entscheidung, ob du lieber ein Teil der Lösung oder ein Teil des Problems sein willst. Klagen sind ein Ort, der zeigt, dass du in Selbsttäuschung investierst und infolgedessen dich selbst und andere Menschen belügst. Außerdem investierst du in Kleinheit, statt einen Beitrag zum Leben zu leisten und den Menschen zu helfen, die du liebst. Willst du dir selber treu sein oder ein Problem mit einem anderen Menschen haben?

Es ist deine Entscheidung. Wie fällt sie aus?

15

Verschmelzung

Verschmelzung gehört zu den wirkungsvollsten Fallen, die das Ego aus seinem Arsenal an Tricks hervorzaubern kann, um dafür zu sorgen, dass du auf der Stelle trittst. Verschmelzung ist von einem hohen Maß an Schuld, Aufopferung und Co-Abhängigkeit geprägt. Das beweist, dass du sie letztlich als Ausrede benutzt, um dich deiner Angst vor dem nächsten Schritt, deinen Gaben und deiner Führungsstärke nicht stellen zu müssen. Verschmelzung bewirkt, dass du dem Unbewussten aus dem Weg gehst, obwohl du hier bist, um es zu heilen. Du leugnest deine Lebensaufgabe und deine Bestimmung, zu der auch das Maß an Liebe gehört, das du gibst. Wenn du verschmolzen bist, hast du jede Hoffnung aufgegeben, ihr jemals entkommen zu können. Die unter der Verschmelzung verborgene Leblosigkeit wird angetrieben durch Gefühle der Wertlosigkeit und des Versagens. Sie hindern dich daran, dein heiliges Versprechen zu erfüllen, der zu sein, der du sein wolltest.

Wenn du mit einem Elternteil verschmolzen bist, fühlst du dich diesem Elternteil als Kind häufig sehr nahe. Wenn du nicht mit beiden Elternteilen gleichermaßen verschmolzen bist, machst du den Elternteil, mit dem du vordergründig nicht verschmolzen bist, manchmal zu dem Elternteil, mit dem du die größten Probleme hast. Sobald du deinen Groll gegenüber diesem Elternteil überwunden hast, stellst du jedoch fest, dass dein eigentliches Thema den Elternteil betrifft, dem du dich so nahe gefühlt hast und mit dem du hauptsächlich verschmolzen bist. Mit zunehmendem Alter scheint deine Verschmelzung jedoch dafür zu sorgen, dass dich dieser Elternteil abstößt. Du fühlst dich manchmal erdrückt und brauchst deinen Freiraum. Du bist ratlos und weißt nicht, wie du ein so großes Thema heilen sollst. Das Ego benutzt Verschmelzung, um deine Fähigkeit, dich mit einem anderen Menschen zu verbinden, sowohl nachzuahmen als auch vorzutäuschen. Verschmelzung gibt sich den Anschein von Verbindung, ist jedoch keine echte Verbundenheit und sorgt dafür, dass Grenzen sich auflösen. Der Versuch, Grenzen zu setzen, endet meist damit, dass du in die unabhängige Rolle schlüpfst. Sie verbirgt deine Rolle der Aufopferung, die in gleichem Maße Verschmelzung ist. Der Ursprung deiner Verschmelzung oder Aufopferung liegt meist in der Kindheit und ist in deinem Unterbewusstsein eingeschlossen, sodass bewusste Lösungen wie das Setzen von Grenzen nur sehr eingeschränkt funktionieren.

Verschmelzung bedeutet, dass du an unwahre und dich in hohem Maße belastende Loyalitäten gefesselt bist. Diese Loyalitäten sorgen dafür, dass du dich allmählich von dem Menschen entfernst, dem sie gelten, weil es dir ein Gefühl der Unterdrückung vermittelt, im Schatten der übermächtigen Rolle aufzuwachsen, die er in deinem Leben spielt. Um eine funktionierende und glückliche Beziehung mit ihm führen zu können, musst du das Gleichgewicht in der Beziehung wiederherstellen. Dies kann durch Verpflichtung zur Ebenbürtigkeit erreicht werden, die deine Verbundenheit erneuert und die Rollen auflöst. Deine Verpflichtung zur Ebenbürtigkeit nimmt außerdem die Anstrengung der Aufopferung von dir fort und erneuert deine Fähigkeit, in deiner Beziehung zu geben und zu empfangen, statt dich aufzuopfern.

Wenn du verschmolzen bist, entscheidest du dich meist für einen Partner, der im gleichen Maße verschmolzen ist wie du selbst. Es kann sein, dass er die Menschen angreift, mit denen du verschmolzen bist, und eifersüchtig darauf ist, dass jemand anderer dir näher ist als er selbst. Es kann auch sein, dass du die Menschen angreifst, mit denen er verschmolzen ist. Hier hilft die rasche Erkenntnis, dass beide Partner in gleichem Maße gefangen sind, auch wenn ein Partner dies unter Unabhängigkeit oder Angriff vielleicht besser verbergen kann. Du kannst mit früheren Partnern, Geschwistern, Eltern, Freunden oder sogar Lehrern verschmolzen sein. Was wie Verbundenheit aussieht, ist tatsächlich eine Co-Abhängigkeit, die dich daran hindert, den nächsten Schritt zu gehen. Wenn einer der beiden co-abhängigen Menschen den nächsten Schritt ginge, würde das offenbar, was im anderen der Heilung bedarf. Aus diesem Grund geht keiner von euch beiden den nächsten Schritt, weil ihr unterbewusst aneinander festhaltet, auch wenn der eine sich lauthals über den Mangel an Entwicklung und Bewegung beim anderen beklagt.

Eine weitere Möglichkeit, Verschmelzung zu heilen, ohne zu dem ursprünglichen Ereignis zurückkehren zu müssen, bei dem sie begonnen hat und deine Verbundenheit zerstört wurde, besteht darin, die Stricke der Anhaftung mit dem Schwert der Wahrheit zu durchtrennen. Das Schwert der Wahrheit durchschneidet nur Illusionen, und bei diesem Vorgang wird die Anhaftung durch Ganzheit und Verbundenheit ersetzt. Du kannst im Abstand von einigen Tagen immer wieder nachschauen, um sicherzugehen, dass keine neue Schicht der Verschmelzung entstanden ist. Obwohl du manchmal alle Stricke der Anhaftung an einen bestimmten Menschen mit einem Schlag durchtrennen kannst, ist es dennoch möglich, dass sie innerhalb weniger Tage nachwachsen, wenn eine weitere Schicht hochkommt, um das zu ersetzen, was verloren war. Jedes Mal, wenn du die Stricke der Anhaftung durchschneidest, werden sie jedoch durch neue Verbundenheit ersetzt, sodass du in immer geringerem Maße verschmolzen bist.

16

Es begann mit Torheit

Bills Vater lag seit Monaten im Krankenhaus, und sein älterer Bruder hatte bisher alle Entscheidungen getroffen, die mit der Behandlung seines Vaters zu tun hatten. Bill erkannte, dass er sich an den Entscheidungen, die es im Hinblick auf seinen Vater zu treffen galt, nicht beteiligt, aber trotzdem über seinen Bruder geurteilt hatte, obwohl sein Bruder und dessen Frau sich fast allein um den Vater gekümmert hatten. Bill erkannte, dass es Torheit war, sich weiterhin so zu verhalten. Er erkannte auch, wie groß der emotionale Stress war, unter dem sein Bruder und seine Schwägerin standen. Sie hatten vor zehn Jahren eine Tochter verloren und waren niemals wirklich darüber hinweggekommen. Sein Bruder und dessen Frau hatten damals sehr gekämpft. Bill erkannte nun, dass es seine Aufgabe war, seinen Bruder und seine Familie emotional zu unterstützen, statt über sie zu urteilen, und sich außerdem stärker an der Pflege seines Vaters zu beteiligen, statt sich darüber zu beklagen, wie sein Bruder die Sache handhabe.

Während unseres Gesprächs erkannte Bill, dass er einen Groll gegen seinen Vater hegte, der damit zu tun hatte, wie sein Vater seine Mutter behandelt hatte. Bill erkannte, dass dieses Urteil weder der Gesundheit seines Vaters noch seiner eigenen Situation zuträglich war. Ich hatte Bill bereits gebeten, sich intuitiv zu fragen, wie dieses Urteil sich auf sein eigenes Leben ausgewirkt hatte. Bill erkannte, dass sein Urteil seinem Erfolg im Weg stand. Außerdem entfernte es ihn von seiner eigenen Frau und seinen Töchtern. Diese Erkenntnis befähigte ihn, die Schattenfigur des Tyrannen zu integrieren, die er auf seinen Vater und seinen Bruder projiziert hatte. Danach fühlte er sich glücklicher und von einem höheren Maß an Frieden erfüllt. Als wir im Laufe unserer Arbeit auf immer tiefere Ebenen vordrangen, fanden wir heraus, dass Bill ganz allgemein schwelgte, indem er über das urteilte, was andere Menschen taten, statt ihnen zu helfen. Ihm wurde klar, dass er dieses Verhalten sowohl bei seiner Frau und seiner Familie als auch bei seinen Arbeitskollegen an den Tag legte. Er erkannte allmählich, dass sein Schwelgen eine Form von Faulheit war.

Als wir seine Faulheit näher ergründeten, fanden wir heraus, dass sie von Orten herrührte, an denen er sich vom Leben zurückgezogen hatte, weil er das Gefühl hatte, anderenfalls kaum überleben zu können. Bill stellte fest, dass er eine Geschichte des Überlebens in sich trug. Als wir zu den vielen traumatischen Erlebnissen in seinem Leben zurückkehrten, die ihm dieses Gefühl vermittelten, fand er heraus, dass er selbst das Drehbuch zu diesen Geschichten geschrieben und damit sein eigenes Leben sabotiert hatte. Diese zerstörerische Falle war in seiner Kindheit entstanden, weil er das Gefühl gehabt hatte, sich in so hohem Maße aufzuopfern, dass er glaubte, der einzige Ausweg bestünde darin, sein Leben zugrunde zu richten. Als Bill den Ort durchleuchtete, an dem seine Aufopferung begonnen hatte, stellte er fest, dass er Rollen der Aufopferung angenommen hatte, weil er sich davor fürchtete, sein Licht leuchten zu lassen und zu seinem älteren Bruder in Konkurrenz zu treten. Er glaubte, dass ihm übermäßig große Anerkennung zuteilwerden, sein Bruder dagegen ignoriert werden würde. Bill erkannte, dass, obwohl er schon ein erfolgreicher Geschäftsmann war, es ihm zugedacht war, noch weit erfolgreicher zu sein. Mit einer einfachen Integrationsübung brachten wir dieses unüberschaubare Gewirr aus Fehlern zum Schmelzen, damit neue Ganzheit entstehen konnte. Dadurch fiel es Bill leicht, seine Gaben anzunehmen und sie in seiner Vorstellung mit allen Menschen zu teilen, mit denen er seit seiner Kindheit in Kontakt gekommen war, statt über sie alle zu urteilen.

17

Die tiefe Zerrissenheit

Du kannst dir die wirkliche Beziehung nicht vorstellen, die zwischen GOTT und SEINEN Schöpfungen besteht, weil du das Selbst hasst, das du gemacht hast. Du projizierst die Entscheidung für die Trennung auf das Ego, und das steht mit der Liebe in Konflikt, die du für das Ego empfindest, weil du es gemacht hast. Keine Liebe in dieser Welt ist dieser Ambivalenz ledig, und da kein Ego Liebe ohne Ambivalenz erfahren hat, liegt die Vorstellung jenseits seines Verständnisses. Die Liebe wird unverzüglich in jeden Geist einkehren, der sie wahrhaft will, er muss sie aber wahrhaft wollen. Das bedeutet, dass er sie ohne Ambivalenz will, und diese Art des Wollens entbehrt gänzlich des Egotriebes zum Habenwollen.

Ein Kurs in Wundern, Textbuch, 4.III.4.4:8

Weil dein Ego gespalten und in einer Gegenströmung zwischen Liebe und Hass mit einem verhängnisvollen Fehler behaftet ist, entwickelt deine gesamte Einstellung zur Welt sich zu einer Mischung aus Liebe und Hass. Jeder Ort, an dem du gelitten hast, verbirgt Hass auf andere Menschen, der mit Hass auf dich selbst begonnen hat, sowie den unaufhörlichen Selbstangriff, der damit einhergeht. Alle deine Emotionen sind die Folge von Angriff und Selbstangriff, und Hass ist eine der unversöhnlichsten Emotionen, die es gibt. Sie hat sowohl eine zerstörerische als auch eine selbstzerstörerische Wirkung. Diese tiefe Zerrissenheit fördert die Welt der Trennung und der Dualität. Sie führt bestenfalls zu Leblosigkeit in Beziehungen, während du danach strebst, den Schaden zu begrenzen, den dieser große Krieg der Liebe und des Hasses in dir anrichtet. Wenn deine Abwehrstrategie der Dissoziation oder der Leblosigkeit untergraben wird, kommt meist der Machtkampf in deiner Beziehung zum Vorschein. Solange du dich mit der Dualität von Liebe und Hass in dir nicht auseinandergesetzt hast, wird es dir nicht gelingen, die Leblosigkeit oder den Schmerz aus deiner Kindheit in ausreichendem Maße zu überwinden, um die Schritte zu gehen, die für ein goldenes Leben mit deinem Partner notwendig sind.

Weil du dich selbst nicht als sündenlos betrachtest, wirst du auch andere Menschen nicht als sündenlos sehen. Unschuld ist eine Voraussetzung für die tiefe Verbindung mit dem Himmel, die notwendig ist, um das Gefühl für ein goldenes Leben zu wecken. Jenseits des goldenen Lebens liegt das Paradies, und es kann nur in vollkommener Liebe und Unschuld erreicht werden. Um über diese Zerrissenheit hinauszugelangen, musst du ins Unbewusste und zu der uralten Dichotomie im Bewusstsein zwischen Liebe und Hass vordringen.

Frage dich, wie viele Kriege zwischen Liebe und Hass in dir am Werk sind. Stelle dir vor, dass du vor all diesen Kriegsschauplätzen stehst, und bitte den Himmel darum, dich über sie alle hinwegzuheben, damit du diese tiefe Zerrissenheit hinter dir lassen kannst. Wenn du auf der anderen Seite angekommen bist, frage dich, wie du dich in diesem neuen Raum fühlst. Du wirst auf deinem Weg natürlich weitere innere Kammern entdecken, die mit dieser Spaltung zwischen Liebe und Hass erfüllt sind, dir dessen aber in höherem Maße bewusst sein. Es fällt dir leichter, diese verborgenen Orte zu entdecken und über sie hinauszugelangen, weil das Ego sie benutzt, um dir Steine in den Weg zu legen und dich aufzuhalten. Sobald du auf der anderen Seite dieser Kriegsschauplätze angekommen bist, die uralte Kriege in dir selbst widerspiegeln, fällt es dir leichter, Liebe ohne Zerrissenheit in dein Leben einzuladen. Dort, wo der Konflikt aus Liebe und Hass in dir am Werk ist, versuchst du von deinem Partner zu nehmen. Du willst andere Menschen und insbesondere deinen Partner dazu bringen, deine Bedürfnisse zu erfüllen. Dieses Bedürfnis macht sie zu einem Objekt, weil du sie benutzt, um etwas zu bekommen.

Wenn du die Liebe ohne Zerrissenheit bittest, sich in deinem Leben einzufinden, dann kommt sie zu dir, und das heilt dein Bedürfnis, etwas zu bekommen. Das hat zur Folge, dass du dich selbst und andere Menschen nicht länger zu Objekten machst. Wenn du die göttliche Liebe bittest, sich in deinem Leben einzufinden, dann bringt sie Ganzheit und Frieden mit sich, und deine Bedürfnisse werden aufgelöst. Wenn du die göttliche Präsenz bittest, sich in deinem Leben einzufinden, dann erfüllt sie deine Beziehung mit einem höheren Maß an Spiritualität, sodass ihr nicht nur auf einer körperlichen Ebene aufeinander eingeht, sondern die innere Unschuld erreichen könnt, die das Paradies auf dieser Ebene zur Wirklichkeit werden lässt. Die Heilung der Spaltung von Liebe und Hass in dir selbst bewirkt, dass sie auch in deinem Partner geheilt wird. Dies ist eine Grundvoraussetzung dafür, dass du mystische Zustände und das höhere Bewusstsein erreichen kannst. Es ist die Neugestaltung, die deine Kindheit glücklich macht, und die Auflösung deines Egos zugunsten eines höheren Maßes von Freude, die deinem höchsten Selbst innewohnt. Je mehr Liebe und Freude du in dir trägst, umso weniger Ego trägst du in dir. Wenn du das Ego auflöst, nimmt Liebe seinen Platz ein.

Bitte die Liebe, die göttliche Liebe und die göttliche Präsenz von ganzem Herzen darum, sich in deiner Beziehung einzufinden. Heiße sie in dein Herz hinein willkommen. Bitte sie herein. Schaffe ihnen ein inneres Heiligtum. Je mehr dein Selbst sich auflöst, umso größer wird dein Gefühl der Freiheit, bis du bei deinem höchsten Selbst ankommst. Wenn du dein höchstes Selbst gemeinsam mit deinem Partner erreichen kannst, dann kannst du es mit allen Menschen erreichen.

18

Die Angst vor Nähe überwinden

Eine der Kernursachen fast aller Beziehungsprobleme ist eine Angst vor Nähe. Du befürchtest, dass dein Partner dich unmöglich lieben oder mögen kann, wenn ihr einander näherkommt und er dich allmählich kennenlernt. Dies gilt ebenso für einige zutiefst chronische Dreiecksbeziehungen, die ich miterlebt habe und in denen alle Beteiligten die gleiche Angst vor Nähe in sich trugen. Sie fürchteten sich davor, die ganze Fülle in einer einzigen Beziehung zu erfahren. Sie glaubten nicht daran, die ganze Fülle in einer einzigen Beziehung erfahren zu können. Sie hatten angsterfüllte Phantasievorstellungen davon, dass sie es nicht schaffen würden, einen anderen Menschen kontinuierlich zu lieben. Das ließ sie zu der Überzeugung gelangen, dass sie außerstande sein würden, den nächsten Schritt in ihrer Beziehung zu gehen.

Wir machen aus Nähe eine große Sache. Das zeigt sich schon daran, dass Angst vor dem nächsten Schritt zur Nähe eine der Grundursachen aller Probleme in einer Beziehung ist. Die Menschen, die zu einer immer tieferen Nähe mit ihrem Partner gelangen, wissen jedoch, dass sie keine große Sache ist. Sie ist natürlich und stellt sich viel müheloser ein, als dies in den früheren Stadien der Fall war, in denen die Beziehung von Machtkampf oder Leblosigkeit geprägt war. Das Ego kämpft jedoch auch in den höheren Stadien der Liebe unablässig um sein Leben.

Es gibt einen einfachen Weg, an deiner Angst vor Nähe vorbeizukommen, die sich auf unterbewusste und sogar unbewusste Emotionen in deinen Beziehungen erstreckt. Jede Spaltung deines Bewusstseins, die zwischen dir und Gott steht, tritt zwischen deinem Partner und dir zutage. Wenn du kein zutiefst spirituelles Leben führst und dir der eingebildeten tiefen Kluft zwischen dir und dem Einssein deshalb nicht bewusst bist, dann erkennst du auch nicht, dass du diese Spaltungen zwischen dir und dem Himmel am ehesten dadurch beenden kannst, dass du dich mit deinem Partner verbindest. Freundschaft macht es leicht, diese Verbindung herzustellen.

Du bist glücklich, wenn du Freunde triffst, die du schon länger nicht gesehen hast. Die Stimmung ist geprägt durch Freude und den Wunsch, das Wiedersehen zu feiern. Du fühlst dich leicht und sicher. Du hast das Gefühl, dass sie dir den Rücken freihalten. Nähe ist weniger beängstigend, wenn du sie dir als Freundschaft vorstellst – was sie letztlich ja auch ist. Dann machst du dir keine Sorgen darüber, dass du dich selbst verlieren oder dich aufopfern könntest. Wenn du an einen Freund denkst, dann denkst du an den Spaß und an die guten Zeiten, die ihr hattet. Bei einem Freund hast du das Gefühl, dich entspannen zu können.

Um deine Angst vor Nähe zu überwinden, kannst du dir also bewusst vorstellen, dich mit deinem Freund und Partner zu verbinden. Du kannst ein immer höheres Maß an Freundschaft in deiner Beziehung willkommen heißen. Du kannst das Prinzip der Freundschaft nicht nur dazu nutzen, dich auf inspirierende Weise voranzubringen, sondern auch dazu, Probleme zu entwirren. Selbst wenn es in deiner Beziehung vordergründig keine Probleme zu geben scheint, kann Freundschaft dich zu einem neuen Maß an Nähe und Vergnügen voranbringen.

Stelle dir vor, dass du zwanzig Schritte von deinem Partner entfernt bist. Rufe dir deinen Groll, deine Urteile, Verletzungen, Bedürfnisse und Widerstände, deine Angst, deine Schuld und deine Unzulänglichkeiten ins Gedächtnis. Im Abstand von zwanzig Schritten kannst du alles in Erscheinung treten lassen, was dich von deinem Partner fernhält. Fühle, worin diese Probleme bestehen. Spüre, auf welche Weise sie dich in deiner Beziehung und in deinem Leben zurückgehalten haben. Frage dich anschließend, ob du das Problem aufrechterhalten und den Schmerz spüren oder ob du lieber in Freundschaft einen Schritt auf deinen Partner zugehen möchtest. Wenn du dich dafür entscheidest, in Freundschaft auf ihn zuzugehen, dann tue es und spüre nach, wie es sich für dich anfühlt. Frage dich dann, was dich nun von deinem Partner fernhält. Wenn die nächste Emotion oder das nächste Problem zutage tritt, kannst du dich fragen, ob du in dem verharren möchtest, was dich zurückhält, oder ob du auf eine neue Ebene der Freundschaft gelangen möchtest. Du kannst diese

Übung so lange fortsetzen, bis du dich mit deinem Partner in tiefer Freundschaft verbinden kannst. Wenn du sie einmal pro Woche durchführst, kann sie sich für die Nähe in deiner Beziehung als ein wahrer Segen erweisen.

19

Deine Klagen

Klagen gehört zu den Zeichen emotionaler Unreife. Klagen ist das Gegenteil von Zuversicht. Es ist eine Form von Selbstangriff und gehört in die Kategorie des größten Fehlers, den du im Leben machen kannst und der in dem Glauben besteht, dass jemand verpflichtet ist, so zu handeln, dass es dich glücklich macht. Eine Klage konstatiert, dass ein anderer Mensch oder das Leben selbst eine deiner Regeln gebrochen hat. Dies ist jedoch Teil einer Geschichte, deren Drehbuch du aus einem bestimmten Grund schreibst. Auf einer unbewussten Ebene halten das Leben und die Menschen sich genau an das Drehbuch, das du geschrieben hast, obwohl es auf einer bewussten Ebene nicht dem zu entsprechen scheint, was du willst. Klagen halten dich in der Falle von Hilflosigkeit und Gefühlen der Unzulänglichkeit gefangen. Du hast das Gefühl, deine Situation nicht verbessern zu können. Je mehr du klagst, umso kindischer bist du. Das Ego hat dich in seinen Fängen, damit du nicht erkennst, dass *du* aufgefordert warst, genau das einzubringen, über dessen Fehlen du dich beklagst. Du bist derjenige, der diese Gabe in sich trägt. Wenn du deinen Klagen auf den Grund gehst, können sie dir zeigen, wo eine Gabe verborgen liegt und worin sie besteht.

Es ist ganz einfach, deine Klagen in eine Gabe zu verwandeln, und durch das Geben der Gabe wirst du erfüllt. Selbst wenn andere Menschen auf deine Klage reagieren und dein Bedürfnis erfüllen, macht dich das nur vorübergehend glücklich, weil du die Angst und das Bedürfnis nach wie vor in dir trägst. Dein Glück hängt von äußeren Dingen ab. Wenn du jedoch intuitiv herausfindest, worin die Gabe besteht, und die Tür in deinem Geist öffnest, hinter der sie sich verbirgt, dann weißt du, dass du die Gabe besitzt und sie mit anderen

Menschen teilen kannst. Die Gabe gewinnt an Kraft, wenn du sie teilst, und verstärkt damit die Tatsache, dass du sie besitzt. Schaue dir also an, worüber du dich bei deinem Partner beklagst, und finde heraus, was du ihm energetisch nicht gibst. Worin besteht die Gabe, die deine Klage verbirgt? Du könntest dich nun dafür entscheiden, die Tür zu öffnen, die Gabe anzunehmen und die Energie dieser Gabe mit deinem Partner zu teilen.

Schaue dir anschließend an, worüber du dich bei deiner Familie beklagst. Nimm die Gaben an, die deine Klagen verbergen, und teile sie mit deiner Familie.

Nun kannst du dir anschauen, worüber du dich in deinem beruflichen Umfeld beklagst. Was gibst du nicht? Dein Leben würde bedeutend einfacher und erfolgreicher, wenn du die Gabe gibst, nachdem du die Tür zu ihr in deinem Geist geöffnet hast.

Du kannst dein Gejammer im Austausch für die Liebe aufgeben, die deine Gabe verkörpert. Wenn du dieses Prinzip verwirklichst, musst du in deiner Beziehung niemals etwas entbehren oder eine Erfahrung machen, die du bewusst nicht machen willst, weil du die Antwort auf alle deine Klagen in dir trägst.

20

Mit einem einzigen Partner
die ganze Fülle des Lebens erfahren

Wenn es um Beziehungen geht, herrscht die gängige Ansicht vor, dass du es nicht erwarten kannst, in einer einzigen Beziehung die ganze Fülle zu erfahren, sodass es wichtig ist, Freunde zu haben, auf die du dich verlassen kannst, um andere Bedürfnisse zu erfüllen. Manche Menschen rechtfertigen damit ihre Affären. Meine nicht den gängigen Ansichten entsprechenden Erkenntnisse zeigen jedoch, dass es durchaus möglich ist, die ganze Fülle in einer einzigen Beziehung zu erfahren. Das bedeutet nicht, dass du deine Freunde aufgeben musst. Tatsächlich bereichert es deine Freundschaften sogar, weil du nicht von ihnen abhängig bist, um deine Bedürfnisse erfüllt zu bekommen.

Um die ganze Fülle in einer einzigen Beziehung erfahren zu können, lautet das erste Prinzip, dass du einer einzigen Beziehung alles geben musst. Wenn deinem Partner etwas Wichtiges fehlt, das du brauchst, kannst du ihn entweder verurteilen und dich darüber beklagen, dass er es nicht gibt, oder du kannst erkennen, dass du derjenige bist, der diese Gabe mitgebracht hat, um sie der Beziehung zu geben. Wenn sie für dich nicht verfügbar ist, dann liegt es daran, dass du sie nicht gibst. Wenn du die Gabe öffnest und sie mit deinem Partner teilst, dann wächst sie in ihm und ihr könnt sie einander gegenseitig immer wieder neu geben. Um deine emotionale Integrität zu wahren, ist es jedoch von entscheidender Bedeutung zu erkennen, dass *deine Erfüllung von dir und von dem abhängt, was du gibst*. Dein Geben öffnet dich für das Empfangen, denn im Empfangen sind wir normalerweise nicht sehr gut. Das

Ego hat deine Fähigkeit, zu empfangen mit beträchtlichem Aufwand untergraben und in Bekommen oder Nehmen verwandelt. Dies führt unweigerlich zu Abhängigkeit, die unter dissoziierter Unabhängigkeit verborgen liegt, und diese Abhängigkeit hat Verletzung, Herzensbruch oder eine noch stärkere Dissoziation zur Folge.

Kehren wir zu unserem Thema zurück, dass es möglich ist, die ganze Fülle mit einem einzigen Partner zu erfahren. Es ist offensichtlich, dass dein Partner nicht alles zu bieten hat, denn sonst würdest du dich niemals zu jemandem außerhalb deiner Beziehung hingezogen fühlen. Dein Partner entwickelt in eurer Beziehung im Laufe der Zeit und infolge persönlicher Durchbrüche bestimmte Gaben. Es sind Gaben, mit denen du bei ihm möglicherweise niemals gerechnet hättest. In einem letzten verzweifelten Versuch, den neuen Entwicklungsprozess zu verhindern, führt das Ego dich außerhalb der Beziehung mit einem Menschen in Versuchung, der diese Eigenschaft besitzt. Wenn du der Versuchung sexuell, emotional oder in Form einer Phantasievorstellung erliegst, dann verpufft die Energie, die du deinem Partner geben solltest, um die Entwicklung der neuen Gabe in ihm möglich zu machen, und du verlierst die Gelegenheit, den nächsten Schritt zu gehen. Wenn du eine sexuelle Affäre beginnst, benutzt das Ego deine Schuld, um dich von deinem Partner fernzuhalten, und die neue Gabe kann nicht erblühen. Das Ego will erreichen, dass dein Bewusstsein gespalten bleibt. Wenn du eine Affäre beginnst, erweckst du alte Schuld aus deiner Kindheit wieder zum Leben, die von der ödipalen Verschwörung herrührt und dafür sorgt, dass du noch tiefer im Sumpf versinkst.

Wenn du in einer Dreiecksbeziehung gefangen bist, kannst du ganz einfach die Antwort auf dein Dilemma finden, wer dein wahrer Partner ist. Wenn du bereit bist, nicht länger entscheiden zu wollen, wer dein wahrer Partner ist, kannst du die Antwort finden, indem du dich dir selbst, der Wahrheit, dem nächsten glücklichen Kapitel in deinem Leben und der wahren Liebe verpflichtest. Deine fortwährende Verpflichtung hat üblicherweise zur Folge, dass einer der beiden sich von dir trennt, während der andere auf einer ganz neuen Ebene vortritt und die Eigenschaften beider in sich vereint, um dich ins Reich wahrer Partnerschaft zu führen.

Wenn es deinem Partner an etwas zu mangeln scheint, dann wird er vorangebracht, wenn du dich ihm rückhaltlos gibst. Du besitzt das Gegenmittel zu dem, was deinem Partner fehlt oder ihm Schwierigkeiten bereitet. Es kann in einer neuen Gabe bestehen, kann aber auch eine alte Gabe in höherer Form sein, die du bereits in dir trägst. Es kann auch darin bestehen, dass du dich bei den neuen Herausforderungen, vor die ihr fortlaufend gestellt werdet, rückhaltlos gibst.

Du kannst die ganze Fülle in einer einzigen Beziehung erfahren. Alle Spaltungen deines Bewusstseins und alle Dinge, an denen es dir mangelt, treten in Form von Konflikten zwischen dir und deinem Partner zutage. Der Zweck der Beziehung besteht jedoch darin, ihr zur Ganzheit und dir dadurch zu deinem Glück zu verhelfen. Verpflichtung hat paradoxerweise zur Folge, dass du, wenn du dich rückhaltlos einbringst, eine neue Ebene der Ganzheit und des Erfolges in deiner Beziehung selbst dann erreichst, wenn du nicht das Gefühl hast, ganz zu sein.

21

Ahnenheilung

Alle guten Taten deiner Ahnen sind in Form von Gaben und Talenten in deiner DNA und im Ahnenbewusstsein deiner Familie enthalten. Dies gilt jedoch auch für alle hässlichen und bösen Taten oder Dinge, die nicht geheilt oder gesühnt wurden. Sie sind ebenfalls als Muster in deinem Bewusstsein und in deinem Leben vorhanden. Du hast deinen Ahnen versprochen, dass du die karmischen Ketten abstreifen würdest, die sie gefesselt haben. Wenn du ein solches Seelenversprechen gegeben hast, dann muss es einen Weg geben, es zu erfüllen. Vor über zweiundvierzig Jahren habe ich erkannt, dass sowohl Gaben als auch Probleme von Generation zu Generation weitergegeben werden. Vor vierzig Jahren wurde mir ein Weg eingegeben, diese Ahnenmuster zu transformieren. Ich konnte diese Methode äußerst wirksam einsetzen und entdeckte später noch weitere Modelle und neue Wege, mit deren Hilfe diese Muster ebenfalls transformiert werden konnten.

Die folgende einfache, aber elegante Methode kannst du einsetzen, um Ahnenmuster zu heilen.

Untersuche zuerst das größte negative Muster, das durch deinen Vater und die Seite seiner Familie weitergegeben wurde. Frage dich intuitiv, welche Seelengabe du mitgebracht hast, um deinen Vater und seine Seite der Familie zu befreien. Nehmen wir einmal an, dass deine Gabe in dem Selbstwert besteht, der von dem wahren Wert herrührt, mit dessen Hilfe die weitergegebene Unwürdigkeit geheilt werden kann. Stelle dir vor, wie du diese Gabe neuer Würdigkeit öffnest und sie energetisch mit deinem Vater teilst. Wenn er damit erfüllt ist, gib sie durch die Generationen des Ahnenbaums der Familie weiter, bis das Muster geheilt ist. Wenn dies geschehen ist, kehrt die Energie der Gabe langsam durch den Ahnenbaum zurück und breitet sich aus, bis sie schließlich durch dich hindurch an deine Kinder und Enkelkinder weitergegeben wird.

Führe die gleiche Übung anschließend mit deiner Mutter und ihrer Seite der Familie durch. Welches Problem wurde in der Familie deiner Mutter weitergegeben, und welche Gabe hast du als Gegenmittel dazu mitgebracht?

Führe die Übung danach mit der Mutter und dem Vater deines Partners und ihren jeweiligen Seiten der Familie durch, bis die Energie wiederum an deine Kinder weitergegeben wurde. Genieße die Früchte.

Du bist immer noch im Spiel deines Lebens, und deine Ahnen stehen am Spielfeldrand. Du kannst der Star sein und das Spiel für alle gewinnen. Sie feuern dich an. Kannst du sie hören?

22

Dich nicht länger selbst betrügen

Du betrügst dich selbst in extrem hohem Maße und bist dir dessen noch nicht einmal bewusst. Wenn jemand anderer dich so sehr betrügen würde, wie du dich selbst betrügst, dann hättest du ihn schon lange verhaften lassen.

Ob und wann du dich selbst betrügst, kannst du ganz leicht an den negativen Emotionen erkennen, die damit verbunden sind. Eine negative Emotion zur Heilung zu nutzen heißt, sie zu dem Zweck zu nutzen, für den sie vorgesehen war. Sie als Waffe einzusetzen oder als Mittel emotionaler Erpressung zu benutzen ist gleichbedeutend damit, sie zu missbrauchen. Eine negative Emotion wird nur dann nicht missbraucht, wenn sie eingesetzt wird, um Heilung zu bewirken und Brücken zu bauen. Wenn du deine Emotionen missbrauchst, dann missbrauchen sie dich. Emotionen kommen nicht von außen, sondern von innen. Das ergibt Sinn, wenn du dir vorstellst, dass du sie in dir trägst. Emotionen können nur aus dir selbst hervorgehen, auch wenn es vielleicht den Anschein hat, dass sie von einem anderen Menschen oder einer äußeren Situation ausgelöst werden: „Er hat mich wütend gemacht." „Sie hat dafür gesorgt, dass ich mich schuldig fühle." „Die Situation hat mir Angst eingejagt."

Diese Emotionen entstehen in dir. Sie werden hervorgerufen durch Entscheidungen, die du als Reaktion auf äußere Reize triffst. Deine Reaktion macht sie zu dem, was sie sind. Natürlich gibt es auch noch eine tiefere Ebene, auf der du das Drehbuch zu der Geschichte schreibst, die zu der äußeren Situation geführt hat. Das hat dich zu der Entscheidung gebracht, ein bestimmtes Urteil zu fällen, und deine emotionale Verstimmung ausgelöst. Dieses Wissen über die Wirkweise des Unterbewusstseins schafft beste Voraussetzungen dafür, dein langjähriges Muster des Selbstbetruges endlich zu beenden.

Deine negativen Emotionen zeigen dir, dass du einen Fehler machst, weil es einen Weg gibt, die Situation ohne jede emotionale Verstimmung zu betrachten. Eine Möglichkeit, deinen Selbstbetrug zu erkennen, besteht in der Einsicht, dass du statt der Situation, in der du dich befindest, Frieden haben könntest, wie eine Zeile aus *Ein Kurs in Wundern* (Lektion 34) dich eindringlich mahnt: „Ich könnte stattdessen Frieden sehen." Dies zu sagen und auch zu meinen heißt, deinen Frieden zurückzugewinnen, Schicht um Schicht, bis du vollständig von Frieden erfüllt bist.

Eine unerfüllte Beziehung oder ein unerfüllter Beruf kann dein Leben bereichern oder auch nicht, kann dies aber immer nur in dem Maße tun, in dem du dich selbst einbringst. Ein Partner kann zu 90% oder 100% der richtige Partner für dich sein, aber wenn du nur 60% gibst, kann er dir auch nur 60% bedeuten. Wenn ein Partner dagegen nur zu 40% der richtige Partner für dich ist, du dich ihm aber unaufhörlich rückhaltlos gibst, dann erhöht sich diese Prozentzahl, und das, was du gibst, macht dich glücklich.

Wenn du auf der Arbeit *nur* das tust, was in deiner Stellenbeschreibung steht, dann betrügst du dich selbst um den Sinn, die Fülle und die Belohnung, die einer beruflichen Tätigkeit innewohnen können. Das gilt gleichermaßen für eine Beziehung. Wenn du nur das ausführst, was deine Rollen dir in der Beziehung vorschreiben, dann wird sie sehr schnell langweilig – eine Beziehung, in der du vorgegebenen Mustern folgst und in der es keine wirkliche Begegnung gibt. Wenn du das tust, dann bringst du Kälte und Leblosigkeit in die Beziehung. Nur wenn du dich zu hundert Prozent schenkst, wirst du aus all den Opferrollen herausfinden, die du in dir seit deinen Kinderzeiten abgespeichert hast, was zu einer Leblosigkeit im Leben und in Beziehungen führt. Nur wenn du dich zu hundert Prozent schenkst, dann wirst du dich an den vielen hundert Orten heilen können, an denen du dich vom Leben zurückgezogen hast.

Eine negative Emotion ist ein Hinweis auf die Stelle, in die du dich zurückgezogen hast. Wenn du dich nicht zurückgezogen hättest, würde es hier nur Selbstvertrauen und Frieden in dir geben und du könntest mit jeder Situation umgehen, die erscheint. Jede Art von Ärger dagegen zeigt dir eine Situation, die ein geheimes Emotionslager in dir auslöst – Rückstände aus deiner Vergangenheit, in der du dich zurückgezogen hast, statt dich zu hundert Prozent einzubringen. Wo du dich zu hundert Prozent einbringst, zeigen sich in dir Eingebungen und Antworten, die dir zeigen können, wie du mit der gegenwärtigen Situation umgehen kannst, um sie zu lösen. Dich zu hundert Prozent einzubringen, bedeutet, dass du ganz darin vorkommen musst, und als Folge davon wirst du empfangen, statt dich aufzuopfern. Du öffnest Türen, die du bisher immer geschlossen gehalten hast. Du gewinnst zurück, was du von dir weggeworfen hast. Du fängst von Neuem an. Das ist die Macht, die darin liegt, dass du dich einem Menschen oder einer Situation ganz schenkst. Zu Anfang kann dir das schwer erscheinen, aber im Laufe der Zeit wird es leichter. Es kann kompromisslos erscheinen, aber nach und nach wird es lenkbar.

Langeweile oder ein Gefühl von Leblosigkeit sind klare Zeichen dafür, dass du dich nicht vollständig einbringst. Lustlosigkeit und Erschöpfung sind klare Anzeichen dafür, dass du dich nicht rückhaltlos einbringst, denn wenn du dich ganz einbringst, wenn du beispielsweise erschöpft bist, dann wirst du paradoxerweise neue Kraftquellen finden und dich wieder voll Energie fühlen. Wenn du dich rückhaltslos einbringst, dann öffnest du dich im selben Maße dem Empfangen. Wenn du hundert Prozent von dir einbringst, dann öffnest du dein Herz, sodass du darin berührt und angeregt werden kannst.

Deine hundert Prozent öffnen dich für deine Partnerschaft und bringen dich dort wieder zu einer Verbundenheit, wo die Verbundenheit verloren gegangen ist. Hundert Prozent zu geben, ist so, als ob du dich neu verlieben würdest. Es bringt dich über die Beurteilungen hinaus an einen inneren Ort, an dem du dich von deinem Partner wieder ganz begeistert fühlst. Dich deinem Partner rückhaltlos zu schenken, bedeutet, ihn in seiner ganzen Schönheit zu erkennen, und du und deine Beziehung werden davon erfüllt sein, ganz gleich, wie viele Jahre ihr schon zusammen seid. Betrüge dich nicht länger! Schenke dich deinem Partner und dem Leben zu hundert Prozent. Das kann allen nur nützen und wird dich und deine Situation weiterbringen, ganz gleich, wie sie beschaffen ist.

23

Der herzzerreißende Verlust der Ebenbürtigkeit

Ich war Zeuge davon, wie das Licht in seinen Augen verlosch. Vor der Hochzeit und in den sechs Monaten, die ihr folgten, waren die beiden eine solche Quelle von strahlendem Licht gewesen. Und dann, plötzlich, in nur wenigen Tagen, war dieses Licht verschwunden. Eines Morgens war seine Frau wach geworden und hatte dieses drängende Verlangen nach einem Kind in sich gespürt. Es brach auf eine so starke Weise aus ihr heraus, sowohl als Bedürfnis wie auch als Forderung, dass ihr Ehemann sich völlig überrumpelt davon fühlte. Es ging nicht darum, dass er keine Kinder wollte. Nein, er wollte auch welche. Er hätte vielleicht lieber noch ein wenig gewartet, um die Zweisamkeit zwischen ihnen ein wenig länger zu genießen, aber er war nicht grundsätzlich gegen Kinder. Das Bedürfnis seiner Ehefrau kam auch für sie selbst überraschend, denn sie war eine vielbeschäftigte Geschäftsfrau, und es kam so stark über sie, dass es ihren Ehemann einfach überrollte.

Als er mich aufsuchte, trauerte er darüber, dass er seinen Platz als Nummer eins in ihrem Leben verloren hatte. Ihr Bedürfnis war zur Nummer eins geworden und er hatte das Gefühl, er sei in ihrer Bedürfnisskala eine ganze Reihe von Stufen nach unten gerutscht. Er hatte auch Angst, dass seine Frau nun dasselbe Verhalten zeigen würde wie seine frühere Freundin, deren Bedürfnisse immer im Vordergrund gestanden hatten. Aber das war eigentlich zweitrangig. Er sah aus wie ein Mann, dessen Träume sich plötzlich in Luft aufgelöst hatten, und er war so verwundet, dass er ihr nicht einmal mitteilen konnte, wie er sich fühlte. Die Ehefrau spürte, dass sie irgendeinen Fehler begangen hatte, aber sie wusste nicht, wie sie sich ihrem Ehemann zuwenden sollte und wie sie ihn dazu bringen könnte, über das zu sprechen, was ihn dazu gebracht hatte, sich so zurückzuziehen.

Ich wurde zu einer Art Übersetzer und half ihr zu verstehen, woher ihr plötzliches Bedürfnis kam (nämlich aus einem Verbundenheitsverlust zu ihrer Mutter während ihrer Kindheit), außerdem zu verstehen, was er fühlte, welchen Fehler sie gemacht hatte und warum sie ihn verloren hatte. Ich half ihm zu verstehen, dass er ihre Beziehung in einen Götzen verwandelt hatte, der ihn anstelle seiner verlorenen Träume motivierte und der ebenfalls als Ersatz für seinen Verbundenheitsverlust zu seiner Mutter in seiner Kindheit dienen sollte.

Aber da sich die Beziehung ebenso wie die zu seiner Mutter entwickelte, zeigte sich, dass es darunter ein ego-bedingtes Thema gab, nämlich, dass er getrennt und unabhängig sein wollte. Der Ehemann war im Hinblick auf die Bedürfnisse seiner Frau an die zweite Stelle gerückt und er hatte dies benutzt, um sein Bedürfnis nach Unabhängigkeit zu erfüllen. Und obwohl sie übereinstimmten, nun darüber zu reden, ob sie überhaupt ein Kind haben wollten, spielten sie nun Fangen in einem Minenfeld.

Als wir weitersprachen, verstand die Frau nach und nach mehr von den Gefühlen ihres Mannes und erkannte auch ihr eigenes Bedürfnis, verstanden zu werden. Sie erkannten beide, dass dies hier die erste Weggabelung ihrer Beziehung war. Sie hatten das hundertprozentige Verliebtheitsgefühl ihrer ersten Zeit noch nicht wieder erreicht, aber einen Großteil davon wiedergefunden und bewegten sich nun aufeinander zu, um auch die letzten 15 Prozent zu heilen. Sie waren wieder im Sattel.

Wenn ein Bedürfnis oder irgendetwas wichtiger wird als dein Partner oder eure Vertrautheit miteinander, dann verliert ihr in jeder Hinsicht an Boden. Wo Ebenbürtigkeit ist, dort ist auch Liebe, ein Miteinanderfließen und Nähe und das allein schon vervielfacht den Erfolg für beide. Was hast du wichtiger genommen als deinen Partner oder deine Beziehung? Wenn ihr eure Partnerschaft verliert, dann verliert ihr euch in Rollenmustern, ihr verfallt in Kämpfe und in Leblosigkeit. Entscheide dich für Ebenbürtigkeit und Partnerschaft.

24

Die schamanische Geschichte

Es war der letzte Tag des Workshops und die Fokusperson hatte die Nummer 15, was numerologisch eine Ernsthaftigkeit bedeutet, die Leben retten kann. Die Frau, die ausgewählt worden war, fing damit an, dass sie mir überschwänglich für all die Veränderungen dankte, die sich in ihrem Leben und in ihrer Beziehung im Lauf der letzten zwei Jahre ereignet hatten. Sie war von einer Frau, die ständig Wutanfälle bekam, weil sie ihren Kopf nicht durchsetzen konnte, zu einer machtvollen, sinnlichen, fröhlichen und erfolgreichen Frau geworden, der jeder nacheifern wollte, nicht nur, weil sie so erfolgreich im Leben war, sondern auch aufgrund ihrer charismatischen Ausstrahlung.

Sie erzählte das alles in einer wirklich tief empfundenen Weise, aber ich war nicht im Entferntesten darauf vorbereitet, was dann geschah. Sie brach nämlich in Tränen aus, fiel vor mir auf die Knie, ergriff meine Beine und bettelte um Hilfe. Es schien so, dass ihr Sohn gerade eine Diagnose für ein ernsthaftes Herzproblem bekommen hatte. Und sie rief laut aus: „Sie sind der Einzige, der mir helfen kann! Ich weiß, dass Sie es können!"

Mein Herz öffnete sich und ich erfuhr eine starke innere Führung. Ich wusste intuitiv, dass ich alles sagen konnte, was sich in mir zeigte. Ich lauschte nach innen. Ich bat sie dann, sich hinzusetzen und jemanden im Raum auszuwählen, der sie an ihren Sohn erinnerte. Sie wählte einen jungen Mann und ich bat ihn, sich vor ihrem Stuhl auf den Boden zu setzen, wo sie ihn halten und ihre Arme um sein Herz legen konnte. Dann schlug ich ihr vor, dass sie sich vorstellen solle, dass sie energetisch ihr eigenes Herz über das des Sohnes legen könne. Als sie das getan hatte, konnte ich sein Herz als ganz und geheilt sehen und ich konnte auch sehen, dass sie tief in sich selbst bis zu ihrem inneren Licht hineingreifen und dieses Licht nach außen und in ihren Sohn und in sein Herz bringen konnte. Sie blieb minutenlang in dieser Umarmung und dann war sie in der Lage, den jungen Mann, der ihren Sohn darstellte, loszulassen, während wir uns alle um sie beide herumstellten und den Augenblick dazu nutzten, unser Licht in die Situation hineinzugeben, wobei wir sowohl die Mutter als auch ihren Sohn in eine gemeinsame Umarmung nahmen.

Später hörte ich, dass der junge Mann nach und nach seine angeblich chronische Herzerkrankung überwand.

25

Sage Ja zu deinem Herzen

Hast du jemals das Gefühl gehabt, dass du eigentlich alles richtig gemacht hast, aber dennoch nicht wirklich etwas dabei herausgekommen ist, und dass du dich als Folge davon gefühlt hast, als würde die ganze Welt gegen dich sein und du wärest ihr Opfer? Ich habe kürzlich mit einer Frau gearbeitet – lasst sie uns Martha nennen –, deren Ehemann eine Außenbeziehung hatte. Sie war am Boden zerstört und auch sehr wütend, aber es war nicht das erste Mal, dass sie so am Boden zerstört war. Zwei Jahre zuvor hatte sie schon ihren Ehemann zu einer Sitzung mitgebracht, um genau dieses Thema zu heilen, aber nun war sein altes Gefühl zurückgekehrt.

Als wir erforschten, was da geschehen war, erklärte ich ihr, dass Dinge sich in Schichten zeigen und dass, wenn man eine Schicht überwunden hat, diese sich manchmal auf eine neue Weise, aber aus einer anderen Perspektive heraus zeigt. Ich fand heraus, dass Martha innerlich zerrissen war und über ein verrücktes Glaubensmuster verfügte, das ihr sagte, sie würde ihren sexuellen Anstand verlieren, wenn sie Geld genug hätte. Sie entdeckte, dass dieses Glaubensmuster aus einem anderen Leben stammte. Als ich sie fragte, worin ihr Gewinn bestand, wenn ihr Ehemann untreu war, kam ihr als Erstes in den Sinn, dass sie nun Liebe, Erfolg und Geld bekommen würde. Ich fragte sie, ob ihr Ego dieses Versprechen gehalten und ihr all diese Dinge verschafft hätte, weil sie ja damit bezahlt hätte, dass sie sich zum Opfer machte, und Martha antwortete: „Überhaupt nicht." Aber was sie bekam, war Unabhängigkeit, die Teil jedes Gewinns ist, den man zusammen mit der Opferhaltung bekommt, und Martha gewann außerdem ihr missglücktes Lächeln.

Da das Thema Betrug Teil ihrer Geschichte war, fragte ich sie, wie viele Betrugsgeschichten sie in sich trug.

Sie sagte: „Zehntausend."

„Und in wie vielen", fragte ich weiter, „bist du die Betrogene gewesen?"

„In eintausend," antwortete sie.

„Und in wie vielen hast du betrogen?"

„In neuntausend," sagte sie.

Ich sagte ihr, dass dieses Muster ziemlich einfach und klar wäre, aber dass es eine tiefere Schicht gebe, bei der man, wenn man über ein solches Muster verfügt, einmal „Nein" zum Leben, zu sich selbst und zum Himmel gesagt hat. Auf dieser Geistesebene gibt es eine Negativität, eine schlechte Einstellung, einen Nihilismus, Rebellion, Widerspenstigkeit, Sturheit und Widerborstigkeit als Teil unseres Autoritätskonfliktes mit dem Himmel. Martha konnte diese Widerborstigkeit erkennen, die ihr Leben sabotierte, ebenso ihre Beziehung, ihr Geld und ihren Erfolg.

Ich sprach mit Martha über ihre Liebe zur Wahrheit und wie sie eigentlich mehr nach Wahrheit als nach den Fallen strebte, in die sie immer gefallen war, und dass die Wahrheit ihr früher immer geholfen habe. Nun, als die 14. Fokusperson im Seminar, eine Zahl, die für „Veränderung oder Tod" steht, werde ihr die Wahrheit helfen, das zu integrieren, was negativ in ihr war, um dies alles zu einem Teil ihrer Ganzheit zu machen. Und es war ganz sicher die Wahrheit, dass sie Veränderung wählte statt den Tod.

Martha nahm die Wahrheit an und mit Hilfe von Rollenspielen integrierte sie all die verschütteten Teile ihres Geistes, besonders ihre Widerborstigkeit und ihre Todessehnsucht. Dann nahm sie ihre Berufung und ihren Auftrag an, eine lebensspendende Veränderung in die Welt zu bringen. Als sie die heilende Gabe der Wahrheit zusammen mit ihrer Berufung und Aufgabe zu denen brachte, die im Rollenspiel ihren Ehemann und ihre Tochter, die sie auch einbeziehen wollte, darstellten, da erzeugte dies einen spontanen Applaus im Raum. Jeder erkannte die Heldenhaftigkeit, mit der Martha sich ihrem Heilungsprozess gewidmet hatte. Endlich sagte sie wirklich „JA!" zu ihrem Herzen.

26

Gaben für deinen Partner

Augsburg, Deutschland. Es war im späten September des Jahres 2009 und ich gab gerade ein Wochenendseminar, als mir bewusst wurde, dass Lency und ich in Kürze unsere Silberhochzeit feiern würden. Ich hatte gerade in der Gruppe das Thema „Die Macht der Vergebung" unterrichtet und wie Vergebung dich selbst befreit und dich mit denjenigen in deiner unmittelbaren Umgebung wieder verbindet, sodass Frieden und Glückseligkeit entstehen. Während ich das unterrichtete, aalte ich mich innerlich im Leuchten der Liebe für meine Frau. Was das Geschenk zum Hochzeitstag betraf, wusste ich nicht genau, was ich ihr außer den Geschenken, die ich schon geplant hatte, noch schenken sollte, als ich plötzlich eine Eingebung hatte. Warum mich nicht innerlich überprüfen und herausfinden, ob ich nicht irgendwo noch verborgene Verletzungen hatte, die ich ihr zum Vorwurf machte? Diese verborgenen Verletzungen aufzuspüren und sie zu lösen, könnte ein wundervolles Geschenk sein, das ich ihr als weiteres Geschenk zu unserem Hochzeitstag machen könnte.

Ich beschloss also, herauszufinden, ob ich noch irgendwelche alten Kränkungen in mir trug, die ich noch nicht ganz losgelassen hatte. Und, als ob ich es gewusst hätte, fielen mir schon nach einer Minute zwei solcher Anklagen ein. Ich erkannte, dass es sich dabei um Momente handelte, in denen ich von meiner Frau erwartet hatte, dass sie mich dadurch glücklich machen sollte, dass sie Dinge so tat, wie sie *mir* entsprochen hätten. Ich verbrachte den Rest der Zeit des Seminars damit, dass ich mich dafür entschied, ihr zu vergeben, und zwar rückhaltlos. Der Prozess im Seminar unterstützte mich dabei nicht nur, sondern er machte es mir auch ganz leicht. Als der Heilungsprozess sich vertiefte, wuchs die Liebe zu meiner Frau immer mehr.

Hast du einen Anlass wie einen Geburtstag, einen Jahrestag oder einen Festtag, zu dem du jemandem ein tiefes Geschenk machen könntest, indem du ihm oder ihr vollständig vergibst? Oder würdest du es tun, ganz einfach, weil es so viel Freude macht?

27

Kernbedürfnisse zeigen
deine Kernpersönlichkeiten

Eine Kernpersönlichkeit bildet sich nach einem traumatischen Ereignis, oder zumindest scheint dies so. In Wirklichkeit beginnt sie mit einer Entscheidung, dich von etwas abzuspalten, und diese Abspaltung geschieht sowohl in Bezug auf andere Menschen wie auch im eigenen Inneren. Wo die Abspaltung geschieht, dort bildet sich Angst, Widerstand, Verlust und Bedürfnis. Ein Kernbedürfnis zeigt, dass es in dir eine Kernpersönlichkeit gibt. Eine Kernpersönlichkeit trennt dich vom Leben, von anderen, von dir selbst und vom Himmel. Selbst wenn du eine so genannte positive Persönlichkeit ausbildest, unterbricht sie dein inneres Fließen und verhindert, dass du wirklich empfangen kannst. Sie ist konkurrenzbetont und kämpferisch, und zwar sowohl in deinem Geist, gegenüber anderen und in Bezug auf den Himmel. Eine Kernpersönlichkeit hat feste Vorstellungen und will in ihrem Königreich regieren, ebenso über andere, wenn sie das zulassen oder schwächer scheinen.

Eine Kernpersönlichkeit sieht nach außen vielleicht mächtig aus, aber sie steht auf tönernen Füßen. Sie hat eine große Schwäche, denn sie hat ein Kernbedürfnis. Ob es bei diesem Bedürfnis um Sicherheit geht, um Geldausgeben, Essen, Trinken, Sex, Kontrolle oder irgendetwas anderes – sie weist auf eine Schwachstelle hin, an der du versuchst, etwas zu bekommen, an der du genau dies aber in Wirklichkeit gerade wegschiebst, weil du eine Abspaltung in deinem Geist in dir trägst. Wenn du dir erlauben würdest, wirklich zu empfangen, würde dich das wieder in Verbundenheit bringen und auf diese Weise würde sich deine Kernpersönlichkeit auflösen. Das Ego, das aus Persönlichkeiten besteht, will nicht, dass du empfängst, denn wenn Verbundenheit geschieht, würde es sich auflösen.

Halte also Ausschau nach deinen Kernbedürfnissen: Handelt es sich dabei um ein Bedürfnis nach Geld, Sex, Nahrung, romantische Liebe, Bedeutung usw.? Wenn du dein Kernbedürfnis entdeckt hast, dann wirst du eine Kernpersönlichkeit finden, die dich aufhält.

- Wie alt warst du, als sie eingesetzt hat?
- Wer war zu diesem Zeitpunkt bei dir?
- Was ist damals als Folge deines Verlangens nach Abspaltung geschehen, einer Abspaltung von anderen, einer Abspaltung eines Teils deines Denkens und eines Gefühls von Getrenntsein?
- Aus was hast du deine Kernpersönlichkeit gebildet? Ich habe von anderen gehört, dass sie ihre Kernpersönlichkeit aus allem entstehen lassen konnten, von Schaum bis zu Titan.
- Welchen Einfluss hatte deine Kernpersönlichkeit auf dein Leben?
- Wie viele unterstützende Persönlichkeiten hat sie gebildet?

Und nun, erhebe dein Licht und bitte den Himmel um sein Licht. Wenn dein Licht und das Licht des Himmels sich verbinden, dann nimm dieses Licht und lege es um den äußeren Rand deiner Persönlichkeit, sodass es die Grenzen auflöst und es zu einer natürlichen Verbundenheit und Integration dessen kommt, was bisher im Inneren und im Äußeren der Persönlichkeit war. Während sich diese auflöst, wird sich das Kernbedürfnis auflösen und in dir wird dein natürlicher Fluss wieder spürbar werden. Frage dich, welchen Einfluss dies auf dein Leben haben wird. Wo du eine Kernpersönlichkeit wie diese hast, so zeigt dies, dass die Menschen in den entsprechenden Situationen mit dir eine ganz ähnliche Kernpersönlichkeit besaßen. Du kannst das Licht, das aus deinem eigenen Licht und dem des Himmels entstanden ist, dazu einsetzen, ihre Kernpersönlichkeiten ebenso aufzulösen.

Und nun, wenn du willst, widme dich einer anderen Kernpersönlichkeit und wiederhole diesen Prozess: Finde dein Kernbedürfnis und verfolge seine Spur bis zu der dazugehörenden Kernpersönlichkeit.

28

Du hast alles bekommen,
was du brauchst

Lasst uns heute erkennen, dass du alles bekommen hast, was du brauchst. Denn es liegt in der Natur Gottes, dass Er jedem alles schenkt. Aber irgendwie ist das bei dir nicht angekommen. Das liegt daran, dass dein Ego dir Mangel vorgaukelt und dass du auch noch in diesem Ego glaubst. Das Ego errichtet Barrieren zwischen dir und allem anderen und erhält so seine Existenz, die ja nur auf Scheinwirklichkeiten basiert, aufrecht. Hör also auf damit, etwas oder jemandem dafür die Schuld dafür zu geben, dass du etwas nicht bekommen hast. Wenn du es bekommen würdest, dann würde das Ego sich auflösen, weil sofort eine neue Verbundenheit entstehen würde. Du kannst dich heute dafür entscheiden, an wessen Seite du sitzen möchtest, an der Seite des Himmels oder an der Seite deines Egos, an der Seite der Einheit oder an der Seite der Trennung. Es liegt an dir, für was du dich entscheidest, und dein Glück ist davon abhängig, welche Wahl du triffst.

Lasst uns also für einen Moment lang so tun, als ob genau das, was du willst, dasjenige ist, gegen das du dich am meisten wehrst. Wie kommt das? Wovor hast du eigentlich Angst? Welche Entschuldigung gibt dir die Tatsache, dass du das nicht bekommst, was du so sehr brauchst? Ist es das, was du wirklich willst? Du könntest neben dem Himmel sitzen und die Tür zu dem öffnen, was du wirklich brauchst. Wie viele Türen hast du vor dem verschlossen, was du wirklich gebraucht hast? Du könntest jetzt diese Türen öffnen.

29

Deine Klagen verbergen
deine Angst

Klagen sind die Folge eines Bedürfnisses und die kleine Schwester der Angst. Wenn du dich beklagst, dann hast du Angst, dass du nicht für dich selbst sorgen kannst oder dass jemand anderes dich nicht unterstützt, sodass du dich bei ihm beschweren musst. Aber darunter gibt es noch eine tiefere Angst, eine, die aus deiner Bewusstseinsspaltung kommt. Ohne diese Bewusstseinsspaltung wärest du voll Selbstvertrauen und könntest die Dinge sehr leicht allein regeln.

Aber mit einem gespaltenen Bewusstsein musst du versuchen, durch Beschwerden zu kontrollieren, und das bedeutet, dass du dich für deine Angst entschieden hast.

Wenn du die Angst wählst, wirst du dich ständig selbst angreifen und Selbstangriffe führen dazu, dass du auch andere angreifst.

Deine Klagen zeigen dir, an welcher Stelle du dich für die Bewusstseinsspaltung entschieden hast, mit der deine Angst, deine Bedürftigkeit und das Gefühl des Verlustes angefangen haben und die letztlich deine Angst davor war, wirklich zu strahlen.

Wenn du die Verbundenheit aufrechterhalten hättest, dann hättest du eine neue Seelengabe bekommen, ebenso wie Gnade des Himmels. Du hättest auf ganz natürliche Weise eine neue Stufe deiner Berufung und deines Schicksals erreicht, was sich auch in deinem Leben gezeigt hätte. Aber dadurch, dass du Angst vor all diesen Gaben hattest und dich dafür entschieden hast, dich zu verbergen und scheinbar unabhängig zu werden, hast du aus deiner Angst heraus diese Verbundenheit unterbrochen. Als du dich für die Angst statt für Frieden, Liebe oder Vertrauen entschieden hast, hast du dich selbst angegriffen. Das vergrößert deine Angst und setzt einen Teufelskreis in Gang, der sich so lange weiter fortsetzt, bis du einen Ausweg daraus findest.

Dein Klagen verbirgt deine Angst vor deiner Begabung und jedes Problem ist eine Beschwerde, was bedeutet, dass jedes Problem deine Angst vor deinem Strahlen widerspiegelt. Dennoch kann man es ganz leicht lösen, wenn du den Mut aufbringst, mehr zu strahlen. Je größer das Problem, desto größer sind die Gaben, die dich erwarten. Je heftiger deine Klagen, desto größer ist die Gabe, die sie bedecken.

Fang mit deinem Partner an. Was sind die drei größten Klagen, die du über ihn führen könntest?

Welche Gabe ist hinter jeder Klage verborgen?

Wenn du intuitiv die Gabe nennst, entscheide dich dafür, deinen Geist zu öffnen und diese Gabe zu empfangen, und teile sie *energetisch mit deinem Partner*. Jedes Problem ist eine Klage.

Über wen beschwerst du dich?

Um was geht es bei deiner Klage?

Was ist die Gabe, die sich darunter verbirgt?

Würdest du dich jetzt für diese Gabe öffnen und sie mit anderen teilen?

Du könntest dein Leben von so vielen Fallen befreien, in denen du dich hilflos gefühlt hast, wenn du dich deinen Gaben öffnest. Du hast tausende Gaben in dir, die als Potenzial auf dich warten, wenn du nur den Mut findest, dich für sie zu öffnen.

30

„Ich muss die ganze Arbeit tun,"
klagte sie

Ich habe diese Beschwerde dutzende Male auf der ganzen Welt gehört. Sie wird typischerweise von Frauen in der Beziehung geführt. Sie zeigt, dass die Beziehung sich immer noch im Machtkampfstadium befindet. Wenn eine Beziehung in die nächste Ebene – die Tote Zone – eintritt und der Machtkampf immer stärker wird, dann scheint das Ziel immer weiter entfernt, wobei der Ehemann dann typischerweise die Frau auf irgendeine bedeutsame Weise fallenlässt. Obwohl sie dadurch scheinbar zu einem „Opfer" des Verhaltens des Ehemannes wird, nimmt die Ehefrau so ganz eindeutig die Position der moralischen Vorherrschaft ein und zeigt allen, dass sie die moralisch oder spirituell Überlegene ist. Die Beziehung ist dann verkommen zu einer Gewinner-Verlierer- bzw. Verlierer-Gewinner-Situation, was typischerweise bedeutet, dass die Beziehung das nicht überleben wird. Es wäre so viel besser, wenn man sie im Stadium des „Ich muss die ganze Arbeit tun" heilen könnte.

Da ich die Möglichkeit hatte, auf der ganzen Welt Zehntausende von Beziehungen zu beobachten, gibt es einige Dinge, bei denen ich in dieser Art von Situation Zeuge sein konnte. Das erste Prinzip, das sich hier anwenden lässt, besteht darin, dass in einer Beziehung immer alles gleich verteilt ist, es sei denn, es gibt ein großes Thema des Ausnutzens des einen Partners durch den anderen, damit beide sich nicht weiterentwickeln müssen. Wenn die Frau ihr Persönlichkeitswachstum und ihre Heilung in die Beziehung einbringt, dann wird der Partner einen gleichstarken Beitrag in einem anderen Bereich leisten, beispielsweise im Bereich Erfolg oder Finanzen, aber grundsätzlich sind die

Beiträge beider Partner gleich. Ein Partner kann die Beiträge des anderen Partners jedoch manchmal nicht sehen, wenn er nur um sich selbst kreist.

Das Ego jedoch hasst Gleichheit in Beziehungen. Es will, dass du dich jemandem über- oder unterlegen fühlst, denn das Ego ist aus Kampf gemacht und Kampf ist der Fluch der Beziehungen. Wenn Gleichheit vorhanden ist, dann fließt die Beziehung, es gibt Nähe und Erfolg. Dies jedoch sind die Dinge, die das Ego zum Schmelzen bringen und die Trennung zwischen dir und anderen, zwischen dir und dem Leben auflöst.

Der Schlüssel dafür, hier einen Fortschritt und die Heilung der Trennung zu erzielen, besteht für die Frau darin, zu erkennen, wie sie in der Beziehung nur um sich selbst kreist, statt dass es wirklich um die Beziehung und um ihren Partner geht.

Wenn sie ihre innere Einstellung ändern kann, dann kann sie sich in die richtige Richtung bewegen, um die Beziehung zu retten, denn der Mann verfügt gewöhnlich nicht über die Bewusstheit oder die erforderlichen Mittel, um die notwendigen Veränderungen vorzunehmen.

Wenn die Frau ihre Sturheit, ihre Maßlosigkeit, ihre Rechthaberei und das Verlangen aufgibt, dass es nur ihren Weg gibt bzw. was sie für ihren Weg hält, dann kann sie den wahren Weg finden – einen, der sowohl der Beziehung als auch jedem einzelnen von ihnen ermöglicht, erfolgreich zu sein. Wenn die Beziehung ein Erfolg wird, dann wird das beide darin unterstützen, in ihrem Leben sowie in den Karrieren außerhalb der Beziehung erfolgreich zu sein.

Sich der Beziehung und deinem Partner anheimzugeben, wird die Beziehung transformieren. Es ist das Gegenmittel zu der Hinterlist des Machtkampfes und der Opfer, die damit verbunden sind. Es wird jedem der Partner ermöglichen, seine Aufgabe zu erfüllen, sodass die Beziehung wahrhaft ehrlich, authentisch und von gegenseitiger Liebe erfüllt sein wird.

31

Der Meister im Zentrum

Seit Monaten schon hatte Andy Schwierigkeiten mit seiner Frau. Andy war die erste Fokusperson im Seminar mit dem Titel „Das große Glück". Wir fanden schnell heraus, dass er sich zurückgezogen und isoliert hatte. Und während er anfangs nur darüber klagte, wie ungeliebt er sich fühlte, merkte er bald, dass seine Gefühle dadurch entstanden, wie er mit sich umging. Es war nämlich sein Rückzug, der das Problem verursachte. Innerhalb von 15 Minuten lachte Andy sich über sein albernes Verhalten kaputt und konnte nur noch den Kopf darüber schütteln. Es war ganz offensichtlich, dass er in eine Falle gegangen war, weil er auf den Rat seines Ego gehört hatte, um mit seiner Angst vor Nähe umgehen zu können. Ich erklärte ihm, dass das Ego, das das Prinzip der Trennung verkörpert und das daher die Angst vor Nähe nur vergrößert, vielleicht nicht der beste Coach ist, den man konsultieren sollte, wenn man sein Problem einer Angst vor Nähe loswerden will.

Ich sagte Andy, dass der einfachste Weg, über seine Angst vor Nähe hinauszukommen, darin bestand, seine Frau einfach wie seinen besten Freund zu behandeln. Ich schlug ihm vor, auszuprobieren, wie es sich in seinem Geist anfühlen würde, mit seinem besten Freund zusammen zu sein. Als er sich erlaubte, seinem Freund näherzukommen, löste sich all seine Angst vor Nähe auf. Als Andy diese Idee einer tiefen Freundschaft nun mit dem Bild seiner Ehefrau verband, spürte er, dass es plötzlich ganz leicht war, sie ebenso zu behandeln und sich nicht in dem zu verstricken, was er bisher für das ganz große Thema gehalten hatte – seiner Furcht vor Nähe. Andy hatte richtig Freude daran, ein guter Freund seines besten Freundes zu sein, und es fiel ihm ganz leicht, diese Gefühle dann auf seine Frau zu übertragen.

Als wir dann erforschten, welche Gabe vielleicht unter seiner Angst vor Nähe verborgen sein könnte, stellte sich heraus, dass ihn ein wirklich mystisches Geschenk erwartete: Es war eine Liebe, die so stark war, dass sie zum Einssein führte. Diese Gabe der Verbundenheit mit anderen ging über den Körper hinaus und reichte bis zur Vereinigung der Seelen und sogar des göttlichen Selbst. Andy lachte mehr und mehr, als er erkannte, dass er vor einem so riesengroßen Geschenk davongelaufen war. Er war immer schon ein Mann mit einem großen, liebevollen Herzen gewesen, mit einem einladenden Wesen, und diese Gabe der Verbundenheit schien nun nur ein weiterer Entwicklungsschritt für seine Liebe zu anderen zu sein.

Andy betrieb seine eigene kleine Firma mit Angestellten und arbeitete auch in einer wesentlich größeren Firma im Personalentwicklungsbüro. Gewöhnlich trägt die erste Fokusperson den Spurensucher, den Erforscher, die Energie der Pioniere in sich. Manchmal bringt sie aber auch die Energie des Seins selbst in den Mittelpunkt, wenn sie beispielsweise eine Firma führt oder im Zentrum einer Gemeinschaft arbeitet. Ausgestattet mit diesem mystischen Geschenk der Liebe schien es nun so, als sollte Andy nun endlich seinen Platz im Zentrum seiner Abteilung einnehmen und die Gemeinschaft wirklich miteinander verbinden. Das liebevolle Gesicht, das Andy nun hatte, war ein unglaublicher Gegensatz zu dem unglückseligen Ausdruck, den er am Anfang der Sitzung auf dem Gesicht getragen hatte.

32

Heilen durch Verstehen

Es gibt einen Weg, andere zu verstehen. Und wenn du das schaffst, dann kommt es zu Mitgefühl und Verbundenheit. Wenn du das wirklich verstehst, dann gibt es keine Notwendigkeit mehr für Vergebung, die – wenn man sie wirklich ernst meint – Verbundenheit, Mitgefühl und Verständnis mit sich bringt. Wie wahre Vergebung stellt auch Verständnis die Ebenbürtigkeit wieder her. Und mit dieser Ebenbürtigkeit beginnt das Fließen in euch beiden und in dem, den du verstanden hast, wieder zu strömen. Um es mit einer Zeile aus dem Buch „*The Velveteen Rabbit*" zu sagen: „Du kannst nur hässlich zu jemandem sein, der nicht versteht."

Es gibt eine ganz einfache Übung, zu der ich vor Jahren inspiriert wurde und die einem helfen kann, Verständnis zu entwickeln – ein heilendes Prinzip, das Angst, Trennung, Widerstand, Verlust, Verlassenheit und Missverständnisse auflöst.

Wähle jemanden, mit dem du Schwierigkeiten hast. Wie hat dieser Mensch sich verhalten? Was ist es, was du einfach nicht verstehen kannst? Was müsstest du in dir fühlen, um dich auf eine ähnliche Weise zu verhalten?

Hast du dich jemals so gefühlt?

Wie war das für dich?

Wie hast du dich verhalten, als du dich so gefühlt hast?

Wenn ein Mensch, der so ist, schon Teil deiner Welt ist, dann wirst du natürlich bereits alles über seine Emotionen und Verhalten wissen, aber es könnte sein, dass dies unterdrückt ist oder nur auf einer Seelenebene zugänglich war, bevor du in dieses Leben eingetreten bist.

Nun hast du die Chance, dich zu heilen, selbst wenn du dich nicht daran erinnern kannst, wie es vorher für dich war. Selbst wenn du bisher überhaupt noch nicht mit einer solchen Emotion in Berührung gekommen bist, frage dich, wie jemand sich fühlen müsste, um sich in dieser Art und Weise zu verhalten.

Was könnte die Emotion sein, die ein Mensch fühlen müsste, um sich in solch einer Art und Weise zu verhalten?

Hast du dich jemals ähnlich gefühlt?

Wie hast du dich verhalten, als du dich so gefühlt hast?

Selbst wenn du dich niemals bewusst so gefühlt hast, kannst du dir vorstellen, wie es sein müsste, diese Emotion in dir zu haben?

Wenn du das fühlst oder erkennst, wie verändert das deine Haltung im Hinblick auf den Menschen, der bisher ein Problem für dich war?

Kannst du dir vorstellen, wie es wäre, wenn du diese Emotionen auch in dir tragen müsstest?

Während sich dein Herz für diesen Menschen öffnet, statt ihn nur zu beurteilen oder zu verurteilen, öffnest du dein Herz auch für sich selbst. Du wirst auch bemerken, dass die Distanz, die du bisher gespürt hast, sich auflöst, wenn dein Herz sich öffnet und du in Fluss kommst. Was du einem anderen schenkst, gibst du dir auch selbst, sei dies nun etwas Gutes oder etwas Schlechtes.

Übe diese Übung im Laufe der nächsten Woche jeden Tag und nimm wahr, welches Verständnis und welche Verbundenheit sie dir bringen kann. Beginne dabei mit jemandem, der dir nahesteht, und gehe nach und nach zu Menschen über, die weiter von dir weg sind.

33

Standpunkte

Lasst uns nun das goldene Leben näher untersuchen. Du kannst jederzeit damit beginnen, wenn du bereit dafür bist. Es fängt mit einer wundervollen Lebensgeschichte an und dehnt sich dann in eine goldene Lebensgeschichte aus. Von dort wächst sie in eine Himmel-auf-Erden-Geschichte, dann in eine himmlische Geschichte und schließlich, vor dem Erwachen, wird es die Geschichte des Himmels selbst. Aber du musst nicht alle Schritte nacheinander vollziehen, sondern kannst jederzeit in Vorwärtssprüngen weitergehen.

Was diese Geschichten miteinander verbindet, ist ein immer stärker werdender Wille bzw. eine immer stärkere Erkenntnis des eigenen Selbst als göttliches Bewusstsein, das grenzenlos ist. Natürlich gibt es auch eine immer stärkere Verbundenheit mit allem und allen, während du voranschreitest. Es gibt immer mehr Liebe, immer mehr Freude, immer mehr Großzügigkeit und immer mehr Empfangen. Du lebst ein Leben voll Glücklichsein und Gnade. Dein Geist wird ganz ruhig geworden sein. Es gibt nur noch wenig Urteilen, und nur noch ganz wenig Verbindung zum Ego ist übrig. Schuld und Angst haben sich in Unschuld und Glauben verwandelt. Es gibt immer mehr Ganzheit und immer weniger innere Spaltung. Es gibt immer mehr Lauterkeit und ein natürliches Vertrauen in deine innere Führung. Selbstwert und Selbstliebe sind die natürliche Ordnung der Dinge. Wunder sind etwas ganz Normales, und du achtest sehr darauf, alle Götzen und Ego-Identifikationen loszulassen, die dich davon abhalten, dich mit einem Körper zu identifizieren, der auf dem Weg zum Tod ist, statt mit einer Seele, die danach strebt, ihre Selbsterkenntnis als göttliches Bewusstsein und Einheit wiederherzustellen.

Es gibt ein Schnellspurverfahren, das dir dabei helfen kann, das goldene Leben zu erreichen. Es hat damit zu tun, dass du alles aufgibst, mit dem du dich an die Seite des Ego gestellt hast. Hier ist eine ganz einfache Methode, mit der du herausfinden kannst, ob du gemeinsame Sache mit dem Ego machst oder mit dem Himmel, der Liebe und deinem Partner: Du fühlst etwas anderes als nur tiefsten Frieden und Freude. Da die Welt nun einmal so ist, wie sie ist, denkst du, es sei normal, Schmerz und Unglück zu empfinden, aber diese Emotionen zeigen dir nur, dass du einen Fehler machst und dich an die Seite der Getrenntheit des Egos gestellt hast, das danach strebt, sich selbst auf Kosten deiner Partnerschaft, deines Partners und deines Selbst zu vergrößern.

Dabei gibt es einen anderen Weg, durch den du Frieden erreichen kannst, statt das, was du zur Zeit fühlst. Du könntest dich dafür entscheiden, den Himmel zu bitten, dir zu zeigen, wie du das betrachten könntest, was da gerade geschieht. Entscheidest du dich für den Weg des Himmels oder für den des Egos? Welcher von beiden, glaubst du, wäre dir und deinem Partner gegenüber freundlicher gesonnen? Welcher von beiden könnte dir, deinem Partner und eurer Beziehung mehr Glücklichsein schenken?

Der Standpunkt des Himmels ist durch tiefen Frieden und Freude gekennzeichnet. Wenn du diese Aspekte nicht spürst, dann schaust du aus einer Ego-Perspektive auf die Dinge. Du könntest aber deine Einstellung ändern und entscheiden, in was du wirklich investieren willst. Lass mich dir bei dieser Entscheidung helfen: Das Ego nimmt seinen Lauf über den Friedhof als Haltestelle auf dem Weg zur Hölle, während die Liegenschaft des Himmels in deinem Inneren zu finden ist und aus Liebe und Einheit besteht.

Lasst uns also die Schnellstraße zum goldenen Leben und zur glücklichsten aller Beziehungen nehmen. Bist du dazu bereit? Du bittest ganz einfach den Himmel, all deine Entscheidungen zu treffen. Du entscheidest dich dafür, dass der Himmel deine Perspektive festsetzen soll, die entscheidend dafür ist, wie du die Dinge wahrnimmst, was wiederum die Projektion deiner Selbstkonzepte und der Geschichte ist, die du über dein Leben schreibst. Lass den Himmel eine goldene Lebensgeschichte für dich und deine Beziehungen schreiben, statt derjenigen, die du selbst schreibst.

Beginne bei dir. Bitte darum, dass du den Standpunkt des Himmels über dich erkennen kannst. Erinnere dich daran: Wenn du keinen Frieden und keine Freude in dir spürst, dann bist du entweder nicht vollständig oder du bist immer noch im Standpunkt des Egos gefangen. Als Nächstes bitte darum, dass du den Standpunkt des Himmels zu einem Problem erkennen kannst, das dich umtreibt, und bleibe bei dem, was du empfängst, so lange, bis du im Frieden bist und es kein Problem mehr darstellt.

Bitte dann darum, dass du den Standpunkt des Himmels in Bezug auf deinen Partner und danach in Bezug auf eure Beziehung erkennen kannst. Höre nicht auf, ehe du nicht Freude erlangt hast.

Bitte nun darum, dass du den Standpunkt des Himmels im Hinblick auf dein ganzes Leben erkennen kannst, und höre nicht auf, ehe du nicht zu einem tiefen und erkennenden Frieden hinsichtlich deines Lebens gekommen bist.

Als Nächstes nimm dir ein Problem vor, das du mit deinem Partner hast. Bitte darum, dass du den Standpunkt des Himmels dabei erkennen kannst. Höre nicht auf, ehe du dich nicht frei und glücklich fühlst.

Diese Übung könnte dir Jahrzehnte voll vertaner Zeit, Problemen und Schmerzen ersparen. Sie könnte dich direkt auf den Weg zum goldenen Leben bringen. Wie viel ist es dir wert, in diese Übung zu investieren, wenn du dadurch dein Leben transformieren und über ein Mittel verfügen würdest, das dir deine Kraft, deinen Wert, deine Selbstliebe und dein Glück dir selbst und deinem Partner gegenüber zurückgeben würde? Vom Standpunkt des Himmels aus betrachtet, gibt es keine Probleme und noch weniger chronische Probleme. Es gibt nur Standpunkte – entweder die des Himmels oder die deines Egos. Du musst dich nur entscheiden, welchem du folgen und was du als Ergebnis davon fühlen willst.

34

Unheilige Allianz

Eine Beziehung kann zu einer unheiligen Allianz verkommen. Es ist dann eine Beziehung, die vom Ego gelenkt wird und in der diejenigen, die daran beteiligt sind, unbedingt etwas Besonderes sein wollen. Die Beziehung ist dann auf Fantasien aufgebaut, was ein Versuch ist, seine Bedürfnisse befriedigt zu bekommen. Die Bedürfnisse versuchen, durch Fantasien befriedigt zu werden, was ganz einfach unmöglich ist. Fantasien sind ein Versuch, sich an der Vergangenheit festzuhalten, aber in dieser Vergangenheit lag der Ursprung der Trennung. Es ist eine Vergangenheit, die mit der Gegenwart im Konflikt steht.

Das Ego versucht in einer solchen Beziehung beide Menschen voneinander und von der Wirklichkeit getrennt zu halten. Tatsächlich ist es in einer solchen Beziehung so, dass es dem Ego umso lieber ist, je weniger jemand in die Beziehung einbringt, denn dann tritt dies nicht mit den Fantasien in Konkurrenz. Diese Fantasien kreisen typischerweise um bestimmte Körperbereiche, denen man in seiner Fantasie auf der Ebene der unheiligen Allianz eine herausragende Position einräumt. Dabei ist es in Wirklichkeit die Verbindung mit deinem Partner, die dich wieder in Fluss bringt, und von diesem Fluss aus bewegst du dich zum Aufstieg und vom Aufstieg zur Freude und zum goldenen Leben. Die unheilige Allianz jedoch geht genau den umgekehrten Weg. Sie ist ein Versuch, sich über Fantasien miteinander zu verbinden, was in Wirklichkeit aber überhaupt kein Verbundensein darstellt.

Diese Fantasien sind Kompensationen für den Verlust der Verbundenheit und eines alten Schmerzes. Dennoch haben diese verlorene Verbundenheit und die Bedürfnisse, die sich daraus ergeben haben, ebenso wie der alte Schmerz schon in dem Moment aufgehört, als sie begannen. Auf einer bestimmten Ebene transformiert Heilung die Vergangenheit, deshalb bringt man sie in die Gegenwart, statt dass die Vergangenheit in Konflikt mit dem Jetzt tritt. Nur im Jetzt kann es das goldene Leben geben. Nur in der Gegenwart gibt es den Zugang zur Ewigkeit. Nur in der Gegenwart gibt es Frieden, der deinen Geist für die Gnade, das ewige Jetzt und für die Wunder öffnet, die die Lösung des Himmels für alle deine Schwierigkeiten sind, in die du dich selbst gebracht hast.

Heilung ist eine hilfreiche Illusion, mit der eine zerstörerische Illusion, die man aus der Vergangenheit mit sich geschleppt hat, heilen kann. Wenn alles schmerzlich ist, dann hat dies seine Wurzeln in der Vergangenheit. Wenn alles ein Problem ist, dann hat man dies aus seiner Vergangenheit mitgebracht.

Um Psychologie zu verstehen, braucht man einfach nur zu wissen, dass alles, ganz gleich, wie unangenehm es sich anfühlen mag, einem *Zweck* dient.

Was für einem Sinn oder Zweck könnte das Problem oder der Schmerz dienen, die du empfindest?

Welchem Sinn oder Zweck könnte diese schmerzvolle Vergangenheit dienen?

Was könnte dir deine Vergangenheit mitteilen und an wen könnte diese Mitteilung gerichtet sein?

Warum tust du das ?

Wenn du diese Fragen beantwortest, dann kommst du ins Zentrum eines Musters, in dem du dich an die Seite des Egos gestellt hast, das als Prinzip des Getrenntseins ganz gewiss kein Verlangen nach der Liebe und dem Erfolg hat, den du empfinden könntest, wenn du dich in Freude wieder verbindest.

Du kannst dich aber heute erneut dafür entscheiden, wie du mit deiner Vergangenheit umgehen möchtest. Du kannst die unheilige Allianz mit dem Ego aufkündigen, dem du in Wirklichkeit vollkommen egal bist und das sich nur um sich selbst kümmert. Du kannst das Ziel der Ganzheit anstreben und dich so mit dem goldenen Leben in deiner Beziehung verbinden. Du kannst deine Beziehung unter die Führung des Himmels stellen.

Du kannst damit aufhören, deine Vergangenheit als Entschuldigung und als Kontrollwaffe zu benutzen. Du kannst damit aufhören, in deinen Fantasien zu schwelgen, die dich nur von anderen trennen und dich nie wirklich befriedigen. Du könntest dich für das Wahre, für das Wirkliche entscheiden. Das würde dir erlauben, dich von Geist zu Geist zu verbinden und die Freude zu finden, die in einer echten Beziehung möglich ist.

35

Anpassung – Der Fluch des goldenen Lebens

Ihr alle habt in eurem Leben schlimme Lektionen gelernt. Deine Vorfahren haben ebenfalls solche Lektionen in ihrem Leben lernen müssen. Auf der Ebene des Unbewussten hat dein Seelen-Geist viele schwierige und schmerzliche Erfahrungen durchlaufen. Manche dieser Erfahrungen sind noch wie Tretminen in deinem Leben präsent, während die übrigen Begrenzungen für dich aufgerichtet haben. Sie sind wie unsichtbare Wände, aber in Wirklichkeit sind sie gar nicht da. Sie existieren nur in deiner Vorstellung, aber sie fühlen sich für dich so wirklich an, als ob sie aus Backsteinen gebaut wären.

Du hast dein Leben und deine Art zu sein so ausgerichtet, als ob diese Wände echt wären, und sie behindern dich als Ängste, Phobien und blinde Flecken. In deiner Vorstellung glaubst du, so sei das Leben eben und es sei die einzige Art und Weise, wie es sein könnte: Auch Beziehungen sind nun mal so. Frauen sind nun mal so. Männer sind nun mal so, Sex ist nun mal so. Dabei gibt es so viele Möglichkeiten, wie du deine Vorstellungen im Laufe deines Lebens geraderücken könntest, und zwar schon bevor du anfingst, das zu untersuchen, was in deinem Unbewussten weggeschlossen ist. Schuld und der Verlust von Verbundenheit können Gefühle von Unzulänglichkeit und Wertlosigkeit erzeugen. Alle negativen Emotionen sind auf einer bestimmten Ebene Illusionen, nicht dass du sie als Illusionen erlebst, aber du reagierst auf etwas, das in Wirklichkeit gar nicht da ist.

Deine Emotionen sind Indikatoren dafür, wo du dich deinen illusionären Mauern angepasst hast. Wenn du auf eine dieser fantasierten Verteidigungswälle stößt, dann löst das in deinem Inneren einen Alarm aus und du erlebst

Schmerz, der sich in dir seit deiner Vergangenheit abgelagert hat. Wenn dir das bewusst ist, dann kannst du diese Emotion, wenn sie in dir hochkommt, zur Heilung benutzen, statt dass du dich beklagst oder jemanden damit emotional erpresst. Wenn du bewusst bist, dann kannst du deine „Erwachsenen-Hosen" anziehen und weder vor dem Schmerz weglaufen noch ihn abspalten. Stattdessen kannst du zum „Cowboy" werden und zu Heilzwecken durch die Emotion hindurchgehen. Bei deinem Heilungsprozess kannst du dann deine unsichtbaren Mauern abbauen, die in deiner Vorstellung vorhanden waren, und auf diese Weise kommt es zu einer größeren Ganzheit und einer natürlichen Vorwärtsbewegung.

All diese vorgestellten Mauern in dir repräsentieren Orte, an denen du etwas vermeidest. Sie sind dazu da, um dir zu helfen, Schmerz zu vermeiden, aber sie schaffen es auch, dass du an ihnen hängenbleibst. In den meisten Fällen sind sie dazu da, dich davon abzuhalten, innerlich weiterzukommen. Ein Vorwärtsfließen, das dich zu einer größeren Ausdehnung bringt, ist der natürliche Ausdruck des Weges des goldenen Lebens. Unsere Anpassungen blockieren diese Wege. Du überprüfst sie nicht wirklich, um zu erkennen, ob es eine solche Blockade gibt. Während es Blockaden geben kann, sind sie in Wirklichkeit auch nur Vorstellungen, was der Grund dafür ist, dass man sie überwinden kann. Es sind Überzeugungen, die du aufgebaut hast, als du dich an die Seite des Ego gestellt hast. Diese Überzeugungen, die diese Wände sind, denen du dich angepasst hast, sind auch Orte von Kampfbereitschaft, Selbstangriffen und Gefühlen, dass du zum Opfer gemacht wurdest.

Frage dich, wie viele schwere Lektionen du als Folge deiner Lebenserfahrungen gelernt hast.

Frage dich, wie viele Wände du aufgrund dieser Lebenserfahrungen aufgerichtet hast.

Frage dich, welchen Einfluss diese Anpassungen auf dein Leben gehabt haben.

Es gibt drei mögliche Methoden für dich, mit denen du all das heilen kannst:

1. Gehe zurück zu jedem einzelnen schmerzlichen Ereignis in deinem Leben, angefangen bei dem Ereignis, das am wenigsten lange zurückliegt. Mache dir jede Anpassungsleistung, die du daraufhin vorgenommen hast, bewusst und untersuche, wie sie dich in deinem Leben begrenzt hat. Stell dir diese

Begrenzung als eine Blockade, eine Mauer auf deinem Weg vor. Wie viel Energie hast du zur Verfügung, um diese Mauer zu durchbrechen? Wie viel Energie wirst du brauchen?

Bitte dann den Himmel um seine Macht, was gleichzeitig das göttliche Vertrauen in deine eigenen Fähigkeiten ist. Stelle 100 Prozent der himmlischen Macht hinter dich, damit du durch dieses Hindernis hindurchkommen kannst. Welche Wirkung hat dies auf die Blockade auf deinem Weg? Ganz gleich, wie viel Energie gebraucht wird – der Himmel kann den Unterschied machen!

2. Einige Menschen sind nicht so gut darin, zu visualisieren, aber sie können sich etwas vorstellen oder etwas spüren. Wenn diese Methode also für dich nicht so gut ist, weil du dich weigerst, dir etwas vorzustellen, was geschehen kann, wenn du ein ausgesprochen kinästhetischer Mensch (also ein stark fühlender Mensch) bist, dann spüre einfach die Emotionen, die in der Mauer abgespeichert sind, der du dich angepasst hast. Fühle dich ganz in sie hinein und entscheide dich, dass du dich ihnen nicht länger anpassen willst. Du kannst dir deinen Weg durch diese Mauer ‚brennen', indem du all die Emotionen spürst und durch sie hindurchgehst, bis du in einem Zustand von Frieden angekommen bist. Du kannst dies beschleunigen, wenn du die Macht des Himmels hinter dich stellst, während du all die Illusionen durchläufst, so lange, bis sie alle verschwunden sind.

3. Ein weiterer Weg, durch diesen Prozess hindurchzugehen, besteht darin, zu erkennen, dass jede dieser Glaubensmauern etwas repräsentiert, was du nicht annehmen kannst. Indem du deine Intuition befragst, frage dich, was es ist, das du bei dem, was geschehen ist, einfach nicht annehmen kannst und was du von dir selbst nicht annehmen kannst. Wenn du dies alles annehmen kannst, dann wirst du nicht länger von all dem zurückgehalten und kannst wieder in einen Fluss kommen, bis du zur nächsten Anpassungsmauer gelangst.

Wähle nun die nächste kürzlich entstandene Mauer der Verletzungen, dunklen Lektionen und Glaubenssätze, denen du dich angepasst hast, und benutze eine der drei Methoden, die ich dir hier gezeigt habe, um sie zu überwinden. Wenn du erkannt hast, wie sich die Dinge für dich anfühlen und wie sie für dich aussehen, dann spüre den neuen Fluss so lebhaft wie möglich, bis du zum nächsten Hindernis gelangst.

Wenn du all diese Schichten der Hindernisse aufgeräumt hast, dann bist du wirklich bereit für den nächsten Schritt in deinem Leben. An diesem Punkt zeigt sich vielleicht eine ganz neue Schicht dunkler Lektionen und unsichtbarer Mauern, die Anpassungen sind, aber du wirst das Leben bereits von einer viel höheren Ebene aus genießen.

Erzeuge nun eine Heilung für die Ebene deiner Ahnen. Wenn du das mit voller Absicht tust, dann wirst du erkennen können, was dich auf dieser Ebene zurückhält. Sprich also für dich die Absicht aus, zu erkennen, wie die dunklen Lektionen deiner Ahnen zu dir gelangt sind, was eine weitere unsichtbare Mauer darstellt, der du dich angepasst hast und die sich jetzt in deinem Leben zeigt. Während du dir dessen bewusst wirst, kannst du sie entsprechend ändern.

Es kann sehr aufregend sein, wenn du deine Absicht erklärst, dir die Hauptmauer deiner Ahnen anzuschauen, sodass sie sich wirklich zeigen kann und du dort hindurchgelangen kannst. Deine starke Absicht zieht diese Mauern aus ihrer Verleugnung und Unterdrückung heraus in dein Bewusstsein.

Nun setze einfach eine der drei vorher benannten Techniken ein, um dort hindurchzugehen.

Stell dir vor, dass diese Mauern Zeitbomben sind, die darauf warten, in deinem Leben zu explodieren, und dass du auf einer Such- und Zerstörungsmission bist, um zu klären, was dich bisher zurückgehalten hat.

Wenn du erst einmal begonnen hast, wirst du wie viele andere herausfinden, dass du dich in einem natürlichen Rhythmus beim Entdecken dieser Mauern befindest. Zum Beispiel könntest du mit Hilfe deiner starken Absicht herausfinden, dass eine dieser Anpassungen deiner Ahnen sich alle drei Tage oder jede Woche zeigt. Diese Mauern sind Aufbauten, damit du möglichst klein bleiben kannst. Es könnte sein, dass du spürst, wie dein Fluss schneller wird, je mehr du diese Mauern heilst.

Wenn du ausreichend viele von diesen Ahnenblockaden für dieses Wachstumsstadium, in dem du dich gerade befindest, geheilt hast, wirst du auf ganz natürliche Weise spüren, dass es für dieses Mal genug ist. Wenn das geschieht, dann kannst du die Absicht erklären, dass du die Drehbücher deiner Seelenleben bzw. deiner ,vergangenen Leben' oder deiner unbewussten Leben heilen willst, wenn du es vorziehst, sie so zu nennen. Und wieder erkläre mit vollster Kraft deine Absicht, dass diese dunklen Lektionen, diese Mauern der Anpassung sich in dir auf eine Art und Weise zeigen, dass du sie erkennen kannst. Wenn sich eine zeigt, dann setze deine ganze Geisteskraft und deinen ganzen Willen ein, um durch sie hindurchzugelangen, wobei du den Himmel zur Unterstützung anrufen kannst, um dies auf leichte Weise zu schaffen. Entscheide dich dafür, dass dies geschehen darf, und entscheide dich ebenfalls dafür, dass du auf leichte Weise diese Anpassungsmauern aus deinen vergangenen Leben erkennen kannst, die noch heute in deinem Leben eine Rolle spielen. Jedes Mal, wenn du eine entdeckst, wirst du die Gelegenheit bekommen, sich eines wichtigen unbewussten Musters zu entledigen, sodass du zulassen kannst, dass sich gleichzeitig wenigstens ein wichtiges Seelengeschenk als himmlische Gabe in dir zeigt. Diese Gabe bringt typischerweise ein neues Gefühl von Sinn, ein Wissen um dein heiliges Versprechen, ebenso wie einen Aspekt deines Schicksals und des goldenen Lebens in dein Leben.

So sähe es aus, wenn du all dies in einer Tabelle zusammenfasst:

	Dunkle Lektionen	Ahnenlektionen	Seelenmuster
Begrenzungsmauer			
Welche Anpassungen habe ich daraufhin vorgenommen?			
Prozentzahl der Kraft, die du einsetzen musst, um einen Durchbruch zu erzielen			
Prozentzahl der himmlischen Macht, die du brauchst, um einen Durchbruch zu erzielen			
Folge für dich			

36

Der Sinn von Beziehungen

Der Sinn von Beziehungen besteht darin, glücklich zu sein. Wenn du in einer Beziehung nicht glücklich bist, dann besteht der Sinn dieser Beziehung darin, etwas zu heilen. Der Sinn dieser Beziehung besteht dann darin, dass etwas von dir heil werden soll. Das bedeutet, dass du der- oder diejenige bist, der aufgerufen ist, etwas von sich zu heilen. Das Maß, in dem dein Partner wie der Böse aussieht, ist das Ausmaß, in dem du etwas verleugnest. Du hast bestimmte Aspekte deiner Emotionen, deines Kämpfens, deiner Sturheit, deiner Schmerzmuster und deiner begrenzenden Glaubenssätze gut weggepackt, die dich selbst sabotieren.

Es ist so leicht, es so aussehen zu lassen, als wäre es die Schuld deines Partners, aber was in deinem Geist liegt, gehört zu dir, und die Schuld des anderen spricht von deiner eigenen verborgenen Schuld. Das bedeutet, dass du nicht bereit bist, dich zu ändern, und dass du die unbewussten und unterbewussten Selbstkonzepte auf deinen Partner oder jemand anderen projizierst. Es bedeutet, dass du *Angst vor dem nächsten Schritt hast*.

Es ist so leicht, sich gegenseitig die Schuld zuzuschieben. Es kann sogar sein, dass du es schaffst, dass alle dir glauben und mit dir übereinstimmen, dass der andere sich wirklich schlimm verhält. Aber es bedarf eines viel größeren Mutes, sich zu verändern und zu wachsen, denn *der Sinn einer Beziehung besteht für dich darin, zu wachsen und dich zu verändern*. Jeder Ort, an dem du ein negatives Gefühl spürst, zeigt dir den Ort in dir, an dem **du** aufgerufen bist, dich zu verändern. Wenn du dich schlecht fühlst und versuchst zu erreichen, dass andere sich verändern, dann **hast du deine Integrität verloren**.

Wenn du emotional gereift bist, dann erkennst du, dass du all deine Gefühle selbst erzeugst, und die emotionale Integrität ruft dich auf, dich selbst zu heilen. Wenn du das tust, dann wird alles seinen Platz finden. Wenn du das nicht tust, dann wirst du dich in endlosen Kämpfen verstricken und du wirst deinen Partner anklagen und versuchen, ihn dazu zu veranlassen, sich zu ändern, weil du Angst hast. Selbst wenn dein Partner ganz offensichtlich der „böse Junge" ist, dann benutzt du ihn, um dich zu verstecken, und lässt ihn zu deiner besten Entschuldigung werden, statt dass du ihm hilfst und die notwendigen Vorwärtsschritte machst.

Ich war kürzlich in einem Seminar, als ein Mann, der sich im vergangenen Jahr verheiratet hatte, zur Fokusperson wurde. Ich sprach zu ihm von Herz zu Herz, denn es war klar, dass er in die Beziehung gegangen war, um sich daran zu erfreuen, aber überhaupt nicht, um sich zu verändern. Er war die 14. Fokusperson. Das Motto dieser Fokusperson ist: „Verändere dich oder stirb!" Deshalb sagte ich ihm, dass seine Bereitschaft, sich zu verändern, dasjenige Element sein würde, das sein Leben retten würde.

Ich sagte ihm, dass seine luxuriöse Ehefrau einen Teil seiner Seelenabspaltung symbolisieren würde. Er war sehr streng zu ihr, weil sie scheinbar mit Geld nur so um sich warf. Ich sagte ihm, dass er innerlich wie ein Mönch lebte, während er gleichzeitig mit einer äußerst lebensfrohen Frau verheiratet war. Ich fragte ihn, wann er denn den Teil von sich abgespalten hatte, den seine Frau für ihn repräsentierte, und er antwortete: „Das ist schon vielen Leben her."

Ich sagte ihm, dass es für ihn darum gehe, sich mit ihr zu verbinden, sie zu lieben und beider Energien zu integrieren, damit ihre gemeinsamen Energien das Beste in ihnen hervorbringen und auf eine neue Ebene heben könnten. Er hörte wirklich, was ich ihm sagte, und war bereit, sein Bedürfnis nach Schmerz zu integrieren, das an die Oberfläche kam, während wir sprachen. Er war auch bereit, seine vielen Rebellengeschichten zu integrieren, ebenso seine Sucht danach, sich selbst „grobe Rippenstöße" zu versetzen, was erneut geschehen war, kurz nachdem er geheiratet hatte. Als er arbeitete, war er in der Lage, über seine Todessehnsucht hinauszugelangen, die wir aufdecken konnten, und als Folge davon war er dann in der Lage, einem anderen Mann durch dessen Todessehnsucht hindurchzuhelfen. Die beiden inspirierten dann andere, die auch unter einer Todessehnsucht litten, und waren in der Lage, auch ihnen zu helfen.

Unsere Fokusperson konnte dann erkennen, wie wichtig es war, bereit zu sein, sich zu verändern, und seine Beziehung dazu zu benutzen, seine unterbewussten und unbewussten Abspaltungen aufzudecken und zu integrieren. Er erkannte auch, dass er dadurch, dass er seinen Platz einnahm und seine Bestimmung erfüllte, sich auf eine Art und Weise verändern konnte, die andere vor dem Tode bewahrte. Er erkannte, dass er vielen anderen dabei helfen konnte, sich dafür zu entscheiden, sich zu verändern, statt zu sterben. Unter seinen Ego-Fallen und groben Rippenstößen zeigte sich sein Drehbuch, sich selbst leiden zu lassen oder zu einem Rebellen zu werden, und darunter erkannte er das Schicksalsgeschenk seiner Seelenebene, Wunder in die Welt zu bringen. Das war genau das Geschenk, das er brauchte, um anderen dabei zu helfen, sich für Veränderungen zu entscheiden und auf eine bessere Weise zu leben, statt zu sterben.

Beziehungen rufen dich dazu auf, dich zu verändern und dich zu heilen. Dein Partner zeigt dir immer die nächste Lektion, zu der du gerufen wirst, um zu vergeben, dich zu verbinden, etwas zu integrieren und dich zu heilen.

37

Im Schnelldurchgang
durch Beziehungen

Am Anfang war die Anziehung und das führte zu einer Beziehung. Von hier aus ging es weiter zu einer Ehe oder zu einer Langzeitbeziehung.

Um von dem Stadium des „Honeymoon" durch das Machtkampfstadium und das Stadium der Toten Zone hindurchzugelangen, braucht man Entschlossenheit und Hingabe an die Ebenbürtigkeit beider Partner. Wenn diese Hingabe an die Ebenbürtigkeit kontinuierlich vorhanden ist, dann geht man relativ leicht durch die Stadien des Machtkampfs und der Toten Zone hindurch, wann immer die Beziehung an Schwierigkeiten stößt oder wenn man den nächsten Schritt in den Stadien tut. Natürlich hören auch auf der Ebene der Partnerschaft, wenn ihr sie einmal erreicht habt, die Lektionen und Schritte der Ebenen von Führerschaft und Vision nicht auf, selbst wenn ihr schon auf den höchsten Stadien der Ebenbürtigkeit jenseits der 100:100 angekommen seid.

Wenn ihr an diesem Zeitpunkt frühere Machtkampfthemen und Themen der Toten Zone erneut erlebt, dann werdet ihr es hier zusätzlich mit den Themen des Unbewussten zu tun haben. Auch hier ist es die Hingabe an deinen Partner und deine Verpflichtung zur Ebenbürtigkeit, die den Weg zur Heilung öffnet, ganz gleich, was zwischen dir und deinem Partner aufkommt. Wenn ihr dann die höheren Stadien der Vision zu erreichen beginnt, in den Stadien der Meisterschaft und der Einheit, dann beginnt etwas ganz Neues.

In diesen höheren Stadien der Vision nämlich beginnen die großen Spaltungen des Geistes zu heilen: die großen Kriege, darunter diejenigen zwischen Mutter und Vater und zwischen Mann und Frau. Wenn du diese Geistesschicht heilst, dann wird die maskuline Energie und die Form und Energie des Maskulinen ins Weibliche integriert. Das kann sehr furchterregend für Männer sein, denn sie könnten glauben, dass sie sich selbst und ihre Maskulinität verlieren. Wenn Männer wissen, dass dies ein normales Stadium ist und dass sie durch dieses Stadium hindurchgehen werden, während ihre Beziehung und ihr Bewusstsein wachsen, dann werden sie wissen, dass ihre Ängste unbegründet sind und es wird wesentlich leichter für sie sein, diese Schritte zu machen.

Manchmal muss man Männern versichern, dass sie nichts wirklich Vitales verlieren werden, während sie zur Ebene der Meisterschaft weiterwachsen, besonders nicht ihr Lieblings-„Spielzeug".

Zu der Zeit, wenn ein Mann die Meisterschaftsebene, das goldene Leben, erreicht hat, wird er seiner Frau sehr ergeben sein. Seine Hingabe an sie und an ihre Größe ermöglicht seiner Liebe, sie zu unterstützen, sodass sie eine Brücke zwischen Himmel und Erde wird. Von hier aus macht sie den Schritt in die Aufgabe der Hohen Priesterin, sie erhebt die Menschheit und bringt den Himmel auf die Erde, um ihn erreichbar zu machen. Die Liebe ihres Mannes erhebt die Frau, sodass sie ihre Berufung erfüllen kann. Natürlich verliert der Mann dabei nichts, denn alles, was er ihr gibt, gewinnt er genauso.

Die Größe des Ehemannes dehnt sich ebenso zum Archetypen des Hohen Priesters und der Hohen Priesterin aus. Dennoch ist er nicht länger die Hauptattraktion oder die einzige Attraktion in der Beziehung.

Das Weibliche hat in diesem Stadium und in allen weiteren die Vorherrschaft, weil es unser Weibliches ist, das die Gaben, die Gnade und die Wunder empfängt, die uns als Kindern Gottes gehören. Für den Mann, der seine Frau mehr als sein Ego liebt, wird dies zu einem ganz natürlichen Schritt. Es gibt dann weniger von ihm und mehr von der Bezogenheit zwischen ihm und seiner Frau. Es gibt weniger von ihm und mehr vom Himmel.

Beide Partner werden kraftvoller, obwohl die Kraft der Frau scheinbar mehr zunimmt, sowohl äußerlich als auch innerlich. Das sieht aber nur so aus, denn in Wirklichkeit ist es echtes Teamwork. Der Ehemann versteht die Frau und unterstützt sie uneingeschränkt, und als Folge davon ist sie in der Lage, den Weg zur Menschlichkeit zu finden und zu bahnen. Die Liebe des Ehemannes für die Menschheit vertieft sich, je mehr er sein Schicksal annimmt, was auf ganz natürliche Weise einschließt, der menschliche Unterstützer für seine Frau zu sein, die nach dem Himmel greift. Die Liebe wächst weiter und trotz aller Herausforderungen kann das Paar das goldene Leben genießen.

Zum goldenen Leben zu kommen, erinnert mich an eine Geburtstagskarte, die meine Schwester mir vor einigen Jahren geschrieben hat. Auf der Vorderseite stand geschrieben:

„Ärztliche Experten haben gerade entdeckt, dass
man umso gesünder ist, je mehr Orgasmen man hat."

Und auf der Innenseite stand:

„Und deshalb, lieber Bruder, möchte ich, dass du weißt,
dass deine Gesundheit buchstäblich in deinen Händen liegt!"

Dein Erfolg dabei, das goldene Leben zusammen mit deinem Partner zu erreichen, liegt ebenfalls *buchstäblich in deinen Händen*.

38

Die heilige Beziehung

Die heilige Beziehung ist eine Beziehung, die sich der Ganzheit widmet. Ganzheit ist das Hauptcharakteristikum des goldenen Lebens. Ganzheit, ebenso wie das Verlangen nach Ganzheit, ist geradezu die Grundlage für das goldene Leben, denn sie bringt Frieden.

Die heilige Beziehung ist nicht statisch, sie hält stets Ausschau nach Wegen, in denen jeder von euch sich mit eurem Partner verbinden kann, denn ihr erkennt in ihm euren Geliebten. Es gibt eine heilsame Erkenntnis: dass nämlich alles, was zwischen dir und deinem Partner steht, eine Spaltung deines eigenen Geistes ist, wie eine Wand zwischen dir und anderen. Sie ist das, was in dir und deiner Beziehung den Himmel ausblockt.

Eine heilige Beziehung sucht vor allem nach Heilung und danach, ganz zu werden. Das liegt daran, dass diese Heilung eine **Haltung** anstößt, in der man spürt, dass man gerade eine tiefgreifende Transzendenz durchläuft. Das kann geschehen, wenn man sich mit seinem Partner von Geist zu Geist verbindet.

Diese Verbindung ist die mystische Liebe. Du kommst dann ohne Erwartungen zu deinem Partner. Du kommst nicht, um ihn zur Erfüllung deiner Bedürfnisse zu verschlingen. Du kommst, um dich mit ihm in einer Weise zu verbinden, dass die Mauern zwischen euch niedersinken. Dieser eine Moment, den der *Kurs in Wundern* den *„Heiligen Moment"* nennt, kann dich den ganzen Weg weiterkatapultieren, zur lebendigen Erfahrung der Lichtfelder, zur ekstatischen Freude des Einsseins. Jede Beziehung, die du führen wirst, wird sich in deiner Beziehung zum Geliebten spiegeln und wird sich entweder als Liebe oder als ein Anderssein zeigen, was ein Problem erzeugen wird. Dies wiederum kann sich entweder als eine Rolle oder in Form von Verschmelzung zeigen, was zur Leblosigkeit führen wird, die deine Angst vor dem nächsten Schritt verbirgt.

Deine Beziehung zu deinem Geliebten wird sich in all deinen Beziehungen widerspiegeln und all deine Beziehungen spiegeln deine Beziehung zu deinem Geliebten wider. Die vorherrschende Beziehung spiegelt deine Beziehung zu dir selbst, zu deinem Geist und zur Einheit wider.

Deine Verpflichtung zur heiligen Beziehung entspricht deiner Verpflichtung zur Liebe, zum Einssein und dazu, deinen Weg nach Hause zu finden. Sie bedeutet, dein Leben und deine Beziehungen als Fahrstuhl zum Himmel zu nutzen. Sie bedeutet, deine Beziehung zu einem Fahrzeug zur Einheit zu machen.

Du erkennst dabei, dass alles, was sich in jeder anderen Beziehung außerhalb von dir zeigt, sich früher oder später auch in der Beziehung zwischen dir und deinem Partner zeigen wird. Deine Bereitschaft, die Widerspiegelung durch andere Beziehungen als Widerspiegelung deiner eigenen zu erkennen, kann dir helfen, Vergebung, Partnerschaft und Ganzheit zu deinem Partner zu bringen. Du kannst dies in dem Maß erreichen, in dem du dich ganz deinem Partner und dem Ziel des goldenen Lebens widmest.

Eine heilige Beziehung fängt niemals mit Ganzheit an, sondern damit, dass man sich dieser widmet. Wenn sie dem Heiligen Geist, dem Tao auf der Erde, überantwortet wird, dann kann sie die mystische Liebe hervorrufen, die den Weg zur Ewigkeit öffnet.

Das geschieht durch Vergebung, denn dadurch hören alle Bewertungen und Vorwürfe auf, damit die Wahrheit sichtbar werden kann. Dadurch wiederum kommt es zur Liebe und zur Erkenntnis, dass all das, was du bewertet hast, eine Illusion ist. Dies wiederum ermöglicht dir, dich zutiefst mit deinem Partner zu verbinden, und lädt die mystische Liebe ein, die ja der Weg zur Unendlichkeit ist.

Wenn dies geschieht, dann werden die Liebe und das Willkommen für deinen Partner so tief, dass in einem einzigen Moment Zeit und Leiden wegfallen und sich eine tiefgreifende Freude ausbreitet, die deinen Geist für immer verändern wird.

Deine heilige Beziehung lädt den Christus ein, die allumfassende Liebe, die alles in der liebevollen Vereinigung erkennt, und dies wiederum wird Gott einladen. Deine tiefgreifende und anhaltende Verpflichtung der heiligen Beziehung gegenüber spiegelt deine tiefgreifende Verpflichtung der mystischen Liebe gegenüber, dass du zusammen mit deinem Partner, zusammen mit eurer Kraft und Unschuld, den Weg zum Einssein zurücklegen willst. Das wiederum erzeugt das goldene Leben, was sich zum Himmel auf Erden weiterentwickelt und wiederum die Tür zum Himmel öffnet.

Eure heilige Beziehung ist das Fahrzeug, das Ganzheit hervorbringen wird und euch das schenkt, was in euch beiden verlorengegangen war. Ihr erkennt, dass ihr Geist seid, ein unbegrenztes reines Wesen, bestehend aus Liebe, eins mit dem Christus und Teil der Großen Strahlen und des ALLEM-WAS-IST. Die heilige Beziehung ist der Pfad der Heilung und der Liebe. Als Folge der Heilung erlangst du die Teile von dir zurück, die du durch Selbstverdammnis, Unterdrückung und Abspaltung verloren hast. Was du nach außen auf die Welt projiziert hast, wird in deiner Ganzheit zurückgewonnen. Es ist von ausschlaggebender Bedeutung, das wiederzugewinnen, mit dem du im Äußeren in Konflikt bist, denn es kann dir zeigen, womit du in deinem Inneren in Konflikt bist und was die Ursache deiner Probleme ist und dich blockiert.

Eine Beziehung ist dafür da, dass du dich in Richtung auf eine bessere, wahrhaftigere Art und Weise veränderst. Sie schenkt dir die Liebe, um diese Veränderung hervorzurufen, wenn du bereit bist, das aufzugeben, gegen das du eine Verteidigungshaltung aufgebaut hast. Es ist nicht dein Partner, der dich dabei unterstützt, es ist der Himmel selbst. Manchmal kommt es vor, dass sowohl dein Partner als auch du selbst mit etwas im Konflikt in euch selbst seid, und als Folge davon kommt es zu einem Konflikt zwischen euch. Dann kann die Bereitschaft, sich zu verändern, und die Verpflichtung der „heiligen" Beziehung gegenüber euch helfen, den nächsten Schritt nach vorn zu tun. Du hilfst dir selbst, wenn du irgendjemand anderem hilfst. Manchmal ist es dein Partner, manchmal jemand anderes, der deine Schattenanteile für dich ausagiert. Aber wenn du bereit bist, dich zu verändern, dann wird keiner von euch beiden gefangen oder blockiert sein.

Wenn ihr euch daran erinnert, dass ein Konflikt zwischen euch den Ort zeigen kann, an dem ihr beide in Angst seid und euch deshalb nicht verändern wollt, und dass eure Bewertung eures Partners der Ort ist, an dem euer Ego eure Schuld projiziert, sodass ihr denkt, es sei der andere, der sich verändern muss, dann werdet ihr in eurer Verpflichtung der Liebe gegenüber stattdessen auf ganz natürliche Weise die Verbindung zu eurem Partner suchen. Du wirst ihm oder ihr auf ganz natürliche Weise immer wieder vergeben und es auch dir selbst gegenüber tun. Ihr werdet euch immer wieder auf ganz natürliche Weise daran erinnern, dass euer Partner und andere die Teile von euch widerspiegeln, die ihr bewertet habt oder vor denen ihr Angst habt. Das gilt für die Gaben ebenso wie für die negativen Aspekte. Indem ihr euren Partner liebt, schmelzen eure Bewertungen und als Folge davon werden sie geheilt, und das, was bewertet wurde, kann integriert werden.

Ein Geschenk, das vorher nur das des Partners war, wird so zu deinem und eins von dir wird das seinige. Die verborgenen Konflikte sowohl deines Inneren als auch des Inneren deines Partners werden in der Verbundenheit geheilt, die in der Lage ist, alles zu integrieren, und in der Integration, die in der Lage ist, Verbundenheit herzustellen. Integriere, was negativ ist, und die darin verborgene Kraft wird wiedergewonnen und erhält eine positive Ausrichtung, sodass das, was vorher der Konflikt war, geheilt wird.

Die heilige Beziehung ist das Fahrzeug des Himmels für euch, um euer Wahres Selbst zu werden und *Verwirklichung* zu erfahren, Ebene für Ebene, so lange, bis ihr erwacht und die Einheit verwirklicht. Der schnellste Weg, dein Selbst zu finden, ist durch deinen Geliebten.

Die besondere Beziehung ist die einfallsreichste Falle des Ego, deine Blockaden aufrechtzuerhalten und zu versuchen, von außen das zu bekommen, was nur aus deinem Inneren kommen kann. Das Ego nutzt alles, um zu beweisen, dass es Recht hat. Das Ego sagt dir, dass es deine Schuld abgelegt hat, indem es so tut, als ob, aber in Wirklichkeit ist deine Schuld lediglich verborgen.

In einer besonderen Beziehung geht es in der Beziehung „nur um dich". Sie bringt das, was du für dein allerwichtigstes Bedürfnis hältst, nach oben und versucht, Emotionen als Mittel zur Kontrolle einzusetzen, statt als Hinweis darauf, dass etwas in dir fehlt und dass es an der Zeit ist, das zu ändern. In einer besonderen Beziehung wollen wir uns alle trösten, indem wir unsere Partner dazu bringen, dass er oder sie sich ändert, während wir in einer heiligen Beziehung bereit sind, uns selbst zu verändern, bis wir über jeden Konflikt und auch über jede Wahrnehmung eines Konflikts hinausgelangt sind, sodass alle Bewertungen wegfallen und es erneut Liebe gibt, die an die Stelle des Konfliktes tritt.

39

Das Verlangen, anzugreifen

Das Verlangen, anzugreifen, macht wahren Frieden unmöglich. Es hält die Mauer zwischen dir und deinem Partner aufrecht. Es ist wie ein verdrehtes Hoheitsrecht, das dein Ego an seinem Ort festhält und deinen Partner von dir fernhält. Es ist dasjenige, was dich glauben lässt, dass du ein Körper bist, und dich von den wesentlich köstlicheren Stadien der Freude abhält, die geschehen können, wenn man sich von Geist zu Geist vereinigt.

Das Ego hat dich glauben lassen, dass du diese Waffe brauchst, damit du dich schützen und diejenigen bestrafen kannst, die falsch gehandelt und dich beleidigt haben. In Wirklichkeit ruft jeder Angriff nur einen Gegenangriff hervor und angreifende Gedanken ziehen Angriffe an. Diejenigen zu bestrafen, die etwas Schlimmes getan haben, ist sowohl arrogant als auch ein Mangel an Integrität, da Beurteilung und Bestrafung von anderen deswegen geschehen, weil du selbst eine versteckte Schuld in dir trägst.

Das goldene Leben kann nur durch Frieden hervorgerufen werden. Friede erkennt an, dass die heilige Beziehung der Weg zur mystischen Liebe ist. Friede lässt Rechthaberei und Vorstellungen von einer „richtigen Beziehung" los. Friede übernimmt die vollständige Verantwortung nicht nur für das, was du fühlst und erlebst, sondern auch für die Gefühle und Erfahrungen eines jeden in deiner Umgebung. Friede erkennt, dass du, wann immer du irgendetwas anderes als Frieden und glückliche Gefühle in dir spürst, dir selbst empfehlen solltest, dich für den Frieden zu entscheiden. Er erkennt, dass du in dein Ego statt in die Liebe investiert hast und dass dich das keinesfalls glücklich machen kann.

Angriff ist die Seite der Medaille, auf deren Gegenseite Selbstangriff steht. In eben dem Maß, in dem du die eine Seite hast, wirst du auch die andere Seite haben. Genau dieser Aspekt ist die Grundlage des Ego. Ohne ihn würde das Ego anfangen, sich aufzulösen, und das goldene Leben verlassen.

Bewertung und Beurteilung sind Angriffe. Je mehr Verantwortung du in deinem Leben übernimmst, desto mehr hast du die Kraft, die für das goldene Leben notwendig ist. Je mehr Verantwortung du übernimmst, desto mehr öffnest du dich dem gegenüber, was du in deinem Unbewussten und Unterbewussten verborgen hast. Du beginnst mehr und mehr zu erkennen, dass du Menschen und Situationen genauso erschaffen hast, wie du es wolltest. Dein Urteilen ist nichts anderes als ein guter Weg, deine Schuld zu verbergen und jemanden für das anzuklagen, für das du dich eigentlich selbst schuldig fühlst, wobei es im tiefsten Unbewussten um den Sturz aus dem Paradies geht, die erste große Trennung, auf der all die zehntausenden anderen basieren.

Das goldene Leben ist ein gigantischer Schritt zur Wiedergewinnung deiner Unschuld und zur Beendigung der Trennung, die dich in deinen Schuldgefühlen festhält. Das goldene Leben beginnt, wenn du dich deinem Partner gegenüber, deinem spirituellen Weg gegenüber und der Erkenntnis gegenüber vollständig verpflichtest, dass die beiden untrennbar miteinander verbunden sind. Du erkennst dann, dass jedes negative Gefühl oder Problem ein Echo eines inneren Musters ist und dich in Versuchung führt, erneut in die Trennung und die scheinbare Unabhängigkeit zu gehen. Im goldenen Leben erkennst du, dass es in deinem Leben um die Liebe zu deinem Partner geht und durch deinen Partner zu jedem anderen Wesen. Und in eben dem Maß, in dem deine Liebe zu deinem Partner wahr ist und nicht besonders, teilst du genau diese Liebe mit der Welt.

Im goldenen Leben erkennst du, wie du versucht hast, alles selbst zu machen, statt den Himmel darum zu bitten, es für dich und durch dich zu tun. Im goldenen Leben wirst du zu einem echten Partner des Himmels. Als Jesus sagte: „Ehe ihr nicht werdet wie die Kinder, werdet ihr das Königreich des Himmels nicht betreten," meinte er damit die spirituelle Abhängigkeit vom Himmel und von der Gnade. Du erkennst, dass diese Verbindung mit der Liebe, die auf dich wartet, sich mit deinem Urteilen und Bewerten vor dir selbst verschließt. Angriff trennt und baut Mauern auf, während Verbinden diese Mauern einreißt.

Das goldene Leben stellt ein mittleres Stadium der Meisterschaft dar. In den hohen Ebenen der Meisterschaft erkennt ihr, dass die Welt euch widerspiegelt und dass alles in der Welt und in deinem Leben die Abspaltungen eures Geistes widerspiegelt. Ob die Welt nun positiv oder negativ für euch aussieht, liegt daran, dass ihr sie zuvor so beurteilt und Angst vor ihr bekommen habt, zunächst in euch selbst und dann als Projektion auch in der Welt.

Und dann, früher oder später, werden diese Projektionen zu einem Thema zwischen euch beiden. Das kann euch dann helfen zu erkennen, dass ihr eigentlich ganz einfach jeden und alles in der Welt lieben möchtet. Euer Partner zeigt euch mit seinen Problemen, was ihr in euch und in eurem Partner vorrangig vergeben sollt und wie ihr ihn ganz einfach lieben könnt.

Die Veränderung vom Angreifen zur Liebe beginnt damit, dass ihr erkennt, dass alles, was ihr wahrnehmt oder erlebt, in euch selbst ist. Dann, wenn ihr dafür die Verantwortung übernehmt, erkennt ihr, dass jedes schlechte Gefühl, jede schlechte Erfahrung ein Weg war, euch voneinander zu trennen. Nun könnt ihr den Prozess umkehren und von der Trennung zur Liebe gehen. Alles, was sich in eurem Leben zeigt, ist eine Chance, euch selbst zu heilen und eure Beziehung und euer Leben immer goldener werden zu lassen.

Übt also heute, so zu lieben. Denkt an die Probleme in eurem Leben. Liebt sie und alle Menschen, die darin vorkommen. Denkt an eure Probleme in eurem Körper und in dem eures Partners und der Menschen um euch herum. Liebt euch selbst, euren Körper, euren Partner, eure Freunde und Bekannten. Betrachtet dann eure Probleme und negativen Emotionen. Ihr klagt jemanden für sie an. Aus irgendeinem verborgenen Grund habt ihr sie erzeugt, aus irgendeinem Grund, für den ihr verantwortlich seid.

Ihr greift die anderen und euch selbst an, und ihr werdet als Folge davon unabhängig. Liebt sie stattdessen. Liebt euch stattdessen. Dies wird euch erneut rück-verbinden und sowohl euch selbst wie auch das Problem heilen.

Das Problem kommt aus einer Erinnerung, aus einem selbstzerstörerischen Programm aus eurer Vergangenheit. Ihr habt irgendjemanden, mit dem ihr heute ein Problem habt, dazu benutzt, diese Rolle in der Gegenwart zu spielen. Wenn ihr das Muster bis zu seinem Ursprung zurückverfolgt, werdet ihr herausfinden, dass ihr es selbst ward, die den ursprünglichen Fehler gemacht haben. Wenn ihr jedes Problem so als eine Chance anseht, Teile von euch, die ihr in alten und längst vergangenen Zeiten verloren habt, wiederzugewinnen, dann wird jeder Ärger und jedes Problem zu einer Gelegenheit für euch.

Jede Heilung wiederum bringt mehr vom goldenen Leben in euer Leben.

Jedes Verbundensein bringt größere Liebe zu euch und zu eurem Partner. Jedes Mal, wenn ihr euch wieder instand setzt, werdet ihr vollständiger. Es gibt dann weniger Blockaden, die euch von eurer Verbundenheit mit eurem Partner und von dem heiligen Moment abhalten, in dem ihr euch von Geist zu Geist verbindet, was den Weg zur Unendlichkeit und zur wilden Ekstase der Einheit eröffnet.

Wenn ihr diesen Weg der Heilung beschreitet, dann gibt es weniger Erkennen im Körper und mehr Erkennen im Geist. Während dies geschieht, könnt ihr erkennen, dass sich gerade die Wiederherstellung der Einheit vollzieht und dass ihr euer Schicksal erfüllt, zusammen mit eurem Partner im goldenen Leben.

40

Wo du dich nicht
rückhaltlos einbringst

Dich rückhaltlos einzubringen, kann beinahe jedes Problem lösen. Denn damit werden alle Hindernisse und Mauern, die dich blockieren könnten, aus dem Weg geräumt, und du kommst wieder in Fluss. Wenn dann die nächste Schicht nach oben kommt und du dich erneut blockiert fühlst, dann kannst du dich ganz einfach erneut rückhaltlos einbringen.

Es gibt jedoch eine ganze Menge Gründe dafür, genau das nicht zu tun. Der erste Grund besteht darin, dass du Angst hast, du würdest etwas verlieren, wenn du dich ganz gibst. Die Wahrheit ist, dass Geben ein Jungbrunnen ist, der dich für das Empfangen öffnet. Und zu teilen ist der Altar, auf dem Fülle zu finden ist. Ein weiterer Grund für deine Angst, zu geben, liegt darin, dass dein Ego dich erneut überzeugt hat, dass du cool und kontrollierend sein solltest und dass das uneingeschränkte Geben gegen diese Firmenpolitik verstößt. In Wahrheit jedoch ist Geben eine Form der Liebe und schenkt nur Freude. Was das Ego dir als Beweis dafür zeigt, dass du angeblich zu viel gegeben oder zu viel geliebt hast, ist in Wahrheit ein Beweis dafür, dass du gegeben hast, um zu bekommen, eine Form der Abhängigkeit, die beinahe immer schlecht endet.

Ein letzter Grund, warum du dich nicht zu hundert Prozent einem Menschen oder einer Situation schenkst, liegt in deinem Bewertungssystem. Du wirst selbstgerecht, wenn es um dein Urteil geht, aber dein Urteilen ist so gestrickt, dass es immer nur bestätigt, dass du im Recht bist.

Unser Bewerten ist eine Entschuldigung dafür, nicht zu geben. Es resultiert aus alter Schuld, die du auf andere projizierst, und das gibt dir die Entschuldigung dafür, dich auch heute einem anderen nicht rückhaltlos zu schenken. In Wahrheit hätte uneingeschränktes Geben dir schon damals gegenseitig geholfen und deine versteckte Schuld geheilt.

Heute kannst du erkennen, dass du wirklich dein Wachstum beschleunigen und dein Bewusstsein erweitern kannst, wenn du dich rückhaltlos schenkst, vor allem deinem Partner. Diese Ebene der Hingabe bringt dir größeren Erfolg und echte Partnerschaft.

Erkunde dafür die wichtigen Bereiche deines Lebens. Setze dazu deine Intuition ein und lass die Antworten einfach so in dir aufsteigen.

Auf einer Skala von 100 Prozent – wie sehr hast du dich dir selbst verpflichtet?

Wie sehr hast du dich dem Leben verpflichtet?

Wie sehr hast du dich deinem Partner verpflichtet?

Wie sehr bist du jedem deiner Kinder gegenüber verpflichtet?

Wie sehr bist du deinem Erfolg gegenüber verpflichtet?

Wie sehr hast du dich deiner Heilung und der Ganzheit verpflichtet?

Wie sehr hast du dich dem Himmel und deiner zunehmenden Liebe und Freude verpflichtet?

Wie sehr hast du dich deiner Familie gegenüber verpflichtet?

Die Zahlen, die in dir auftauchen, sollten dir das Ausmaß deines Erfolges in den entsprechenden Bereichen zeigen.

Gehe nun durch jede der oben angegebenen Zahlen und frage dich, was dich eigentlich davon abhält, dich in diesen Bereich uneingeschränkt zu geben. Du könntest dich dafür entscheiden, dich in all diesen Bereichen uneingeschränkt zu geben, was eine Menge zu deinem Glücklichsein beitragen könnte.

Erinnere dich auch daran, dass *jeder Bereich, in dem du nicht zu 100 Prozent empfängst, derjenige ist, in dem du dich selbst nicht uneingeschränkt gibst.* Als Folge davon fühlst du dich als Opfer – eine Rolle, die so aussieht, als würdest du geben, die aber zur Erschöpfung und zum Burnout statt zur Freude führt. Sich selbst zu opfern zeigt, dass du *dich* gerade nicht selbst schenkst.

Die schnelle Antwort auf die obigen Fragen zeigt, dass du, wenn du dich für den Rest deines Lebens in irgendeinem Bereich nicht zu 100 Prozent schenkst, dich in Wirklichkeit nicht der Wahrheit, der Freiheit, deinem Partner und dir selbst hingegeben hast. Wenn du dich dir selbst zu 100 Prozent verpflichtest, dann ist das deine Art, dich selbst und alle anderen zu lieben. Verpflichte dich zu 100 Prozent deinem Partner und dem Himmel. Dann spüre, wie Gottes Liebe auf dich niederströmt, in dich hinein, dann in dich und deinen Partner gleichzeitig und dann in jeden anderen Bereich deines Lebens.

Übe jeden Tag, dich selbst zu 100 Prozent zu lieben, und das wird dich in die Lage versetzen, den Himmel in deine Partnerschaft einzuladen, ebenso wie in die übrigen Bereiche deines Lebens, sodass sie golden werden können.

41

Seelenmuster geplatzter Träume

Geplatzte Träume sind der schmerzlichste Teil eines gebrochenen Herzens oder einer Niederlage. Ein geplatzter Traum ist eine der schlimmsten Verschwörungen gegen dich selbst. Er erzeugt Muster, die dich dein ganzes Leben lang begleiten und dann an deine Kinder weitergegeben werden. Auf dieselbe Art und Weise werden geplatzte Träume von deinen Ahnen weitergegeben.

Du hast diese dunklen Ahnenmuster in dir, die auf einer unbewussten Ebene in dir aufsteigen, und du bist vielleicht überhaupt nicht auf sie vorbereitet, es sei denn, sie waren schon in deinen Eltern oder Großeltern sichtbar. Frage dich, wie viele geplatzte Träume du in deinem Leben erlebt hast, die dich immer noch beeinflussen.

Frage dich dann, wie viele Muster geplatzter Träume du in dir trägst. Vertraue dem, was intuitiv in dir aufsteigt. Frage dich, welchen Einfluss diese Muster auf deine Beziehungen, auf deine Gesundheit, auf deine Beziehung zum Geld, auf deine Beziehung zum Sex, zur Familie, zum Erfolg und zu allem anderen haben, was dir einfällt.

Nun frage dich die wichtigste Frage bei der Befreiung deines Selbst: In welcher Weise dient dir die Tatsache, dass du diese Muster geplatzter Träume in dir trägst?

Welchen Zweck erfüllen sie für dich?

Welche Ausrede ermöglichen sie dir?

Was ermöglichen sie dir zu tun?

Was musst du nicht tun, weil du sie in dir trägst?

Stelle dir nun vor, dass du über deinem Körper schwebst und nach unten auf dich selbst hinabschaust. Welche Farbe haben diese Muster geplatzter Träume?

Stelle dir nun vor, dass du über deine Zeitlinie hinaus in deine Zukunft schwebst. Du kannst sogar über dieses Leben hinausgehen, wenn du dabei deiner Seelenlinie folgst. Gehe dann nach unten, bis du zu einer strahlenden Farbe gelangst, von der du spürst, dass sie der Gegenpol zu der dunklen Farbe deiner Muster geplatzter Träume wäre. Schwebe nach unten in deine Zeitlinie. Hebe die strahlende Farbe auf und bring sie mit dir zurück in die Gegenwart, wobei sie alle Farben der geplatzten Träume schmelzen und sich auflösen lässt, wenn du zu ihnen gelangst.

Gehe dann weiter rückwärts in deiner Zeitlinie bis zu deiner Vergangenheit, dann in andere Leben, sowohl in den Linien deiner Elternlinien wie auch deiner Ahnenlinien, und heile dabei den Familienstammbaum so weit rückwärts, wie es notwendig ist, um die geplatzten Träume und ihre Muster zu heilen. Wenn die Wurzeln einmal geheilt sind, dann lass diese wunderbare Farbe wie einen Wasserfall über deinen Familienstammbaum und über deine Seelenlinien strömen. Lass sich die Farbe ausbreiten zu deinen Geschwistern, deinen Tanten, deinen Cousins und Cousinen und immer weiter, auch bis zu ihren Nachkommen, und dann den ganzen Weg zurück zu dir und deinen Geschwistern, deinen Kindern, deren Kindern usw. Diese wundervolle Farbe fließt nach unten und verbreitet sich, während sie strömt, wobei sie Schönheit und Strahlen mit sich bringt und all die Stellen verändert, wo die Dunkelheit der geplatzten Träume vorher war.

Ich bin du

„Ich bin du" ist die tiefste Liebeserklärung. Sie bringt die Mystik und die Quantenphysik zusammen. Sie gibt dir deine Macht zurück und hilft dir zu erkennen, dass du selbst die Ursache dessen bist, was du in deinem Partner siehst. Wunder beginnen genau an dieser Stelle. Ohne diese Ebene der Stärkung bleibst du für immer eine Wirkung, angetrieben von der Vergangenheit. Sie macht dich zu einem Opfer, hilflos dem ausgesetzt, was dir geschieht. Die Erklärung „Ich bin du!" erkennt an, wer du wirklich bist. Sie hat die Macht, die Welt zu verändern. An manchen Stellen bezieht sich dieses Kapitel mehr auf ein Geschlecht, ist aber wahrhaftig auch für beide Geschlechter gemeint.

1. Nimm dir jemanden, den du liebst, und stelle dich in deiner Fantasie zehn Schritte vor ihm auf. Frage dich, was in dem anderen ist, was dich von ihm fernhält. Vielleicht ist das Erste, das dir einfällt, sein Schnarchen. Nun, vielleicht schnarchst du nicht, deshalb fragst du dich jetzt: „Was soll das hier?". Aber frage dich nun, um was es beim Schnarchen wirklich geht. Vielleicht sagst du dann: „Es stört meinen Schlaf!" Dann erforsche dich, wie du selbst deinen Schlaf störst. Vielleicht entdeckst du:
   - Ich mache mir zu viel Sorgen und das stört meinen Schlaf.
   - Ich halte an Dingen fest und das stört meinen Schlaf.
   - Ich bekomme besondere Aufmerksamkeit, weil ich unter Schlafmangel leide.
   - Ich benutze meinen Schlafmangel, um meinen Partner zu beschuldigen.
   - Ich benutze meinen Schlafmangel, weil ich Angst vor Nähe habe.
   - Ich benutze ihn, um mich zu beklagen und um eine Ausrede zu haben.

- Ich benutze ihn, um ihn ins Unrecht zu setzen und so die Kontrolle zu behalten

Du erkennst dann vielleicht „Oh! Ich verstehe das jetzt, ich störe meinen Schlaf, weil es in mir etwas Wichtigeres gibt als meinen Schlaf. Ich bin du."
Damit trittst du einen Schritt auf deinen Partner zu – nun bist du noch neun Schritte von ihm entfernt.

2. In diesem Abstand, neun Schritte von ihm entfernt, frage dich, was dich noch von ihm entfernt hält. Lasst uns annehmen, dass du findest, er macht es beim Sex nicht richtig. Er ist zu schnell oder er gibt nicht genug oder er ist nicht wirklich bei der Sache. Dann frage dich erneut: „In welcher Weise mache ich es beim Sex nicht richtig?" Lasst uns mal annehmen, dass die folgenden Antworten dir einfallen:
   - Ich trage ein System von richtig-falsch in mir und ich möchte nicht diejenige sein, die das Falsche tut, deshalb muss er es doch sein, der im Unrecht ist.
   - Ich finde, er ist zu schnell oder geht nicht tief genug. In welcher Weise dient es mir, wenn er zu schnell ist?
   - Ich kann Nähe vermeiden.
   - Ich muss die Kontrolle nicht verlieren.
   - Ich habe etwas, über das ich mich beschweren kann, und ich kann so über ihn herrschen.
   - Ich vermeide sexuelle Schuld, an der ich immer noch festhalte.
   - Ich vermeide es, zu viel Spaß am Sex zu haben, und das zeigt, dass ich ein guter Mensch und keine Schlampe bin.
   - Ich gewinne beim Kampf um Sex.
   - Ich kann Sex zu etwas machen, bei dem es keinesfalls um Transformation geht.
   - Es hilft mir dabei, mich nicht zu sehr von meinem Partner abhängig zu machen.
   - Ich bleibe die Unabhängige in der Beziehung.
   - Ich kann ihn beurteilen, statt mich mit ihm zu vereinen, und kann mich so überlegen fühlen.
   - Lasst uns annehmen, dass ich keinen Sex möchte, der wirklich tief geht. Dann möchte ich gar nicht, dass er zu tief geht.

- Ich würde dann zu aufgelöst werden.
- Ich würde die Kontrolle verlieren.
- Ich würde zu wild werden.
- Ich würde mich mehr in ihn verlieben.
- Er würde mich nicht mehr lieben, wenn ich zu orgasmisch wäre.
- Das Leben kann einfach nicht so gut sein.
- Ich möchte, dass er es nicht schafft, damit ich gewinnen kann.
- Niemand wird mich je so tief haben.
- Ich halte etwas zurück, das soll nur mir gehören.
- Es zeigt, dass ich die Gute bin, wenn ich nicht so viel Spaß daran oder scheinbar nicht so viel Interesse habe.
- Ich habe eigentlich größtes Verlangen danach, so tief penetriert zu werden, und auf der anderen Seite habe ich die größte Angst davor, so tief penetriert zu werden.

Du könntest dann erkennen: „Oh, jetzt habe ich es verstanden. Ich kann jetzt sehen, dass ich es in Wirklichkeit schnell möchte oder nicht so tief."
Dann machst du einen Schritt vorwärts und bist jetzt noch acht Schritte von deinem Partner entfernt.

3. Wenn du noch acht Schritte von ihm weg bist, frage dich erneut, was dich von deinem Partner fernhält. Lasst uns annehmen, dass die folgende Antwort in dir hochkommt: „Er hat mich betrogen. Lasst uns mal sehen, ob ich wirklich auch so bin. Oh, ja, jetzt verstehe ich es."
- Ich hatte kein Zutrauen zu ihm.
- Ich brauchte eine Ausrede dafür, dass ich den nächsten Schritt zu mehr Nähe und Erfolg nicht machen wollte.
- Ich war auch nicht treu, entweder im Herzen oder in meiner Fantasie.
- Wenn ich wirklich ganz „Ja" gesagt hätte, dann wäre das nie geschehen. Ich fühle mich schuldig und habe Angst vor dem nächsten Schritt.
- Ich brauche das, damit ich die Kontrolle behalten kann.
- Auf diese Weise kann ich die Unabhängige bleiben.
- Ich schiebe ihm die Schuld in die Schuhe und vermeide so mein eigenes Schuldgefühl.
- Ich brauche so die Verantwortung für mein Leben nicht zu übernehmen.

- Ich kann meine Rache verbergen, wenn ich ein Opfer bleibe.
- Ich kann so meine Schuldgefühle verbergen, weil ich etwas von ihm annehme.
- Ich greife an, indem ich mich verwunden lasse.
- Ich kann so beweisen, dass ich im Hinblick auf das Leben, auf Männer und auf Beziehungen im Recht war.

Geh nun einen Schritt vorwärts. Du bist nun sieben Schritte von deinem Partner entfernt.

4. Wenn du sieben Schritte von ihm entfernt bist, frage dich, warum du nicht dein Partner sein willst. Sagen wir einmal, dass du nicht dein Partner sein willst, weil er Pornografie mag. Frage dich selbst: „Lasst uns doch einmal erforschen, ob ich wie er bin." Vielleicht kommen die folgenden Antworten in dir nach oben:
   - Ich habe auch eine Menge Fantasien darüber, was ich wirklich mag, aber ich kompensiere es meist mit etwas anderem und verstecke es.
   - Ich glaube, dass mich etwas außerhalb von mir glücklich machen wird, genauso, wie er es tut.
   - In dem Ausmaß, in dem er eine Sucht nach Pornografie hat, bin ich süchtig nach Rechthaberei und moralischer Überlegenheit.
   - Ich habe genauso viel Angst vor der Hingabe wie er.
   - Ich glaube, dass diese Distanz unsere gleichermaßen vorhandene „Blockiertheit" in der Ödipalen Verschwörung symbolisiert.
   - Ich glaube, wir haben beide Angst vor dem nächsten Schritt in die Nähe.
   - „JA! Ich kann jetzt erkennen, dass ich genau wie mein Partner bin!"

Geh einen Schritt nach vorn auf deinen Partner zu – und nun bist du noch sechs Schritte von ihm entfernt.

5. Wenn du noch sechs Schritte von ihm entfernt bist, frage dich, was dich noch von deinem Partner entfernt hält. Du erkennst vielleicht: „Ich bin du, aber ich möchte nicht du sein, weil du so gerne mit anderen zusammen bist, und ich bin mehr der Eins-zu-eins-Typ."
   - Ich kann diesen Teil der Freude an Gesellschaft auch tief in mir spüren, aber in meiner Kindheit und in meiner Jugendzeit gab es einige Vorkommnisse, die nicht eben vertrauensbildend waren.

- Solch ein Gesellschaftslöwe oder so ein Eins-zu-eins-Typ zu sein ist doch ein Spiegel der Themen mit unseren Eltern. Gern in Gesellschaft zu sein hat etwas mit seinem Vaterthema zu tun und der Eins-zu-eins-Typ zu sein, also ich, ist ein Thema mit meiner Mutter.
- Wir wollen es eben beide auf unsere eigene Art und Weise haben, wo wir am stärksten strahlen und wo unsere Bedürfnisse wirklich erfüllt werden: Er in einer Gruppe und ich zusammen mit ihm.
- Ich bin meist zu müde, um mich noch mit anderen Leuten zu treffen und ich möchte außerdem, dass er mich mehr liebt als seine Freunde.
- „Ich kann jetzt sehen, dass wir überhaupt nicht unterschiedlich sind." Und dann machst du einen Schritt auf deinen Partner zu und bist fünf Schritte von ihm entfernt.

6. Wenn du noch fünf Schritte entfernt stehst, erkennst du vielleicht: „Ich bin du! Aber ich möchte es nicht sein, weil du dich so sehr aufopferst und so hart mit dir umgehst."
   - Ich bin eine Perfektionistin. Ich gehe auch total hart mit mir um.
   - Ich gehe mit mir hart ins Gericht, weil ich ein Projekt nicht begonnen habe, und er geht hart mit sich ins Gericht, weil er im Job nicht den erwünschten Erfolg hat, obwohl er so viel arbeitet. Selbst wenn er erfolgreich ist, dann spielt er den Erfolg herunter.
   - Es ist schwer für mich, mir selbst zu vergeben. Ich brüte manchmal lange über eigentlich ganz kleinen Fehlern, ich mache mir Sorgen, wie ich es wieder gutmachen kann und ich bin überempfindlich, was Rückmeldungen von anderen betrifft.
   - Ich opfere mich in meinem Leben so auf und mache es mir damit selbst so schwer.

   „Oh, jetzt habe ich es. Ich bin wirklich genau wie mein Partner." Und nun machst du einen weiteren Schritt auf deinen Partner zu.

7. Wenn du noch vier Schritte von ihm entfernt bist, erkennst du: „Ich bin du, aber ich will es nicht sein, weil du so übermäßig großzügig bist."
   - Ich bin auch mit anderen übermäßig großzügig, jedenfalls, was meine Zeit betrifft, und als Folge davon achte ich nicht genug auf mich.

- Ich fühle mich nicht in meiner Mitte und bringe zu viele Opfer, genau wie er.
- Ich möchte genauso gemocht werden wie er.

„Ah, ja, nun habe ich es. Ich bin wie er."

Geh einen Schritt weiter auf ihn zu.

8. Wenn du noch drei Schritte entfernt bist, erkennst du vielleicht: „Was mich davon abhält, zu erkennen, dass ich du bin, ist, dass du so stark schwitzt."
   - Wir sind beide so mit uns selbst beschäftigt.
   - Wir sind beide so empfindlich, was unseren Körper angeht.
   - Wir sind beide uns unseres Selbst bewusst.
   - Ich mag meinen Körper nicht, ebenso wenig wie du.

   „Ich kann es nun erkennen. Ich bin genau wie du." Und gehe einen Schritt auf deinen Partner zu. Du bist jetzt noch zwei Schritte von deinem Partner entfernt.

Gehe auf diese Weise weiter, bis du deinem Partner ganz begegnen kannst – von Lichtwesen zu Lichtwesen. Jedes Mal, wenn du mit deinem Partner auf diese Weise eins wirst, werden sich alte Ängste, Schuld, Gefühle von Verlust, Widerstand, Schmerz und Gefühle von Unzulänglichkeit auflösen und ihr werdet eine bessere, einfachere Zeit miteinander verbringen, wenn du erkennst, dass du wirklich genau wie dein Partner bist.

Wenn ihr diese Übung alle zwei Monate durchführt oder immer dann, wenn ihr dabei seid, euch zu streiten, dann werdet ihr auf leichte Weise weiterkommen.

43

Ich bin du, Teil 2

Hier kommt noch eine weitere Übung zum Verbinden, wenn auch auf andere Weise als im vergangenen Kapitel. Wenn du die Distanz zwischen dir und jedem anderen Menschen heilen möchtest, dann gehe zusammen mit deinem Partner einen Schritt auf das goldene Leben zu. Es spielt keine Rolle, um wen es sich handelt, denn deine Distanziertheit zu heilen ermöglicht dir immer, deinem Partner näher zu sein. Distanz zu irgendwem bedeutet Distanz zu jedem.

Dennoch solltest du den richtigen Zeitpunkt wählen, wenn du etwas mit Menschen heilen willst, mit denen du Probleme hast, und natürlich am meisten bei denen, die dir am nächsten sind. Ich möchte dich einladen, die folgenden Übungen mit drei Menschen zu machen: mit deinem Partner, mit einem Menschen, mit dem du ein Problem hast, und mit jemandem, der deine Hilfe braucht.

Fange damit an, dass du den Abstand zwischen dir und deinem Partner untersuchst. Auch wenn ihr euch ganz nah seid, ihr seid nicht ein einziges Wesen. Ich habe einmal mit einer Frau gearbeitet, die ihre Schwiegermutter mit aller Leidenschaft hasste. Sie ging Leben nach Leben zurück und fand heraus, dass sie sich gegenseitig immer abwechselnd auf die grässlichste Art und Weise zum Opfer gemacht hatten, bis sie zu einem Leben kam, in dem sie ein einziges Wesen gewesen waren. Sie waren jedoch damals in einem so starken Konflikt gefangen, dass sie im nächsten Leben zu zwei Wesen wurden.

Nach dieser radikalen Heilsitzung mit der Schwiegertochter spürte jede von ihnen eine bemerkenswerte Herzenswärme und –veränderung der anderen gegenüber, und die Schwiegermutter lud die Schwiegertochter zum Tee ein und schlug vor, dass sie doch Freundinnen werden könnten.

In der ersten Übung frage dich, wie alt du warst, als du den Teil von dir abgespalten hast, den dein Partner repräsentiert. Geh zurück zu diesem Moment. Ganz gleich, was sonst noch geschehen ist, die Abspaltung hat ganz sicher ein Muster von Selbstaufgabe ausgelöst. Stell dir vor, dass du in diese Zeit zurückgehst und den Teil, den du abgespalten hast, in dein höheres Bewusstsein nimmst. Dann stelle dir vor, dass du all die Menschen, die an dem Vorkommnis beteiligt waren, in dein höheres Bewusstsein integrierst, zusammen mit dem, was sie widerspiegeln. Tu dies, indem du dir vorstellst, dass sie sich in Licht und Energie auflösen und dann in dich hineinfließen. Integriere schließlich das Ereignis selbst, bei dem du diesen Anteil von dir abgespalten hast.

Frage dich nun, wie viele andere Ereignisse und Menschen du auf diese Weise integrieren solltest, um dich selbst zu unterstützen. Frage dich, wann diese Ereignisse geschahen, und integriere die beteiligten Menschen und dann das Ereignis selbst.

Frage dich nun, welchen Einfluss diese Abspaltungen auf dein Leben und auf deine Beziehung gehabt haben. Dann frage dich, wie es sich anfühlt, jetzt diese Abspaltungen in dich zurückgeholt und eine neue Ganzheit geschaffen zu haben.

Frage dich dann, wie viele Spaltungen zwischen dir und deinem Partner von Seiten deiner Mutter und ihrer Vorfahren kamen. Stelle dir vor, dass du all diese Abspaltungen integrierst.

Nun frage dich dieselbe Frage in Bezug auf deinen Vater und dessen Vorfahren. Integriere erneut all diese Abspaltungen. Manche Menschen sind so intuitiv, dass sie selbst ohne jede Unterstützung zu jedem einzelnen Vorkommnis ihrer Ahnenfamilie gehen und es integrieren können. Aber du kannst auch den Heiligen Geist bitten, dies für dich zu tun, wenn du das Gefühl hast, du könntest es nicht allein schaffen.

Nun frage dich, wie viele Schatten und Selbstkonzepte du in vergangenen Leben abgespalten hast. Stell dir vor, wie all diese Abspaltungen zu einem großen Schwimmbecken, voll mit schillerndem Wasser, marschieren. Wenn sie dort ankommen, lösen sie sich im Wasser auf und werden so zu einem Teil dieses Wassers. Nun erlaube, dass du selbst in diesen Pool steigst und all die Energie, die damals abgespalten wurde, wieder in dich aufnimmst und ganz wirst. Sieh dann, wie auch dein Partner in das Becken steigt und ihr beide euch in das Becken auflöst, sodass ihr eins miteinander werdet.

Wenn es sich vollständig anfühlt, nimm wahr, wie verändert du den Menschen wahrnimmst, mit dem du dich verbinden wolltest.

44

Selbstüberhöhung und Selbstentwertung in der Beziehung

Der aufgeblasene Partner hat die Führungsposition in der Beziehung inne – er scheint voll von sich überzeugt zu sein. Er glaubt vielleicht, er sei besser als sein Partner, wenn das auch nicht immer der Fall ist. Er besitzt vielleicht nur mehr Selbstwert und allgemein mehr Lebenserwartung. Er geht auf ganz natürliche Weise davon aus, dass er nur das Beste verdient und dass er verdient, anständig behandelt zu werden. Auf tieferen Bewusstseinsebenen kann er sehr fordernd und kritisch sein. Hier kann er sich sehr unabhängig und kämpferisch verhalten.

Dennoch ist ein aufgeblasener Partner sich nicht bewusst, wie er sich verhält und dass es eine Abwehr eines alten Traumas ist, bei dem ihm buchstäblich die Luft abgelassen wurde. Dieses Trauma war in Wirklichkeit eine Art Selbstangriff, um seine Unabhängigkeit zu rechtfertigen, obwohl er den Preis bezahlt hat, dafür zum Opfer zu werden. Als er die Unabhängigkeit gewonnen hatte, bemerkte er nicht, dass sie nur eine Rolle war und ihm nicht erlaubte, wirklich von Herzen zu empfangen und zu genießen.

Der Anführer ist typischerweise abgegrenzter und unabhängiger als der andere Partner. Um diese Identität aufrechtzuerhalten, hält er auch die Rolle desjenigen aufrecht, der in der Beziehung das größere Opfer bringt oder ein Opfer ist. Das ist oft gekoppelt mit der Rolle des Unabhängigen, was ihn gleichzeitig erhält und unterstützt. Auch seine Geschichte, wie er es gegen alle Widerstände geschafft hat, an die Spitze zu kommen, trägt dazu bei.

Rollen wie diese und das, was sie verbergen, geben dir die Ausrede, das zu tun, was du willst. Echter Selbstwert würde auf ganz natürliche Weise dafür sorgen, dass du anständig behandelt würdest. Das würde zu dem Gefühl passen, dass du wirklich das Beste verdient hast, aber nicht in der verdrehten Weise, dass du dich besser fühlst als der andere.

Der Underdog wiederum, der scheinbar unterdrückte, „abgelassene" Partner, hat sich dafür entschieden, sich selbst zu entwerten, ebenso wie der Anführer sich dafür entschieden hat, sich aufzublasen. Der Underdog dachte, dass er sich so besser anpassen und so das verzögern könnte, was geschehen würde, und manchmal verschwand er sogar in der Rolle des Opfers, des Waisenkindes oder des verlorenen Kindes. Ganz in der Tiefe kann er sehr wütend darüber sein, dass der Anführer, der so genannte Top Dog, zu viel erwartet, oder einfach darüber, dass dieser scheinbar mühelos so gut behandelt wird. Der Underdog hat Angst davor, zu strahlen, er hat auch Angst vor Erfolg und das passt sehr gut zu der Angst des Anführers, der mit seiner Rolle seine Angst kompensiert.

Während diese aufgeblasenen und unterdrückten Persönlichkeiten durch das Maß von echter Partnerschaft in einer Beziehung nicht mehr so leiden, bleiben sie dennoch weiterhin stark in einer gegenseitigen Abhängigkeit gefangen. Natürlich spiegelt das Thema, an dem jeder der Partner eines Paares die gegenseitigen Aspekte ausagiert, genau das Thema wider, an dem ein echtes Miteinander auf irgendeiner Ebene noch nicht zustande gekommen ist. Das zeigt, dass es immer noch Mauern und ein gewisses Maß an Machtkampf zwischen den beiden gibt. Die Mauern zwischen ihnen sind dieselben Mauern, die noch im Bewusstsein jedes Partners vorhanden sind. Sie spiegeln Schmerz, Angst, Verlust, Gefühle von Unzulänglichkeit, Verletzung, Schuld, Rache und Unabhängigkeit.

Alles also, was heilt und ein Paar wirklich zusammenbringt, wie Liebe, Vergebung, die Verschmelzung von Geist zu Geist und ein Wertschätzen des Partners über das Verteidigen und das Selbstkonzept hinaus, kann helfen, die Dinge ins Gleichgewicht zu bringen. Die Integration der Gegensätze und die gegenseitige Verpflichtung kann diese Mauern der Unterschiedlichkeiten und des Schmerzes lösen, die dir Angst machen, den nächsten Schritt zu tun, damit du auf deinen Partner zugehen kannst.

Ein Anführer findet gewöhnlich seinen Gegenpol in einem Underdog-Partner. Ganz gleich, für welche Seite du dich nach deinem ursprünglichen Trauma entschieden hast – du hast Angst vor der Seite, die du abgespalten hast. Du denkst, dass du in deiner Familie mit ihren Mustern nicht gut überleben würdest, wenn du die Seite zeigen würdest, die du abgespalten hast. Dennoch zeigt das Trauma, dass sich beide Seiten vor dem goldenen Leben verstecken. Das ist das gemeinsame Thema, dass in Gänze gelöst werden muss, damit ihr wirklich das goldene Leben in seiner ganzen Fülle erreichen könnt.

In diesem Tanz der Gegensätze mit deinem Partner geht es darum, zu erkennen, dass ihr beide jeweils eure verborgenen Anteile ausagiert. Du kannst diesen Teil von dir zurückgewinnen, wenn du dich dafür entscheidest, ihn zugunsten einer größeren Ganzheit für euch beide zu dir zurückzunehmen und zu integrieren. Das schenkt euch beiden Frieden und Selbstvertrauen. Stell dir vor, dass du beide Arme nach vorn ausstreckst. Stell dir vor, einer der Arme hält den aufgeblasenen Teil und der andere hält den unterdrückten, den „luftleeren" Teil. Entscheide dich für eine Integration und bringe deine Arme über Kreuz auf deine Brust, stell dir dabei vor, wie die gegensätzlichen Eigenschaften zu einem neuen Ganzen in dir verschmelzen.

Tu dies wenigstens einmal pro Tag für die nächsten zehn Tage, aber fühle dich frei, es auch öfter zu tun, wann immer du den Unterschied zwischen der „luftleeren" und der aufgeblasenen Persönlichkeit in deiner Beziehung spürst.

45

Komm zurück in deinen Körper

In meiner Heilarbeit habe ich erlebt, dass manche Menschen in ihrem Widerstand gegen ihre Familien oder gegen das Sein in der Welt ihren Körper schon vor der Geburt nicht vollständig in Besitz nehmen. Oder dass ein Teil ihrer Lebensenergie sich aufgrund eines Traumas oder der giftigen Atmosphäre in ihrer Familie schon abspaltet, bevor sie überhaupt geboren werden. Das ist wesentlich verbreiteter, als es zu sein scheint.

Erst auf der Ebene der Meisterschaft kommst du vollständig in deinen Körper zurück. Nur wenn du in deinem Körper bist, kannst du ihn auch transzendieren. Vorher gibt es einen Widerstand und ein Vorurteil dagegen, ganz in deinem Körper zu sein. Das wird dann zu einem Widerstand gegen das Leben und gegen deine körperliche Existenz. Das wiederum kann dich im Hinblick auf deine Gesundheit, deine Beziehungen, deine Sexualität und viele andere Bereiche deines Lebens blockieren.

Wenn du deinen physischen Körper nicht ganz in Besitz nimmst, dann wirst du geistig und spirituell nicht wirklich wachsen. Denn du hast versprochen, dass du in deinen Körper und in deine Familie kommen würdest und so die Lektion lernen wolltest, für die du auf die Welt gekommen bist. Das bedeutet auch, die selbstzerstörerischen Muster zu heilen, für deren Heilung du gekommen bist, damit du die physischen Ebenen zugunsten der höheren transzendieren kannst. Deinen Körper ganz in Besitz zu nehmen, erdet dich und stellt die Grundlage des goldenen Lebens dar.

Frage dich darum unter Zuhilfenahme all deiner Intuition, zu welchem Prozentsatz du wirklich in deinem Körper bist. Bist du nicht ganz hier oder ist ein Teil von dir wieder gegangen? Wenn du nicht vollständig präsent bist, wirst du auch nicht vollständig in der Lage sein, eins mit deinem Partner oder mit dem Leben zu werden, und auch nicht, die Gnade und Führung in ihrer ganzen Fülle zu empfangen.

Lade dich selbst dann ganz in deinen Körper ein. Wenn du das nicht tust, dann kannst du nicht vorankommen, wie du es möchtest. Wenn du all deine Energie zurückbekommst, dann kannst du erkennen, dass du nicht dein Körper bist, sondern dass du lediglich einen Körper hast, um auf dieser Ebene zu lernen und deinen Beitrag auf dem Weg zum Einssein zu leisten.

46

Eine häufige Form der Schizophrenie

Es gibt eine Abwehr, die klassisch ist, wenn auch nicht weit verbreitet. Sie hat mit dem Schrecken einer Situation oder eines Traumas zu tun, bei dem ein Mensch sich ganz in sich selbst zurückzieht. Es ist nicht wie eine Starre, sondern mehr so, als würdest du deinen Rock ein wenig heben, wenn du über einen schlammigen Boden gehst, damit du ihn nicht schmutzig machst. Der Mensch zieht sich in sich selbst zurück, weg von den unteren Chakras. Er zieht sich weg von dem Basischakra , dem materiellen Chakra, und aus der materiellen Welt heraus. Er zieht sich damit auch von seiner Vitalität, seiner Sexualität, seinem Selbstwert, seiner Selbstliebe und von seinem Erfolg zurück und geht stattdessen in sein Herz, in seinen Verstand oder sogar in die spirituelle Welt, aber er ist ungeerdet und kopflastig.

Wenn ein Mensch wirklich verwundet ist, dann kann er sich so weit zurückziehen, dass er sich auch von seinen Emotionen, seinem Herzen und von der Kommunikation zurückzieht und nur noch das Mentale oder, im schlimmsten Fall, das Spirituelle übriglässt.

Diese Abwehr wird dann überdeckt und manchmal sogar unterdrückt. Der Mensch erscheint dann sehr spirituell und kann vielleicht sogar auf einem religiösen Lebensweg sein, aber er ist pseudo-spirituell, weil etwas verleugnet statt transzendiert wird. Aufgrund des Schmerzes und der Vorurteile hat er sich zurückgezogen. Das erzeugt einen Anker in dem Menschen und trotz all seiner spirituellen Übungen kommt er nur bis zu einem bestimmten Punkt, den er nicht überwinden kann.

Hier ist es notwendig, zu der auslösenden Situation zurückzugehen und sie wirklich zu heilen. Nur dann können die Energien der höheren Chakras wirklich nach unten steigen, sodass sie in die unteren Chakras zurückkehren, wo Erfolg, Sexualität und der physische Körper oder, in wirklich schlimmen Fällen, der Kopf, die Kommunikation und das Herz zu Hause sind.

Dieses Erden zentriert dich und als Folge davon kannst du deinen Körper ganz in Besitz nehmen. Wenn du das einmal getan hast, dann kannst du das goldene Leben sowie alle Aspekte deines Partners in Gänze annehmen, statt dass du deine unteren Chakras abweist. Nur wenn das geschieht, kann das goldene Leben wirklich für dich beginnen und die Transzendenz zu den höheren Bewusstseinsebenen zustandekommen.

Wenn du erkennst, dass du dich in die höheren Chakras zurückgezogen hast, verpflichte dich, dass du die Wirkung umkehren möchtest. Der Weg dazu wird sich dir bald zeigen. Du kannst auch den Himmel bitten, die Energie nach unten in deine unteren Chakras zurückzubringen, sodass dies für dich aus Gnade getan wird.

47

Wertlosigkeit heilen

Heilung ist Teil des menschlichen Zustands, nicht Teil des göttlichen Zustands. Deshalb ist es am leichtesten, wenn man einen leichten Weg durch seine Wertlosigkeit finden will, den Himmel zu fragen: „Was ist mein Wert?" Die Worte, die du dann hörst, werden mit der Kraft der Gnade gefüllt sein und werden dir deshalb die Erfahrung dessen vermitteln, was sie symbolisieren. Wenn das Wort „Liebe" in dir erscheint, wirst du Liebe spüren. Wenn das Wort „Frieden" in dir erscheint, wirst du Frieden spüren. Der Himmel schenkt dir Wert, wenn er deine Fragen beantwortet.

Die Heilung von Wertlosigkeit geschieht durch Geben und Empfangen. Wenn du gibst, dann vermittelst du Wert, und was du gibst, wird dir selbst gegeben. Wenn du empfängst, dann empfängst du Wert, und der Wert, den du empfängst, wird dann mit andern geteilt.

Wertlosigkeit ist die Kerndynamik und die Lektion des Meisterschaftsstadiums. All deine vielen Aktivitäten und dein Beschäftigtsein sind im Grunde Kompensationen für deine Gefühle von Wertlosigkeit. Eigentlich ist es Zeitverschwendung, aber all das Tun und Handeln ist eine Abwehr und bringt dir nicht den Wert, den du ersehnst. Dieses beschäftigte Tun kann mit deinem Gefühl von Wertlosigkeit integriert werden und so neue Ganzheit und Wert herstellen.

Teilen, Helfen, Geben, Lieben und echte Kommunikation vermitteln alle Wert. Dein Wert bringt dich zu deinem Zentrum zurück, aus dem deine Wertlosigkeit dich weggetrieben hat. Dein Zentrum ist der angeborene Wert in dir. Gott als der ursprüngliche, erste Wert hat dich als wertvolles Wesen erschaffen.

Das kann nicht verändert, sondern nur mit Selbstkonzepten überlagert werden, die dazu dienen sollen, dir deinen eigenen Wert zu geben, es aber nicht schaffen. Jedes Selbstkonzept hat sein eigenes Wertesystem und sein vorgeschriebenes Handeln, um dich glücklich zu machen und dir Wert zu verleihen. Dennoch blockiert jedes Selbstkonzept wahre Liebe und wahres Empfangen.

Dich zu zentrieren, zu teilen oder zu fragen, was dein Wert ist, sind die leichtesten Methoden, Wert in eine wertlose Situation zu bringen. Wenn du dich wertlos fühlst, dann willst du sterben, deshalb hältst du dich, wenn du deinen Wert nicht auf authentische Weise findest, an jedem beliebigen Wert fest, einschließlich der wertlosen Wege des Ego, die dich nur kurze Zeit befriedigen und dich immer weiter in die Desillusionierung und letztlich in die Wertlosigkeit treiben.

Bringe dich selbst in Frieden, denn wo Frieden ist, gibt es auch Wert. Wenn du dich nicht friedlich fühlst, erkenne, dass du dich auch für Frieden entscheiden könntest. Verpflichte dich dazu, so lange, bis dein Frieden und dein Wert wiederhergestellt sind.

48

Wie du dich wieder zentrieren kannst

In dein Zentrum zurückzukehren bedeutet, zur Offenheit und zum Frieden zurückzukehren. Nur aus diesem Zentrum heraus können Wunder geschehen. Und nur aus diesem Frieden heraus kann sich Liebe entwickeln. Es ist die Quelle von Fülle und Gesundheit.

Es gibt viele Arten und Weisen, wie man sich zentrieren kann. Meditation, Yoga, Gebet und Chanten sind nur einige davon. Heilung und Transformation führen dich ebenfalls näher und näher an dein Zentrum heran. Und wenn du einmal in deinem Zentrum bist, dann gibt es keine Garantie dafür, dass du dort bleiben wirst. Die Vergangenheit kommt hoch und zeigt sich als Problem in der Gegenwart. Das Unbewusste bricht auf und du siehst dich wieder mit deiner Vergangenheit konfrontiert – mit Themen, durch die du aus deinem Zentrum herausgeworfen wurdest. Das bringt dich auch aus deinem gegenwärtigen Zentrum heraus und du bist aufgerufen, deinen Weg zurück zu finden. Wenn du zulässt, dass sich zu viel von der Vergangenheit in dir auftürmt und dich aus deinem Zentrum herauskatapultiert, dann werden dein Leben und deine Beziehung dunkler und schwerer werden.

Meiner Ansicht nach hat eine Zentrierungsübung hier eine gute Wirkung. Zentrierung bringt dir deinen Wert zurück und öffnet die Meisterschaft und das große, gute Glück.

Du kannst dich ganz leicht zentrieren, wenn du dazu die Hilfe des Himmels einsetzt. Dazu stellst du dir einfach vor, wie die Dinge jetzt gerade sind, mit einem besonderen Problem oder mit einem Trauma behaftet. Bitte nun den Himmel darum, dich in dein Zentrum zurückzubringen, an den Ort des Friedens und der Unschuld, und wenn du einmal dort angekommen bist, untersuche, wie du dich jetzt fühlst und wie die Dinge jetzt aussehen. Dann bitte darum, zu einem zweiten Zentrum gebracht zu werden, das sowohl höher als auch tiefer ist. Wie sehen die Dinge von hier aus, wie fühlt es sich in diesem Zentrum an? Als Nächstes bitte darum, zu einem dritten Zentrum getragen zu werden, sowohl höher als auch tiefer. Und spüre erneut, wie die Dinge aussehen und wie es sich dort anfühlt.

Du kannst diese Übung mit dir allein, mit Partner und mit deiner Familie machen. Du könntest diese Zentrierungsübung im Zusammenhang mit deiner Arbeit machen. Du kannst sie weitermachen, bis du das 14. Zentrum erreicht hast, das das siebte Chakra über deinem Kopf symbolisiert. Du kannst das tun, bis du zu einem Ort tiefsten Friedens und größter Freude kommst, oder sogar, bis die gesamte Szene zu Licht wird.

49

Von unten nach oben

Du entwickelst dich hin zur Liebe. Du entwickelst dich hin zum Bewusstsein. Du entwickelst dich hin zur Ganzheitlichkeit. Du bist aus der Einheit gefallen und hast dich immer weiter ins Dunkle hineinverwickelt. Jetzt entwickelst du dich wieder zurück zum Licht, aber in dir gibt es noch viele Dinge, die zwischen dir und dem Licht stehen.

Der Sinn deiner Existenz besteht darin, dass du zu einem Ort aufsteigst, von dem du springen kannst. An diesem Ort transzendierst du deine Weiterentwicklung vollkommen und gehst über sie hinaus. Jenseits davon ist die Leere. Es ist das Nichts, das Buddha erreichte. Hier erkennst du, dass du derjenige bist, der alles erschafft. Buddha sagte: „Es ist mein Geist, der die Welt erschafft."

Dennoch ist diese Leere ein Ort des Ursprungs. Es gibt hier größere Freude. Du bist vollständig nach innen gegangen. Du bist noch weiter in der Welt, aber nicht mehr länger von der Welt. Das goldene Leben ist das Sprungbrett für die Leere und die Leere ist das Sprungbrett zum Himmel, der Erfahrung der Einheit.

Während du aufsteigst, erkennst du mehr und mehr von deiner Geisteskraft und setzt sie zum Wachstum ein. Deine Selbstkonzepte sind geheilt worden, losgelassen oder transzendiert. Das öffnet sowohl deinen als auch den Geist deines Partners für eine größere Erfahrung des Göttlichen.

Mit weniger Selbstkonzepten bist du auch innerlich oder äußerlich weniger beschäftigt und mehr für deinen Partner verfügbar, und es gibt auch mehr Führung durch den Heiligen Geist. Du bist ein Kanal für Gnade und Wunder. Je friedlicher dein Geist wird, desto größer wird deine Freude und Liebe.

Dein Aufstieg gemeinsam mit deinem Partner zum goldenen Leben ist nur der Anfang deines inneren Abenteuers. Der andere Mensch wird zum Tor für die Ewigkeit. Wenn du dein Ego sterben lassen kannst – das, was du dachtest, dass du es seist –, für etwas Größeres und Tieferes, dann wird es weniger von dir und mehr vom Himmel in dir geben.

Zusammen mit deinem Partner und motiviert durch die Liebe wirst du die Illusion jedes einzelnen dunklen Ortes transzendieren und mehr von der strahlenden Schönheit finden, die aus dir und aus deinem Partner herausscheint. Das ist ein Sprungbrett dafür, was nun kommen wird. Jeder Schritt der Heilung ist ein Schritt, der dich dem näherbringt. Jeder Schritt des Gebens und Segnens bringt dich dem noch näher.

50

Von außen nach innen

Wenn du einmal in deiner Beziehung das Stadium der Partnerschaft erreicht hast, dann gibt es ein Gleichgewicht von Männlichem und Weiblichem. Es gibt auch ein Gleichgewicht des Inneren und Äußeren. Wenn deine Beziehung sich dann weiterentwickelt, wird sie sogar noch gleichgewichtiger und allgemein glücklicher.

Du empfängst, indem du gibst. Du hast immer weniger Angst vor Erfolg und Nähe.

Während deine Beziehung aufsteigt und über den Punkt der Partnerschaft hinaus in das Stadium der Führerschaft gelangt, in dem ihr beide Anführer aus eigenem Recht heraus seid, spürt ihr ein tiefes Fließen und ein sanftes Gleiten in der Beziehung.

Dann wächst eure Beziehung in das Stadium der Vision hinein. Das ist ein kreatives Stadium, in dem sich visionäre Gaben zeigen, wie etwa Kunst, Heilung, Vorahnung, tiefgreifende Liebe und Kreativität. Dein Leben wendet sich auf erstaunliche Weise nach außen, aber es wird von einer tiefen Innerlichkeit gespeist. Während du über das äußere Stadium hinauswächst und ein vorwiegend inneres Leben zu leben beginnst, konzentrierst du dich mehr und mehr auf das geistige Leben und es gibt kein Bedürfnis mehr, in die äußere Welt zu gehen, es sei denn, dies wird dir angezeigt.

Während du so aus der Abhängigkeit herauswächst, wo du noch abhängig von der Außenwelt warst, um dich geliebt und umsorgt zu fühlen, wächst du in eine Unabhängigkeit hinein, bei der du die meisten Lasten auf dich nimmst und sie auf deine Schultern lädst. Du versuchst so selbstgenügsam zu sein wie möglich. Endlich hast du den Mut, dein Herz wiederzugewinnen und in das

Stadium der Interdependenz einzutreten. Hier kommst du zu einer wahren Partnerschaft und erreichst im Inneren ein Gleichgewicht von Yin und Yang und eine Ebenbürtigkeit in deiner Beziehung.

Während ihr in die Interdependenz hineinwachst, wird eure Beziehung zu einer Inspiration für alle, die dich umgeben. Während ihr im Stadium der Vision seid, bringt eure Liebe alle möglichen Projekte hervor, die der Welt dienen können. Wenn ihr das Stadium der Meisterschaft zusammen erreicht, dann baut ihr mit eurer Liebe Brücken zwischen Himmel und Erde.

Von der Interdependenz schreitet ihr fort zur radikalen Abhängigkeit, dem radikalen Weiblichen. Hier wird euer Leben vor allem nach innen gerichtet sein, auf den Geist, und während es vielleicht noch einigen Ausdruck in der äußeren Welt findet, lebt ihr vor allem in der Welt des Lichts und des Geistes. Ihr seid in der Welt, aber nicht von der Welt.

Das Leben und eure Beziehung entwickelt sich nach und nach von dem, was im Außen ist, weg zu dem, was innen ist. Es ist eine Bewegung hin zur Feinheit des Geistes.

Die höchste Autorität

Wer sitzt im Fahrzeug deines Lebens am Steuer? Auf welchem Platz sitzt du? Ich habe bemerkt, dass eine ganze Anzahl Menschen das Fahrzeug ihres Lebens nicht selbst steuern. Einiges entwickelte sich dadurch sehr negativ. In Wirklichkeit saßen die Mutter, der Vater, der Ehepartner, der Chef oder die Regierung am Steuer. Die Menschen selbst waren nur Opfer. Sie hatten keine Kontrolle. Jemand anderes bestimmte über sie. Sie beklagten sich. Sie waren für ihr Wohlbefinden von anderen abhängig. Sie waren die Hauptdarsteller in diesem alten Witz:

> Wenn ich sterbe, möchte ich friedlich im Schlaf hinübergehen wie mein Großvater – und nicht schreiend und weinend wie die anderen im Auto.

Natürlich ist die höchste Ebene diejenige, bei der man Gott, dem Heiligen Geist, dem Tao, Buddha usw. den Fahrersitz überlässt. Eins der letzten Dinge, die du bei deinem Wachstum loslässt, ist die höchste Autorität über dein Leben – und damit beginnt wirklich das goldene Leben. Der Himmel hat dann die höchste Autorität inne, die über dich bestimmt, und er kennt dich besser als du dich selbst.

Bis zu diesem Moment hast du dich nicht darin geübt, deine Autorität loszulassen, und warst nicht in der Lage, dich für deine höhere Macht zu entscheiden. Du hast einen Großteil deines Lebens damit verbracht, abhängig zu sein. Dann hast du dich davon losgemacht und bist unabhängig geworden. So warst du selbst die höchste Autorität.

Dann, so hoffe ich jedenfalls, bist du interdependent geworden, als du dich mit einem Partner zusammengetan hast. Du hast verhandelt oder nach einer Brücke zwischen euch gesucht, aber du bist für dich immer noch die höchste Autorität gewesen, die über dich bestimmt. Schließlich aber, als du bereit warst, hast du die Kontrolle über dein Leben losgelassen und bist von der Interdependenz zur radikalen Abhängigkeit vorangeschritten.

Deine Entscheidungsfähigkeit aufzugeben, die das größte Vorrecht des Ego ist, bedeutet, einen großen Teil der Kontrolle über dein Leben aufzugeben. Du sitzt dann nicht mehr auf dem Fahrersitz. Du kannst dich entspannen. Nimm es leicht und lass die Landschaft an dir vorbeiziehen. Die Verantwortung hat jetzt ein besserer Fahrer.

Ich habe mit jemandem gesprochen, der Topmanager gewesen war und eine große Firma geführt hatte. Als er seinen Fahrersitz während der Coaching-Sitzung dem Himmel übergab, war er immens erleichtert. Er fühlte sich, als wäre eine Riesenlast von seiner Brust genommen worden.

Wenn du dein Leben und seine Ausrichtung dem Himmel übergibst, kannst du endlich deine Sorgen aufgeben, dass du dich vielleicht nicht genug um etwas gekümmert hast. Du kannst auch die Schwere loslassen, die du in dir spürst, weil du dich um alles kümmern musst. Du kannst dir endlich erlauben, wieder sorglos zu sein. Du kannst die Autorität über dich an jemanden übergeben, der dich vollständig kennt und der dich uneingeschränkt liebt. Das löst eine große Mauer zwischen dir und deinem Partner auf, ebenso wie zwischen dir und dem Himmel.

Das fehlende Puzzleteil

Ich fragte eine junge Frau, wie alt sie innerlich sei, und sie antwortete: „Fünf Jahre." Sie hatte nicht nur ein Gesicht wie ein Kleinkind, sondern auch die Stimme eines kleinen Mädchens. Sie war emotional im Alter von fünf Jahren stehengeblieben. Sie protestierte damit gegen ihren Vater, der selbst niemals wirklich erwachsen geworden war und der als Folge davon nie zu einem versorgenden und nährenden Elternteil geworden war.

Ich wies zum zweiten Mal während des Workshops darauf hin, dass du, wenn du deinen Eltern nicht hilfst, ihre Probleme zu überwinden, letztlich ihre Probleme übernimmst, auch wenn dies manchmal unter Rollen verborgen ist, mit denen du dies scheinbar auszugleichen versuchst, indem du dich genau wie ihr Gegenteil verhältst. Die junge Frau war verheiratet gewesen und hatte zwei Kinder, die sie emotional missbraucht hatte. Sie hatte einfach nicht die Geduld, sich um Kinder zu kümmern, wo sie sich doch selbst so vernachlässigt fühlte.

Sie hatte das Gefühl gehabt, dass der Sex in ihrer Ehe eher eine Form von Übergriffigkeit war, weil sie sich ja innerlich wie ein fünfjähriges Kind fühlte. Das Erste, was ich sie deshalb tun ließ, war, ihr fünfjähriges Selbst zu umarmen und zu lieben. Sie wählte jemanden, der ihr fünfjähriges Selbst spielen sollte. Es war nämlich genau dieses Alter gewesen, in dem sie das Gefühl hatte, von ihrem Vater emotional verlassen worden zu sein. Als wir dies genauer untersuchten, entdeckte sie, dass **sie in diesem Alter ihren Vater emotional verlassen** und projiziert hatte, dass er sie verlassen hätte. Sie war die zehnte Fokusperson, was bedeutete, dass ein Teil ihrer Bestimmung darin bestand, jeden sich selbst gebären zu lassen, und dadurch, dass sie sich selbst wieder und wieder gebar, zu einer Hebamme für diejenigen zu werden, die sie umgaben.

Es war ihr Schicksal, den Vater-Archetyp anzunehmen, was wirklich sehr interessant war. Sie war gekommen, um diese Energie zu ihrem Vater zu bringen, der sich seinerseits niemals wirklich als Vater gezeigt hatte. Abgesehen von ihrem Jähzorn den Kindern gegenüber, war sie mehr wie eine Art Grundbaustein einer Frau, mehr ein eingepackter Artikel als eine echte Frau. Das Ego hatte sich sehr angestrengt, um ihre Schicksalsgabe zu verbergen, die Vaterenergie auf die Welt zu bringen. Sie erkannte, wie sie ihren Vater emotional gebremst hatte. Seine Eltern waren bei einem Autounfall ums Leben gekommen, als er noch ein Junge gewesen war. Er hatte das nie überwunden.

Ich erinnerte sie an etwas, das wir in dem Seminar bereits besprochen hatten: dass jemand, der etwas von seinen Eltern nicht bekommen hat und der deshalb nicht über die Gabe verfügt, das zu geben, oft Kinder bekommt, die diese so notwendige Gabe an ihrer Stelle in die Welt bringen. Diese Gaben sind manchmal unter den Klagen und Vorwürfen verborgen, aber sie sind immer da. Wenn du diese Gaben ans Licht bringst und sie mit anderen teilst, dann brauchst du dich nicht mehr blockiert oder vernachlässigt zu fühlen, weil deine Eltern sich in einer bestimmten Weise verhalten haben. In dir selbst ist das, was nötig gewesen wäre, um deine Eltern zu befreien und dich damit zu erfüllen, wobei du nur anderen das geben musst, was du selbst nicht bekommen hast. Paradoxerweise bricht dies das Muster der unerwiderten Liebe auf.

Die Vaterenergie, ebenso wie das Geschenk der Geburt, war genau das, was der Vater der jungen Frau in dem Seminar gebraucht hätte, um über seinen Verlust als kleiner Junge hinwegzukommen. Indem sie den Vater-Archetyp demjenigen schenkte, der die Rolle des Vaters in dem Seminar übernommen hatte, gab es eine Heilung für die Fokusperson, für ihren Vater und auch für den Stellvertreter. Sie konnte dann diese Gaben mit denen teilen, die Stellvertreter für ihre Kinder waren. Am Ende des Prozesses sah es so aus, als wäre die Frau vor unseren Augen sichtlich erwachsener geworden. Sie sah nicht mehr wie ein Kind im Körper einer Frau aus. Sie fühlte sich nicht mehr wie solch ein Opfer und sie fühlte sich auch nicht mehr emotional blockiert.

53

Erkenne dich im anderen

Dich im anderen zu erkennen, kann dich aus einem Konflikt befreien und dich dazu bringen, dass du anderen in einer freundlicheren, wohlwollenderen Weise begegnen kannst. Jeder Konflikt, den du in dir trägst, ist etwas, bei dem du zum anderen hinschaust und ihn oder sie als den „Bösewicht" oder als jemanden brandmarkst, der deine ungeschriebenen Regeln gebrochen hat. Deine Regeln sind einmal aufgebaut worden, um dich zu schützen, aber die alte Regel besagt: „Regeln sind dazu da, um gebrochen zu werden." Regeln bringen in Wirklichkeit genau das hervor, was sie verhindern sollten. Dein Ego möchte den Schmerz verhindern, dass deine Regeln gebrochen worden sind, aber dein Höheres Selbst möchte das nutzen, was für deine Heilung aufgebrochen wurde.

Wenn konflikthafte Dinge geschehen, kannst du dich entscheiden, ob du entweder deinem Ego oder deinem Höheren Selbst folgen willst. Das Ego reagiert nur und möchte, dass du jemanden beschuldigst. Das ermöglicht dir, dich innerlich abzutrennen, vergrößert aber andererseits deine Schuld und Selbstzerstörung. Das Höhere Selbst will, dass deine Antwort in Vergebung besteht, da es weiß, dass das gegenwärtige Ereignis eine Möglichkeit zur Heilung der Vergangenheit von irgendeinem dunklen Fehlverhalten ist, das dem derzeitigen Thema zugrunde lag.

Dieses Vorkommnis war etwas, bei dem du lieblos gehandelt und andere bewertet hast, obwohl sich dies unter einer Opfergeschichte verborgen hat. Probleme verschlimmern sich so lange, bis du sie heilst. Sie vergrößern sich sogar in deinem Leben, bis du endlich die Botschaft hörst: Den anderen so zu sehen, wie du dich selbst sehen würdest, und nicht so, wie du dich selbst gesehen hast: beladen mit Schuld, die du dann auf jemanden projizierst und ihn damit zum „schlimmen Jungen" machst.

Und wer ist dir näher als dein Partner, sodass du auf ihn alles projizieren kannst! Wenn du auf deinen Partner und auf jeden anderen mit Verständnis, Mitgefühl und Barmherzigkeit antwortest, dann geschieht Heilung auf vielen Ebenen, und zwar sowohl in dir als auch in demjenigen, den du so beantwortet hast. Denn genauso würdest du dir wünschen, dass du gesehen und behandelt würdest.

Du kannst deine problematischen Muster klären, wenn du irgendeinen potenziellen Konflikt nimmst und auf andere so antwortest, als wären sie du. Jemand anderen mit Freundlichkeit und Vergebung zu behandeln, bedeutet letztlich, dir selbst für einen Zeitpunkt zu vergeben, an dem du lieblos und abgetrennt von anderen gehandelt hast, um zu erzwingen, dass du die Dinge so tun konntest, wie du es wolltest.

Das klärt deine Selbstkonzepte, die du in dir auf einer tieferen Ebene vergraben hast.

Im Folgenden ein Plan, mit dem du Leichtigkeit und Heilung in dein Leben bringen kannst:

1. Behandle den anderen in einem Konflikt so, als wäre er oder sie du.

2. Behandle deinen Ärger als Hinweis darauf, dass es etwas in dir gibt, das einen Fehler von dir aufzeigt, der jetzt geheilt werden könnte.

3. Nimm wahr, an welcher Stelle du das Verhalten des anderen als schlimm bewertest. Deine Interpretation der Absicht hinter ihrem Verhalten kann dir sagen, was du von dir selbst hältst und was du verborgen hast.

4. Wenn Emotionen und negative Wahrnehmungen immer noch weiter nach oben kommen, fühle diese Gefühle und frage dich, wann du dich vorher schon einmal so gefühlt hast. Das kann dir helfen, den vergangenen Moment zu finden, als das Problem angefangen hat. Nimm wahr, dass es sein kann, dass mehr als ein Ereignis dem gegenwärtigen Problem zugrunde liegen.

5. Frage dich, wann du so gehandelt hast, wie der oder die andere gerade handelt. Genau das ist der Ort, an dem du altes Verhalten verborgen und als Opferidentität verkleidet hast, statt zu erkennen, dass es dasjenige ist, was du als Ausrede benutzt hast, um dich abzutrennen.

Stattdessen hättest du die negative Situation vollkommen vermeiden können, wenn du den Pfad zu deinem Höheren Selbst eingeschlagen und deine Gaben, deine Bestimmung und dein Schicksal angenommen hättest. Selbstkonzepte und alte Schmerzen sind in den Ort eingebettet, wo das Muster einmal begann, und das hält die Abspaltung aufrecht. Wenn du von deiner Intuition keine Führung empfängst, dann erkenne, dass dieser Ort immer noch zutiefst verteidigt werden muss und dass du ihn schon finden wirst, wenn du so weit bist, dass es geht.

6. Frage dich, wie viele Selbstkonzepte du in dir trägst, die genauso wie diejenigen sind, die dich gerade dazu bringen wollen, dass du in Konflikt zu ihnen trittst. Wenn zwei in dir aufkommen, zeigt dir das an, dass es um Selbstkonzepte aus zwei unterschiedlichen Ebenen deines Geistes geht, die du nun heilen kannst. Stelle dir all diese Selbstkonzepte vor, die sich offenbar gegen die positiven Ziele deines bewussten Geistes richten, und verschmilz sie zu einem großen Lichtball. Dann halte diesen Ball vor den Teil deines Körpers, der am meisten Heilung benötigt.

7. Jede Situation, in der du versucht bist, dich mit jemandem zu streiten, ihn oder sie ins Unrecht zu setzen, ihn oder sie von dir wegzuschieben oder vor ihm oder ihr wegzurennen, kann eine schicksalhafte Fügung für dich sein, besonders, wenn man sie auf die richtige Weise angeht. Je stärker deine innere Abwehr und je größer die Versuchung, einfach nur zu reagieren, desto stärker das Zeichen, wie wichtig diese Situation für dich ist. Nimm diesen Widerstand und diese Gefühle in dir wahr.

Die Trennung und deine Emotionen halten die Spaltung in deinem Geist aufrecht und dieser innere Konflikt kostet dich deinen Frieden, der die Grundlage deines Erfolgs und deiner Nähe zu anderen ist. Mach so weiter, bis du erkennen kannst, dass du der andere bist, der deine Hilfe und deine Liebe verdient. Dann wirst du innerlich so antworten, wie es deinem schönsten Selbst entspricht und wie es von einem Ort des Friedens kommt. Du wirst dem oder der anderen dankbar sein, dass du durch dieses Ereignis auf einen Ort in dir aufmerksam geworden bist, der noch geheilt werden sollte, um dich vollständiger werden zu lassen. Kontinuierlich dem anderen und dir selbst zu vergeben, ist der Weg, der nun vor dir liegt, um dich selbst auf tieferen Ebenen zu befreien, bis du ganz ausgeglichen antworten kannst.

54

Wenn ein Mann sich über seine Frau und eine Frau sich über ihren Mann beklagt

Wenn eine Frau sich über ihren Mann beklagt oder ein Mann über seine Frau, dann sind verschiedene Schichten von Themen am Werk. Beklagen zeigt, dass du in die tiefste Beziehungsfalle getappt bist – jemand außerhalb von dir soll dich glücklich machen oder er oder sie sollte dir wenigstens nicht so schrecklich auf die Nerven gehen!

Wenn man das nicht näher erforscht, dann kann die Klage sich in eine echte Wunde verwandeln, und zwar genau in die Wunde, die derjenige, über den du dich beklagst, auch in sich trägt. Auf einer Seelenebene war dies genau die Wunde, die du einem inneren Versprechen zufolge im anderen heilen wolltest.

Dasselbe gilt für Klagen, bei denen es darum geht, dass er oder sie etwas falsch macht. In Wirklichkeit bis **du** es, der etwas falsch macht, nämlich dein Versprechen einzuhalten, den oder die andere zu heilen und zu befreien. Unter der Klage oder Wunde gibt es eine Kränkung, und eine Kränkung ist deine Entschuldigung dafür, dich nicht zu zeigen. Du suchst nach Entschuldigungen, um dich zu verstecken, denn du hast Angst davor, wirklich zu strahlen. Du hast Angst vor deiner Bestimmung. Du hast Angst, dass du nicht damit umgehen kannst, deshalb suchst du nach Entschuldigungen.

Deine Klagen und Wunden zeigen, wo genau deine Gabe oder eine neue Ebene deiner Gabe liegt, vor deren Öffnung du Angst hast. Sie zeigt dir, wo du lieber anklagst, statt in deinen Erfolg zu gehen. Sie zeigt dir, wo du die Himmelsgabe zurückweist, die ein Gegenmittel zu der derzeitigen Situation wäre. Sie zeigt dir, wo du dich von deiner Bestimmung und deinem Schicksal abwendest, und es ist deine Bestimmung, die auf der Welt wirklich einen Unterschied machen würde, wenn du die Situation umwandelst.

Was dir wirklich helfen würde, um ein goldenes Leben durch deine Beziehung zu erreichen, ist Dankbarkeit. Es ist so leicht, für alles, was dein Partner dir schenkt, dankbar zu sein, aber kannst du auch für all die Probleme und die Schmerzen dankbar sein, die er in dir aufsteigen lässt? Wenn du das kannst, dann beschleunigst du deine Transformation in Richtung auf das goldene Leben. Wenn dein Partner oder irgendjemand anderes dir Schmerzen oder Probleme verursacht, dann kannst du dankbar sein, weil er dir zeigt, was du noch zu heilen hast, um das goldene Leben zu erreichen. Genau an diesem Punkt liegt dein Hindernis. Genau das liegt dir im Weg.

Du kannst das goldene Leben nicht durch Beklagen erreichen, sondern nur dadurch, dass du heilst, was noch nicht glücklich in dir ist. Sei dankbar, wenn dich jemand auf solche Themen aufmerksam macht. Es sind Riffe, die den Urgrund eurer Beziehung aufreißen könnten, aber auch die besten Mittel, um das goldene Leben zu erreichen. *Deine Klagen zeigen nicht, wo der andere einen Fehler gemacht hat, sondern wo du selbst gerade stehst.*

Was in dir als Klage aufsteigt, ist schon lange dagewesen, bevor du deinen Partner getroffen hast. Es kommt wahrscheinlich aus der Dynamik deiner Herkunftsfamilie, in der du aufgewachsen bist, und ist wahrscheinlich von einem Seelen- oder Ahnenmuster zu dir weitergegeben worden. Es zeigt etwas extrem Wichtiges, das du in diesem Leben heilen sollst, und ist einer der Gründe, weshalb du überhaupt gekommen bist. Es zeigt dir außerdem an, wie du das goldene Leben erreichen kannst.

Das goldene Leben zu erreichen, bedeutet zu strahlen. Es ist ein Strahlen, das dir durch äußere Umstände nicht mehr genommen werden kann. Es ist ein Strahlen, das aus deinem Inneren kommt. Wenn du die Haltung der Dankbarkeit annimmst und dich wirklich *deiner Heilung* widmest, dann wird es sich entwickeln. Du kannst aber auch weitermachen und dich beklagen und selbstgerecht sein, aber das wird nur deine Angriffsbereitschaft, dein Bewerten und deinen Rückzug verstärken.

Meiner eigenen Erfahrung nach ist es so, dass jemand, der etwas zu schenken hat, dies auch schenkt. Wenn er es nicht schenkt, dann liegt das daran, dass er es entweder nicht hat oder nicht weiß, wie er es schenken soll, aber darin wirst du nicht alleingelassen. Tief in dir schlummern die Gaben, deine

Bestimmung und dein Schicksal, die dir Hilfe bringen können. Der Himmel wird dich nicht alleinlassen, sondern wartet nur darauf, dass du kommst und ihn darum bittest, denn das öffnet dich dafür, auch zu empfangen.

Die Probleme, mit denen du dich konfrontiert siehst, sind speziell für dich ausgesucht worden. Sie sind das Curriculum deiner Seele. Wirst du sie dazu nutzen, dein Ego zu stärken und im Recht zu sein, oder wirst du sie einsetzen, um dich zu heilen und so das, was gebraucht wird, in die Welt zu bringen und mit anderen zu teilen? Wenn du deinem Ego folgst, dann wird es dich dabei unterstützen, im Recht sein zu wollen, aber das verbirgt nur dein Schuldgefühl oder dein eigenes Versagen. Wenn du die Heilung wählst, dann wirst du vergeben, und das wird alle befreien. Dann kannst du dich dem Schatz öffnen, der in deinem Inneren ruht und aus dem Himmel kommt.

Wenn du dich über jemanden beklagst, dann bedeutet das, dass ein Teil deiner Bestimmung darin besteht, diesen Menschen zu retten, und je mehr du dich über ihn oder sie beklagst, umso wahrer ist dieser Zusammenhang. Wenn du dich über einen bestimmten Mann beklagst, dann beklagst du dich über alle Männer. Wenn du dich über eine bestimmte Frau beklagst, dann beklagst du dich auch über deine Mutter, deine Schwester und alle anderen Frauen. Um deine Gabe deinem Partner gegenüber hervorzubringen, musst du sie deiner Familie und allen Männern oder allen Frauen gegenüber öffnen.

Zu strahlen bedeutet, deine Gaben, deine Bestimmung und dein Schicksal hervorzubringen und das Wunder anzunehmen, das der Himmel für dich bereithält. Sei bereit, dich zu heilen, ganz gleich, was dir begegnet, wie ein Fehler, den du in diesem Leben korrigieren sollst, wie eine Lektion, die du in diesem Leben lernen sollst.

Ohne Verantwortung kann es kein goldenes Leben geben. Es kann so aussehen, als ob du das goldene Leben im Äußeren schon besitzt, aber wenn du im Inneren keinen Frieden hast, dann besitzt du es nicht wirklich. Es ist jetzt Zeit zu strahlen. Erforsche darum, wo du dich beklagst, wo du dich zurückziehst, wo du Ärger und Groll in dir trägst. Das ist der Punkt, an dem *du* Heilung brauchst.

Es ist an der Zeit, dass du damit aufhörst, andere zu deinem Sündenbock und zu deiner Ausrede zu machen, und ihnen stattdessen dankbar dafür zu sein, dass sie dir zeigen, was du in deinem Inneren versteckst.

55

Vier Ursachen,
die Beziehungen lähmen

Die vier Ursachen, die Beziehungen lähmen, sind Klagen, Kontrolle, Kämpfen und Verurteilung. Alle vier sind Verteidigungshaltungen gegen Schuld und Angst. Wenn du dich beklagst, wenn du kontrollierst oder kämpfst, dann möchtest du, dass die äußere Welt dir ein bestimmtes Bedürfnis erfüllt und du willst, dass die Dinge so laufen, wie du es brauchst. Du besitzt nicht die Reife, das Habenwollen und Bekommen aufzugeben und stattdessen anzufangen, ins Geben und Empfangen zu gehen. Aber was du von außen einforderst, liegt eigentlich in dir selbst. Kämpfen und Verurteilen bedeuten, dass du versuchst, etwas über dich und andere zu beweisen. In Wirklichkeit versuchst du jedoch nur zu beweisen, was du selbst noch nicht wirklich glauben kannst.

Alle vier Ursachen für die Lähmung von Beziehung zeigen, dass du noch in das Ego verwickelt bist und unabhängig sein willst. Sie zeigen an, wo du noch in eine negative innere Haltung verwickelt bist und dich nicht wirklich auf die Beziehung einlässt. Du hast dann andere Dinge wichtiger gemacht als deinen Partner und deinen Erfolg in Beziehungsangelegenheiten.

Bis zu dem Zeitpunkt, an dem du dich wirklich ganz einlässt, wirst du nicht erfolgreich sein, und der verwundete Teil in dir, der zu einem solchen Verhalten führt, wird nicht geheilt. Du kannst dann zu dem Punkt zurückgehen, an dem deine emotionale Verkrüppelung begann. Wenn man ihn ungeheilt lässt, dann wird er weiterhin deine Beziehung lähmen.

Frage dich, was der Punkt ist, an dem deine Verkrüppelung begann und die dann zu den vier Lähmungspunkten geführt hat. Wie alt ist dieses jüngere

Selbst in dir, das an der Wurzel deiner Anklagen, an der Wurzel deiner Kontrolle, an der Wurzel deines Kämpfens und an der Wurzel deines Verdammens zu finden ist? Gehe zurück zu diesen Momenten, an denen du von jemandem verletzt wurdest. Wenn du dein Unterbewusstes erforschen würdest, dann würdest du wahrscheinlich entdecken, dass du aus deiner eigenen Angst heraus denjenigen Menschen benutzt hast, um nicht weitergehen zu müssen. Er wurde zu deiner besten Ausrede.

Du hast sie oder ihn enttäuscht, ihn fallengelassen – und eigentlich ist es Teil deiner Bestimmung, ihm oder ihr zu helfen, sich ganz zu befreien. Du bist gekommen, um ihn oder sie zu retten, und deshalb gibt es unter deinem Groll und deinem Gefühl des Vernachlässigtwerdens noch eine Angst um deine Bestimmung und ein Schuldgefühl, es nicht zu Ende gebracht zu haben. Auf einer tieferen Ebene, in deinem Geist, gibt es die Gaben, die Aspekte deiner Bestimmung und deines Schicksals, die den Menschen retten würden, den du verurteilt hast, weil er dich zu einem Opfer gemacht hat.

Du hast dich emotional an diesem Stadium blockiert, und nun ist es Zeit, deine Gaben, deine Bestimmung und dein Schicksal zu erkennen und die himmlische Präsenz an diesem Ort willkommen zu heißen. Liebe dein jüngeres Selbst, das emotional blockiert war, und heiße die Liebe des Himmels für dich und alle an der Situation Beteiligten in dieser Szene willkommen. Du wirst dabei emotional erwachsen werden. Und auch die anderen werden emotional wachsen, wenn du mit ihnen deine Gaben und die Gegenwart des Himmels teilst. Was bisher eine Ungerechtigkeit in deinem Leben war, der Grund, weswegen du die Gegenwart des Himmels in deinem Leben verleugnet hast, wird nun zu einer neuen Ebene der Partnerschaft mit dem Himmel, der dir und dem anderen helfen kann.

Deine Probleme und Klagen verbergen Punkte, an denen du dich emotional verkrüppelt hast. Deine Kontrolle, dein Kämpfen und dein Verurteilen verbergen ebenfalls Punkte, an denen du dich emotional verkrüppelt hast. Du kannst das Selbst finden, das verwundet worden ist, und es mit deiner Liebe zurück in die Ganzheit und in die Integration führen. Du kannst das verkrüppelte Selbst im anderen lieben, dem du versprochen hast, ihn oder sie zu retten.

Du kannst die Liebe des Himmels für euch beide in die Situation einladen. Wenn du jemandem nicht hilfst, dem du versprochen hast zu helfen, dann wirst du dich an genau dem Punkt verkrüppeln, wo er oder sie verkrüppelt worden ist. Der Grund dafür liegt in deiner negativen Einstellung und ist der Beginn eines selbstzerstörerischen Musters. Du kannst dich dafür entscheiden, entweder diejenigen einzuladen, die verkrüppelt sind, um sie zu heilen, oder du kannst sie als Ausrede benutzen, um dich zu verstecken.

Du könntest dich jetzt dafür entscheiden, erwachsen zu werden und Gottes Plan zu folgen. Du könntest deine Kontrolle aufgeben und sie dem Himmel übergeben. Du könntest dich und andere heilen und die heiligen Versprechen halten, die du einmal gegeben hast. Du könntest dein Schicksal annehmen – den glückseligen Plan des Himmels für dich. Du könntest erwachsen werden und auf dem Weg zur Reise nach Hause weitergehen.

Erforsche an jedem Tag der kommenden Woche diese vier Themen an den Punkten, an denen du dich emotional blockiert hast, und entscheide dich, stattdessen denen zu helfen, die du benutzt hast, um dich zu verletzen. Mache einen Schritt vorwärts und sei erfolgreich, statt dass du andere als Ausrede dafür benutzt, dich zu verstecken. Du bist so weit.

56

Das Abenteuer, vor dem
du dich fürchtest

Erforsche nun deine Beziehung und alle Probleme, die du in ihr und um sie herum findest. Diese Probleme sind Symptome für deine Angst vor dem nächsten Schritt im großen Abenteuer der Nähe, das weitergeht, bis du bei der Einheit angekommen bist. Paradoxerweise schenken dir Nähe und Frieden alle Abenteuer, nach denen du dich sehnst. Jeder Schritt, den du machst, ermöglicht deinem Partner, ebenfalls diesen Schritt zu tun, denn es war ein Schritt, den du für eure Beziehung getan hast. Als Partner bekommst du für jeden Schritt, den du machst, zwei Schritte geschenkt, einen für dich und einen für deinen Partner. Umgekehrt ist es so, dass du von jedem Schritt, den dein Partner macht, auch profitierst. Es ist jetzt Zeit, diesen Schritt zu tun. Wenn Beziehungen einmal das Partnerschaftsstadium erreicht haben, jenseits der größten Kampfmuster, dann profitieren beide Partner davon, wenn einer einen Schritt nach vorn tut. Im selben Ausmaß, in dem ein Partner sich in einen Bereich vollkommen einlässt, wird dies der Partner in einem anderen Bereich tun, denn beide sind sich ebenbürtig.

Jedes Problem in deiner Beziehung und jedes Problem um sie herum spiegelt ein Symptom deiner Beziehung wider, in dem sich wahre Verbindung noch nicht ereignet hat. In diesem Bereich muss wahre Nähe noch erreicht werden. Es gibt hier noch Unabhängigkeit und eine Mauer des Ego zwischen euch. Jede Mauer zwischen euch ist wie die Berliner Mauer. Wenn sie fällt, dann wird das Leben so viel schöner, und du machst einen Schritt, der dich dem Himmel auf Erden näherbringt.

Denke über dein vergangenes Leben nach. Jedes Problem, das du hast oder das du hattest, war eins, bei dem du Angst davor hattest, einen Schritt im Hinblick auf mehr Nähe zu tun. Jeder Schritt zur Nähe bringt deinen Geist mehr zur Einheit, denn wenn eine Mauer zwischen dir und deinem Partner fällt, dann schmilzt auch eine Mauer in deinem Geist zwischen zwei Teilen deines Ich. Er lässt auch eine Mauer zwischen dir und dem Himmel fallen, sodass mehr Gnade und Fülle in dein Leben strömt.

Jedes größere Trauma in deinem Leben spiegelt deine Angst wider, das Abenteuer der Liebe wirklich einzugehen. Dennoch lässt die Liebe die Angst schmelzen und zeigt auf, was für eine Illusion sie in Wirklichkeit ist. Du kannst dem natürlichen Fluss zum goldenen Leben folgen, wenn du die Lektionen der Liebe zu lernen bereit bist. Deine Probleme und Traumata zeigten deine Ängste. An diesen Stellen hast du die Angst über die Liebe triumphieren lassen, weil du lieblos gehandelt und andere als Entschuldigung dafür benutzt hast, den nächsten Schritt nicht zu tun. Dabei warst du derjenige, der versprochen hat, dass du Liebe in die Situation bringen würdest und eine Verbundenheit der Nähe erzeugen wolltest, die jedes Problem geheilt hätte. Als Folge davon wären Liebe und Vertrauen gewachsen. Partnerschaft und Glückseligkeit wären gewachsen. Dein Herz und dein Geist hätten sich ausgedehnt und die Mauern zwischen ihnen wären gefallen, was deine Schöpfungskraft und innere Führung freigesetzt hätte.

Jedes Mal, wenn du die Liebe einlädst, an genau die Stelle zu fließen, an der du an einem Problem leidest, werden dir die Verbundenheit und die Lektion, die du bereits erreicht hast, offenbart. Das wird sich fortsetzen, bis du weißt, dass ihr ein Geist seid, eins mit dem Partner und eins mit eurem Schöpfer. Mit jedem Schritt wirst du mehr Vertrauen gewinnen und das große Abenteuer der Heilung von der Illusion der Trennung und all dem Schmerz und den Problemen, die sie mit sich bringt, fortsetzen. Denke über jedes Problem in und um deine Beziehung herum nach. Denke über jedes Trauma und Problem aus deiner Vergangenheit nach. Lade die Lektion und die Liebe erneut dorthin ein.

Zwiespältigkeit

Deine Zwiespältigkeit ist unter Verleugnung verborgen oder tief in deinem unterbewussten Geist vergraben. Zwiespältigkeit ist das Gegenteil von Liebe und Einheit. Es gibt einen Teufelskreis, der deine Zwiespältigkeit mit deiner Wertlosigkeit verbindet. Du setzt Zwiespältigkeit ein, weil du darum kämpfst, besonders zu sein und dieses Gefühl brauchst. Du willst deine Eltern auseinanderreißen und die Aufmerksamkeit desjenigen Elternteils bekommen, den du für den Geeignetsten hältst, um deine Bedürfnisse zu erfüllen. Das nennt man die ödipale Verschwörung: Sie legt die ganze Schuld für deine Zerstörungswut und ihre Folgen für die Familie auf deine Türschwelle.

Diese Schuld bringt bis heute Mangel und Zerstörungswut in dein Leben. Die meisten Menschen beschäftigen sich nie direkt mit diesem Thema, sondern nur mit seinen Folgen, und sie merken nicht, warum sie so viel Kummer in ihrem Leben haben. Es gibt so viel Schuld um diese Verschwörung herum und die Menschen halten sie vergraben, während sie sich in Wirklichkeit in sie hineinfrisst und alle ihre persönlichen Beziehungen und ihre Familie beeinträchtigt.

Wenn du einmal dem Ego-Pfad der Trennung und Unabhängigkeit folgst, dann beginnt die Zwiespältigkeit. Wenn du dich in Richtung auf Partnerschaft bewegst, dann kommst du aus dem Stadium der Unabhängigkeit heraus und trittst in das Stadium der Interdependenz ein, und auf diese Weise heilst du einen Teil davon. Dennoch musst du erst über das Stadium der Interdependenz hinauswachsen und das Stadium der spirituellen Abhängigkeit betreten, um den Himmel wirklich ans Steuer einzuladen. Damit wirst du zum Vermittler der Einheit und nicht länger der Zwiespältigkeit. In diesem Stadium bist du zu einem Lehrer Gottes geworden, ganz gleich, was deine wirkliche Arbeit ist.

Um die Zwiespältigkeit zu heilen, musst du als Erstes in dich selbst hineinschauen, die Vorteile des Ego erkennen, nach denen du strebst, und das schreckliche Elend und die Trostlosigkeit erkennen, zu denen es dich geführt hat. Wenn du dies in den Menschen erkennst, die dich umgeben, dann ist es auf einer unbewussten Ebene auch noch in dir. Du hast versprochen, diejenigen in deiner Umgebung zu heilen, die diese Zwiespältigkeit in sich trugen, und auf diese Weise all diese Glaubensmuster über dich selbst zur Heilung zu bringen. Du hast die Gaben in dir, um dies zu schaffen, wenn du dich nur öffnen würdest und sie mit den anderen teilen könntest.

Der Himmel hat viele Lektionen für dich, die du lernen kannst, und wenn du sie einladen würdest, statt ihnen Widerstand zu leisten, würden sie zu Wundern in deinem Leben werden. Sie würden dir Licht bringen, statt dich mit deinen dunklen Glaubenssystemen zu verbinden. Erkenne darum deine Zwiespältigkeit und triff deine Entscheidung. Du hast aus Unwissenheit heraus gehandelt. Vergib dir, damit du die Lektion lernen kannst, die der Himmel für dich bereithält. Wenn du erst einmal diese Lektion gelernt hast, heilt sie dich, so dass alles, was übrigbleibt, die Liebe ist, an der du dich erfreuen kannst.

58

Dich dem goldenen Leben verpflichten

Das goldene Leben ist deine Bestimmung und wird durch Liebe vermittelt. Viele deiner Verluste, deiner Herzbrüche und anderer Traumata wurden aufgebaut, damit du deine Bestimmung verleugnen konntest. Sie haben ein falsches Bild von dir aufgebaut, das aus irgendeinem Grund attraktiv schien, selbst wenn es ein Bild des Leidens war. Aber das goldene Leben, eine Brücke zwischen Himmel und Erde, ist dein wahres Erbe.

Es stellt sich ein, wenn du erkennst, dass du ein ewiger Geist bist und als solcher in keiner Weise verletzt werden kannst. Die Anerkennung deiner wahren Identität enthält keine Selbstkonzepte mehr, die auf Trennung, Angriff und Selbstangriff aufbauen. Seit du den ego-erhaltenden Mechanismus des Bewertens aufgegeben hast, gibt es Sicherheit für dich und du vermittelst sie auch anderen. Deine Unschuld erkennt die Unschuld auch in anderen, und so könnt ihr Sicherheit miteinander teilen.

Dich mit deinem Zentrum zu verbinden, bringt dich zum goldenen Leben zurück und das goldene Leben bringt dich in dein Zentrum zurück. Während das goldene Leben eine Durchgangsstation ist, die dich zu einer sogar noch höheren Bewusstheit führen kann und zum Erwachen weitergeht, ist es trotzdem schon ein Ort der Meisterschaft, wo der größte Teil des Dualismus, der deinen abgespaltenen Geist geplagt hat, weggefallen ist und dich in Frieden zurücklässt. Das goldene Leben ist das Gegenteil von Schuld, von Versagen und von Gefühlen von Wertlosigkeit.

Es gibt eine Anzahl von Wegen, mit denen man das goldene Leben erreichen kann, aber der schnellste verläuft durch Beziehungen und die Heilung mit deinem Partner. Du kannst die Macht der Liebe in deiner Beziehung dazu einsetzen, dich zu motivieren, auf deiner Suche nach Wahrheit immer weiter voranzuschreiten. Es gibt so viele Verspätungen und Ablenkungen auf diesem Weg, darunter Verschmelzung und Co-Abhängigkeit, ebenso wie positive und negative Übertragungen. Dabei projizierst du deine schmerzhafte Vergangenheit auf deinen Partner. Diese positiven oder negativen Neigungen zu denen, die dich umgeben, sind von den Mustern vergangener Beziehungen geprägt, besonders denen deiner Familie. Diese Familienmuster setzen eine gefälschte Bindung, Kampfmuster, Opferidentität und harte Arbeit in Gang. Darunter findet man Schuld, Versagen und Trennung.

Der Morast der Verschmelzung, der an dieser Stelle entsteht, soll dich davon abhalten, weiterzukommen. Dennoch ist es genau diese Verpflichtung, die dich durch die Verschmelzung der verlorenen Verbundenheit und der gefälschten Liebe hindurch begleitet. Verpflichtung heilt die Fragmente und Brüche und bringt das zu einer Einheit zurück, was zuvor in deinem Geist gespalten war.

Jedes Mal, wenn du einen Teil deines Geistes, der in der Dualität verhaftet war, hingibst, wird ein Aspekt der Zweiheit wieder in die Einheit gebracht. Mit jeder Hingabe erreichst du eine größere Ganzheit. Das bringt mehr Frieden und die Fähigkeit, zu empfangen, nimmt zu. Es gibt weniger Illusionen und einen Schritt über das Bedürfnis des Opferseins hinaus, der dir erlaubt, das zu vollenden, was du als Auftrag in dir spürst.

Deshalb verpflichte dich jedes Mal, wenn du an das goldene Leben oder an die Probleme denkst, die dich davon abhalten, mit deinem ganzen Herzen dem goldenen Leben. Es erwartet deine Einladung und deine ganze Hingabe.

Die Gefühle, die du vermeidest

Ihr alle habt Emotionen, die ihr vermeidet. Ihr habt euch irgendwann auf die Ratschläge des Egos eingelassen und das abgespalten, mit dem ihr nach eurer Ansicht nicht umgehen konntet. Ihr habt euer Ego benutzt, um den alten Schmerz abzuschneiden, und ihr möchtet wirklich nicht noch einmal da durchgehen. Ihr habt gedacht, ihr könnt mit diesen Emotionen umgehen, und vielleicht hat das ja auch geklappt, aber jetzt seid ihr vorangeschritten und entwickelt euch in Richtung auf das goldene Leben. Das bedeutet, dass ihr nichts mehr verborgen halten könnt und das heilen müsst, was ihr bisher versteckt oder abgespalten habt, oder ihr werdet die Güte des goldenen Lebens verpassen.

Wenn ihr euch weigert, euch mit einer tieferen Emotionsschicht zu konfrontieren, und sie weiter verbergt, dann wird eure Beziehung spießig werden, vorhersehbar und sogar schal oder fade. Das ist dann nicht das goldene Leben, sondern schlicht eine weitere Schicht der Toten Zone auf dem Weg zum Stadium der Meisterschaft. Wenn eure Beziehung es bis hierher geschafft hat, dann braucht ihr euch aber nicht mit den Emotionen in ihrem schlimmsten Zustand zu konfrontieren, wie beispielsweise mit einem gebrochenen Herzen, mit Untreue oder Kampf. Aber ihr werdet in gewisser Weise erleben, dass es eine weitere Emotionsschicht gibt, die ihr noch weggepackt habt und mit der ihr euch nun beschäftigen könnt. Die Hinweise darauf können sich in Form von Träumen zeigen, durch Filme, Bücher, durch etwas, das sich in eurer Umgebung zeigt oder jemand anderem zustößt, oder sogar durch etwas, das sich in euch zeigt, obwohl ihr dachtet , dass ihr damit schon längst abgeschlossen hättet.

Da all dies Möglichkeiten sind, die euch geschenkt werden, könnt ihr sie auch gleich einfach annehmen, denn dies wird euch zu einer tieferen Akzeptanz und einer tieferen Freude führen. Verpasst diese Gelegenheit nicht! Sie kann Frische in eure Beziehung bringen und sogar zu einer Art Wiedergeburt führen.

Ihr habt diese Emotionen gut weggeschlossen und denkt, ihr habt sie damit unter Kontrolle. Das hat einen Teil eures Egos in scheinbarer Sicherheit gewiegt, aber genau dieser Teil eures Geistes wird jetzt gebraucht, damit Frieden und Freude entstehen können. Es zu vergraben, hat nur zu Taubheitsgefühlen geführt. Bittet also darum, dass euer ganzer Geist zurückkehren darf. Wünscht euch von ganzem Herzen, dass euer Geist in seiner Gesamtheit wieder bei euch sein darf.

Es gibt verschiedene Wege, wie man diesen Teil heilen kann, aber ihr kommt endlich an dem Punkt des Selbstverrats an, an dem ihr an euch selbst Verrat geübt habt. Es ist der Punkt, an dem ihr euch selbst verletzt habt, damit ihr es einem bedeutsamen Menschen oder Gott heimzahlen konntet. Es ist gut, diese Punkte in eurem Inneren zu finden, weil ihr sie heilen müsst, wenn ihr euch wirklich an eurem Partner erfreuen und ein goldenes Leben miteinander führen wollt.

Ihr begegnet hier typischen Beziehungsmustern, die nicht nur aus eurer Kindheit kommen, sondern in Wirklichkeit Seelenmuster sind. Entscheidet euch für die Heilmethode, die euch entspricht, oder wählt eine Kombination aus folgenden Elementen: Akzeptanz, Vergebung, Loslassen, Integration, Hingabe, dem anderen helfen, indem ihr durch den Schmerz hindurchgeht, den ihr bei dieser Hilfestellung fühlt, alle Gefühle zu fühlen, bis es nur noch Frieden gibt, usw.

Diese Gefühle zu heilen, wird euch euer Herz auf einer ganz neuen Ebene zurückgeben. Euer Geist wird mehr Frieden enthalten und ihr werdet mehr Selbstvertrauen und Mut spüren. Wenn euer Geist und euer Herz vollständig leer sind, werdet ihr auf einer ganz neuen Ebene empfangen können. Die innere Führung wird ununterbrochen fließen. Dankbarkeit, Wertschätzung und Liebe werden euch erfüllen. Glückseligkeit wird im Überfluss vorhanden sein.

60

Dein anderer Partner
im goldenen Leben

Neben deinem Liebsten gibt es einen weiteren Partner im goldenen Leben: den Himmel. Jedesmal, wenn du dich mit deinem Liebsten verbindest, strömt mehr Gnade in euch ein. Wenn ihr die Partnerschaftsebene erreicht, jenseits der Stadien des Machtkampfes und der Toten Zone, wird das Tao zu einem ebenbürtigen Partner. Dennoch geht eure Partnerschaftsreise weiter, durch das Freundschaftsstadium hindurch, wo ihr die besten Freunde eures Partners und auch die besten Freunde Gottes werdet. Dann, zusammen mit deinem oder deiner Liebsten, werdet ihr gemeinsam zu Führern und dann zu Visionären, zu Freunden der Erde. Schließlich geht ihr weiter in die Meisterschaft, wo das Leben im goldenen Leben, das eure Bestimmung ist, vorrangig wird.

Nun beginnt ihr, über den Dualismus hinauszugelangen. Die universelle Inspiration wird noch größer und aktiver. Ihr strebt nur noch nach Wahrheit. Ihr strebt danach, über den Körper und den Tod hinauszugelangen, und ihr erkennt euch selbst als Geist. Nun strebt ihr danach, das Gesicht des Christus und der Kwan Yi in eurem Liebsten zu erkennen. Durch eure Liebsten verläuft euer Weg zum Geliebten.

Ihr erkennt, dass all das, was ihr innerlich an Widerstand gegen euren Partner aufgebaut habt, das ist, was ihr auch gegen Gott aufgebaut habt. Ihr strebt danach, über das Ego hinauszugelangen und das Ich aufzulösen, weil ihr euch selbst erkannt habt. Das Tao ist stark in euch und in eurer Beziehung. Ihr erkennt, dass ihr eure Beziehung dazu benutzen könnt, über euch selbst hinauszuwachsen. Ihr sucht danach, über das „Ich" zum „Du" zu gelangen, und über das „Du" zum Alles und über das Alles zum Einssein. Ihr seid friedlicher geworden. Das Vertrauen zueinander und Gott gegenüber ist gewachsen. Was kann euch noch geschehen, wenn es ein solches Vertrauen in den Geliebten gibt? Ihr werdet in absoluter Nähe zum Geliebten leben, in demselben Ausmaß, in dem ihr Nähe zu eurem Liebsten lebt. Bald schon gibt es keinen Unterschied mehr.

So viel von der ego-unterstützten und -angetriebenen Geschäftigkeit fällt weg, und was bleibt, ist Liebe. Eure Liebe ist strahlend, sanft und großmütig. Ihr strebt danach, alle Mauern in euch abzuschmelzen, sodass alles, was in euch zurückbleibt, ein leerer Geist und ein volles Herz ist. Mit einem leeren Geist kann der Himmel euch leiten und das Ego durch Freude ersetzen. Mit einem vollen Herzen werdet ihr überfließend großmütig werden und die Quelle nutzen, um darauf zu bauen und im selben Ausmaß werdet ihr in der Lage sein zu empfangen.

61

Die Macht, die rückhaltloser Hingabe innewohnt

Wenn du ein Problem in deinem Leben oder in deiner Partnerschaft hast, dann hast du dich genau an diesem Punkt noch nicht vollständig geschenkt. Jedes Mal nämlich, wenn du dich rückhaltlos hingibst, zeigt sich dir eine ganz neue Ebene des Lebens. Die Zukunft eröffnet dir einen neuen Horizont, denn mit deiner Hingabe wird ein bestimmter Konflikt deiner Vergangenheit geheilt und das ermöglicht dir, präsenter zu sein und dich wahrhaft zu verbinden, zu empfangen und zu genießen.

Das goldene Leben ist ein Ort der Meisterschaft, an dem ein großer Teil des Lebensdualisimus bereits geheilt ist. Aspekte des Dualismus werden durch deine Entscheidung geheilt, dich selbst rückhaltlos hinzugeben. Jede Herausforderung, der du dich in deiner Beziehung gegenübersiehst, ist eine Gelegenheit, dich selbst rückhaltlos hinzugeben und so die Situation zu verändern, sodass sich dein Geist und dein Herz mehr öffnen können und zulassen, dass die himmlische Gnade sich als gesegnete Leichtigkeit und goldene Kraft zeigt.

Sich rückhaltlos hinzugeben, bedeutet keine Anstrengung. Dein Gefühl der Mühe kommt nur daher, dass du noch nicht wirklich entschieden hast, dich ganz hinzugeben, und stattdessen etwas zurückhältst.

Je mehr du dich deinem Partner rückhaltlos hingibst, desto goldener wird die Beziehung. Du bist jeden Tag aufgerufen, dich deinem Partner ganz zu schenken. Du bist aufgerufen, mehrmals am Tag die Ebenbürtigkeit zwischen euch herzustellen und dich dann rückhaltlos zu schenken – im Hinblick auf eure Sexualität, eure Romantik, eure Kommunikation, euer Geld, die Gesundheit deines Partners und sein Glück, auf euren Erfolg als Paar und euren individuellen Erfolg und schließlich im Hinblick auf die Gegenwart des Himmels, die in eurer Beziehung zunehmen kann.

Deine Klagen und dein Gefühl von Mangel zeigen dir den Punkt in der Beziehung, an dem du dich noch nicht zur Gänze schenkst, was neue Geschenke und Talente eröffnen würde. Du, deine Beziehung, dein Partner und die Gegenwart des Himmels werden wachsen und sich entfalten, wenn du dich deiner Umgebung rückhaltlos hingibst. Sich rückhaltlos hinzugeben bedeutet einfach, dich mit deinem gesamten Geist und mit deinem ganzen Herzen hinter etwas oder hinter jemanden zu stellen. Das bewegt dich und ebenso den Menschen oder die Situation dazu, einen bedeutsamen Schritt nach vorn zu tun, und es transformiert dein Herz und deinen Geist mehr und mehr zu einem echten Herz-Geist.

62

Was du siehst und erlebst, ist deine Entscheidung

Lasst uns nun einen Ausflug in dein Unterbewusstsein unternehmen, damit du all das loslassen kannst, was dich zurückhält, und weiter zum goldenen Leben voranschreitest. Frage dich, zu welchem Prozentsatz du das goldene Leben mit deinem Partner *jetzt* erlebst. Dann mach dir eine Liste all der ernsthaften Verletzungen, Niederlagen, Situationen mit gebrochenem Herzen und Traumata, die du bisher in Beziehungen bereits erlebt hast.

Und nun beginnt deine Reise in dein Unterbewusstsein. Erforsche jede einzelne dieser Verletzungen, eine nach der anderen. Erkenne, dass das, was damals geschah, nicht das war, was du bewusst gewollt hättest, dass es aber dennoch geschah, obwohl du es eigentlich nicht wolltest. So weit hatte dein bewusster Verstand dich bereits gebracht.

Nimm aber nun die Seite deines unbewussten Verstandes ein: „Ich wollte, dass das geschah". Stell dir eine Weile lang vor, es wäre wirklich so. Ich wollte, dass das geschah. Ich habe mich dafür entschieden.

In welcher Weise, so dachte ich, würde ich davon profitieren? Wollte ich es deshalb so? Aber hat es mich denn wirklich glücklich gemacht? Hat irgendeiner der Pläne des Egos, mich unabhängig zu machen, denn wirklich funktioniert und mich glücklich gemacht? Und was will ich jetzt? Du wirst es herausfinden, wenn du alles verstanden hast, denn deine ganze Geschichte dieser Verletzungen wird sich als Folge deines neuen Bewusstseins verändern. Du und die anderen in dieser Geschichte werden immer verantwortungsvoller und unschuldiger werden.

Nimm also jedes Vorkommnis und stell dir vor, dass das Ganze dein eigener Plan gewesen ist. Wenn du das tust, wirst du dich für denjenigen Bereich deines Geistes öffnen, den du vor dir selbst verborgen gehalten hast. Was mit dir geschah, war genau das, für das du dich entschieden hattest. Wie kommt es, dass dies so ist? Worin bestand der Sinn, der diesem Ereignis zugrundlag? Was hat es dir ermöglicht? Welche Ausrede hat es dir ermöglicht? Welche Schwäche durftest du dadurch entwickeln?

Lass dich immer tiefer sinken und erkunde den Urgrund, aus dem heraus du das Thema entwickelt hast. In diesem Moment wird es dich loslassen und als Folge davon wirst du auch deine Selbstwahrnehmung als „böser Kerl" loslassen können, den du als Sündenbock erschaffen hast, um unabhängiger zu sein. Die Unschuld wird zu dir zurückkehren und du wirst frei sein, wenn du wirklich die Verantwortung dafür übernimmst. Was du noch nicht ganz losgelassen hast, wirst du weiter mitnehmen und auf deinen Partner projizieren, auf deine Kinder und auf andere in deiner Umgebung. Lass all das los und nimm stattdessen gemeinsam mit deinem Partner das goldene Leben an.

63

Der Teufelskreis aus Besonderssein und Unzulänglichkeit

Es gibt einen Teufelskreis zwischen dem Gefühl, etwas Besonderes sein zu wollen: „In dieser Beziehung geht es nur um mich, und je eher du erkennst, dass du mein Liebessklave bist, desto leichter wird es für dich sein", und dem Gefühl von Unzulänglichkeit: „Ich besitze das nicht, was man braucht, um irgendetwas tun zu können". Beides kommt zu Stande, wenn man das Gefühl von Verbundenheit über Bord geworfen hat.

Es sieht dann so aus, als ob jemand dich verwundet hat, aber dein Unterbewusstsein erzählt eine andere Geschichte. Dabei geht es darum, dass du jemanden erschaffen hast, der deine Hilfe brauchte, und ihn dann zum Bösewicht gemacht hast, obwohl du über die Gaben verfügt hättest, ihn und die Situation zu retten, wenn du nicht so viel Angst gehabt hättest, dich zu zeigen und zu strahlen, wie es der ursprüngliche Plan bei deinem Erscheinen hier auf der Welt gewesen ist. Stattdessen hast du diesen Menschen benutzt, um vor dir selbst und deiner Bestimmung wegzulaufen.

Als du also die Verbundenheit zugunsten der Unabhängigkeit aufgegeben hast, als du dich selbst und andere angegriffen hast und in dein Versteck gegangen bist, hast du angefangen, darunter zu leiden. Besondersein, Schwäche und Unzulänglichkeit waren die Folge dieser gebrochenen Verbundenheit und dein Ego hat sich als Folge davon aufgebläht.

Besondersein ist ein Versuch des Egos, dein Gefühl von Unzulänglichkeit auszugleichen. Dein Gefühl von Unzulänglichkeit ist das wirkliche Gefühl, das du in deinem Inneren trägst und das mit deiner Aufblähung durch das Besondersein übertüncht werden sollte.

Das Besonderssein sucht nach Kontrolle, indem es versucht, andere dazu zu bringen, es so zu machen, wie du es willst, um so eine Sicherheit herzustellen, dass deine Bedürfnisse erfüllt werden. Sowohl das Besonderssein wie auch die Unzulänglichkeit dienen der Trennung und der Unabhängigkeit. Bei der Unzulänglichkeit hast du das Gefühl, dass du nicht über die Fähigkeiten verfügst, die nötig sind, um mit einer Situation umzugehen, und dann versuchst, es trotzdem zu schaffen, dich dabei überforderst und zu einem Perfektionisten wirst. Du bringst Opfer, um dein Gefühl von Wertlosigkeit zu überdecken. Du spielst Rollen, statt authentisch zu sein. Du zwingst dich und gehst in zu viele Richtungen gleichzeitig. Du bist entweder zu beschäftigt oder, andersherum, zu faul, weil du Angst hast, etwas falsch zu machen. Du tust dir selbst leid und versteckst dich unter einem Selbstkonzept von „Niemals gut genug!" oder „Ich treibe mich erbarmungslos an". Besonderssein oder selbstsüchtige Aufmerksamkeit fordern, dass alles für dich getan wird, oder du lässt jeden wissen, wie schwer es ist, dass du alles für sie tust. Zwischen diesen beiden Polen schwingst du hin und her und dein Selbsthass wächst und als Folge davon sinkst du tiefer und tiefer.

Wenn das geschieht – und es geht immer weiter, in dem Ausmaß, in dem du deine Verbundenheit nicht zurückgewonnen hast – dann ist dieser Teufelskreis ein Keil zwischen dir und deinem Partner, zwischen dir und anderen, zwischen dir und deinem Leben, zwischen dir und dem Himmel. Wenn du bemerkst, dass du entweder die Überheblichkeit des Besondersseins oder die Unterlegenheit der Unzulänglichkeit in dir spürst, dann trägst du in Wirklichkeit beide in dir.

Wenn dieser Teufelskreis geheilt wird und du dich dafür entschieden hast, dass er integriert wird und du wieder verbunden bist, dann geschieht das auch – in dem Ausmaß, in dem du weißt, dass Hilfe da ist, von anderen und vom Himmel. Aufgrund deines Gebens gibt es keinen Grund mehr für ein Nehmen, denn du empfängst jetzt. Du kannst damit aufhören, weiterhin vorwärts und rückwärts zu rennen und Denkmäler für dich und deinen Selbsthass zu bauen.

Du kannst die Balance und die Harmonie herstellen, die die Folge wahrer Verbundenheit ist. Das führt zur Erfüllung, während du zukünftige Desillusionierungen aufgibst und die Leichtigkeit in deinem Erfolg und in deiner Beziehung herstellst, die das Ergebnis wahrer Verbundenheit ist.

64

Du besitzt das,
was dein Partner braucht

Wenn dein Partner ein Problem hat, ist die Antwort darauf in dir. Sie ist gewöhnlich tief in dir vergraben, kann aber zur Oberfläche aufsteigen, wenn du es wirklich willst. Deine Seele hat sich auf diese Partnerschaft vorbereitet. Sie hat das, was du brauchtest, in deinen Seelenrucksack gesteckt, als du dich auf dieses Leben vorbereitet hast.

Natürlich ist jedes Problem das Ergebnis von Selbstangriffen und einem Mangel an Selbstliebe. Du beurteilst deinen Partner, ob du es nun versteckt tust oder nicht so versteckt. Das ist die Folge einer tief eingesessenen Schuld in dir und ihm und, statt dass du projizierst und verurteilst, könntest du auch vergeben – deinem Partner, dir selbst und der Situation.

Es gibt auch einen geheimen Liebesspeicher in dir, der darauf wartet, geöffnet zu werden, und es ist genau die richtige Menge Liebe darin, mit der du deinen Partner retten könntest. Der erste Schritt jedoch müsste der sein, dass du erkennst, dass diese Liebe wirklich da ist. Würdest du die Tür in deinem Herzen öffnen, um diesen Liebesspeicher freizusetzen?

Die Ausdehnung in deinem Herzen würde auch dein übriges Leben erweitern. Auf ähnliche Weise hast du eine Gabe mitgebracht, die als Potenzial ebenfalls in dir wartet. Sie ist das perfekte Gegenmittel. Würdest du die Tür in deinem Geist für diese Gabe öffnen?

Diese Gabe könnte eine alte Ungerechtigkeit beenden. Sie würde einiges an Begrenzungen schmelzen lassen, die du aufrechterhalten hast und jetzt nicht mehr brauchst, weil du jetzt deinen Partner mehr liebst als die Begrenzung.

Das Thema deines Partners besteht darin, dir zu helfen, dich zu motivieren, in eine neue Ebene aufzusteigen und diese Gabe anzunehmen, die dir helfen würde, aber auch ihm und der ganzen Welt. Du bist hier, damit du lernen kannst, dass du von keiner Situation, in der du dich wiederfindest, begrenzt werden kannst.

Deine Bestimmung enthält all die Macht, die Vision und die notwendige Kreativität, um diese Herausforderung zu überwinden. Dein Schicksal bringt dir auch die goldene Inspiration aus deinem Geist. Sie besteht darin, dass du dich an die göttliche Gegenwart erinnerst. Der Himmel wird dich immer mit der Lektion beschenken, die du brauchst, um den nächsten Schritt vorwärts zu tun, sodass du deinem Partner helfen kannst. Die Lektion des Himmels ist auch eine Gabe der Gnade, die ein wahres Wunder ist. Würdest du dem Himmel und dir selbst genug vertrauen, um das Wunder von deinem Partner zu empfangen?

Du bist nicht so ausgestattet, dass du begrenzt und hilflos sein sollst. Das ist nur das, was dein Ego aus dir gemacht hat. Du kannst darüber hinausgehen, um deinem Liebsten und Freund, der dich braucht, jetzt zu helfen. Meditiere darüber, welche Seelengabe du mitgebracht hast, die jetzt deinem Partner helfen könnte, ihn zu befreien. Vergib jedem und empfange, was du von deinem liebevollen Elternteil brauchst, damit du deinen Partner befreien kannst. Empfange die Wunder des Himmels und schenke sie deinem Partner.

65

Etwas von ganzem Herzen wollen

Eins der Prinzipien, die dir helfen können, zu einer neuen Ebene deiner Beziehung aufzusteigen, sogar bis zum goldenen Leben und darüber hinaus, besteht darin, dies wirklich von ganzem Herzen zu wünschen. Was du dir von ganzem Herzen wünschst, das erschaffst du auch. Dieses Prinzip hat die Wirkung, einen Konflikt voll und ganz heilen zu können.

Etwas Ungelöstes aus deiner Vergangenheit kann gelöst werden, wenn du es dir von ganzem Herzen wünschst. Dies erzeugt in dir ein Gefühl, dass du es schon besitzt, weil du es dann nämlich mehr möchtest, als an der Angst festzuhalten, die es verhindert. Dieses Verlangen ist es, was dein wahres Wollen benötigt, und es besitzt die Wirkung, dich vorwärtszubringen. Jede Heilung, jede Vorwärtsbewegung, jedes Verlangen nach Wahrheit wird dich dann höher und tiefer führen.

Das goldene Leben in deiner Beziehung wirklich zu ersehen, bedeutet, die Ebene eines ruhigen Geistes zu erreichen, sodass du viel mehr in Verbindung mit dem Leben, mit deinem Partner und mit dem Himmel bist. Du lebst dann deutlich mehr in der Gegenwart, statt in den Zwillingstyranneien von Vergangenheit und Zukunft. Das ermöglicht dir, mehr Intuition, Humor und Führung in dir zu spüren. Und es gibt so viel mehr Wertschätzung, Dankbarkeit und Freude.

Verbringe heute etwas Zeit damit, das goldene Leben mit seiner Fülle, seiner Liebe und seinem Frieden zutiefst zu ersehen. Sehne dich nach dem goldenen Leben von ganzem Herzen. Wünsche dir das goldene Leben für dich und deinen Partner.

66

Verpflichte dich deiner Vision und deiner Bestimmung

Vision und Bestimmung sind die Tore zum goldenen Leben. Vision ist eine Erfahrung einer positiven Zukunft und der Weg, sie zu erreichen. Es ist eine Wahrnehmung der Zukunft, die dich auf deinem Entwicklungsweg unterstützt und inspiriert. Ein visionäres Paar ist eins, das eine gemeinsame Vision einer positiven Zukunft teilt und darauf hinlebt. Sie arbeiten zusammen an ihrer Bestimmung und teilen die Geschichte des strahlenden Sterns, indem sie diese Vision Wirklichkeit werden lassen.

Ein Paar hat eine gemeinsame Bestimmung und jeder der Partner hat auch eine eigene Bestimmung. Eine Bestimmung ruft nach dir, damit du auf der Welt eine hilfreiche Arbeit zur Verwirklichung bringen sollst. Das erfüllt dich, persönlich und auch zwischenmenschlich. Wenn ihr beide eure Bestimmung als Paar annehmt, kann das ein Weg sein, ganz erstaunliche Gaben in die Welt zu bringen, die für die ganze Menschheit notwendig und hilfreich sind.

Ein Paar, das seine Vision und seine Bestimmung gefunden hat, ist durch alle Schritte der Paarbeziehung gemeinsam durchgegangen: durch das Verliebtsein, den Machtkampf, die Tote Zone, die Partnerschaft, die Freundschaft und das Anführersein. Schließlich gelangt das Paar in das Stadium der Vision und lebt seine Bestimmung, wobei es sich zu hundert Prozent einlässt – nicht nur auf den anderen, sondern auch auf etwas, was größer ist als sie selbst. Das bringt jedem Partner eine persönliche und zwischenmenschliche Größe und schenkt der Welt gleichzeitig etwas sehr Entscheidendes. Sowohl die Vision als auch die Bestimmung lassen in dem Paar eine neue Ebene der Intensität und Leidenschaft entstehen, die es seit der Verliebtheitsphase nicht mehr gegeben hat. Diese Ebene der Verbindung und des bedeutungsvollen Beitrags lässt ein hohes Maß an Glück und Erfüllung entstehen.

Die meisten deiner Probleme dienen nur dazu, deine Bestimmung zu vermeiden. Das ist bei einem Paar nicht anders. Ein Großteil eurer Probleme als Paar ist dazu da, euch gegen eure Bestimmung abzuschotten. Das liegt daran, dass ihr so viel Angst vor der Liebe und Nähe habt, die eure Egos zum Schmelzen bringen und euch die Größe eurer Bestimmung als Paar vor Augen führen würden. Diese Bestimmung kann nicht vom Ego oder als Einzelner erfüllt werden, sondern nur vom Himmel, der es durch euch als Paar tut.

Hingabe an die eigene Bestimmung bringt Vision in das Leben jedes Menschen. Die Vision schiebt dich vorwärts, über die vielen Illusionen und falschen Hürden hinaus, und lässt nur die Schritte übrig, die für die Erfüllung dieser Aufgabe notwendig sind.

Auf ähnliche Weise sind viele Beziehungsfallen und äußere Probleme da, weil ein Paar Angst hat, dass es sein heiliges Versprechen, das es dem Himmel und der Erde gegeben hat, nicht erfüllen kann. Dennoch kann die Bestimmung eines Menschen und eines Paares nur *durch* sie, nicht aber *von* ihnen erfüllt werden. Deine Hingabe an deine individuelle Bestimmung, das hohe Maß an Hingabe an deinen Partner und die Hingabe an eure Bestimmung als Paar erlaubt euch, gemeinsam im Leben voranzukommen, von der Spitze eines Berges zur nächsten zu springen, Schritt für Schritt der Vision entgegen.

Das bringt euch an den Punkt, dass ihr gemeinsam die Schönheit, die große Liebe und die Transzendenz mischt und euer Sein betretet, wo ihr tiefen Frieden und den Selbstwert des goldenen Lebens findet. Das Maß an Selbstliebe verstärkt sich, während du deinen Partner immer mehr liebst. Du kommst zu immer tieferen und höheren Zentren in dir und auch in euch als Paar. Die Mauern in deinem Geist, die zwischen euch als Paar und zwischen dir und dem Himmel stehen, lösen sich auf, sodass nur noch das goldene Leben übrig bleibt.

67

Eltern für unsere Eltern werden

Wenn die Eltern einen im Stich gelassen haben, dann gibt es eine Rolle, in die man gern hineinfällt. Sie sagt: „Ihr hättet es so und so machen sollen!" Du gehst damit in die Rolle des Opfers, was Teil der Rollentriade des Opfers, des Opferbringens und der Unabhängigkeit ist. Als Opfer hast du das Gefühl gehabt, dass sie dich nicht genug genährt haben, und als Folge davon hattest du das Gefühl, dass du vernachlässigt worden bist. Aber unter deinen Rollen des Opfers und Opferbringers steckt noch die Rolle des Unabhängigen, die versteckte Entscheidung, dass die Dinge sich so abspielen sollten, wie sie waren, damit du die Dinge so tun konntest, wie du es wolltest, und auf diese Weise den Kampf gewinnen konntest.

Oberflächlich betrachtet hast du die vordergründige Rolle, ein Elternteil für deine Eltern zu sein, die es auf irgendeine bedeutsame Weise nicht schaffen. Du übernimmst, wenn deine Eltern sich streiten, oder du bringst Dinge in Ordnung, wenn ein Elternteil etwa trinkt, spielsüchtig ist oder verrückt wird. Das kann dich zu einem „Superkind" machen, einem, dessen Größe angesichts einer schrecklichen Situation entstand. Wenn es aber mit der Rolle vorbei ist, gibt es einen Mangel an Authentizität und Wahrheit, der schlimmer wird, wenn du älter wirst, sodass du im Stadium der Toten Zone steckenbleibst, die durch solche Rollen entsteht.

Es gibt einen echten Weg, deine Eltern zu „be-eltern". Statt die Vernachlässigung durch deine Eltern als Ausrede dafür zu benutzen, dich unabhängig zu machen, kannst du erkennen, dass dein Elternteil verwundet und emotional blockiert ist und dass dies in einem sehr frühen Stadium geschah und aussah, als würden sie sich nicht um dich kümmern. Du kannst erkennen, dass jeder

Elternteil, der seinem Kind etwas Nährendes zu geben hat, dies seinem Kind geben wird, aber wenn er das nicht hat, dann kann er es auch nicht geben. Es ist wirklich bemerkenswert, wenn ein Kind als Stern auftaucht, aufsteigt und die Gaben enthüllt, die es in sich trägt, während es gleichzeitig die Gaben des Himmels annimmt. Dieses Kind kann dann leicht und auf natürliche Weise seinen Eltern helfen und sie inspirieren, sich zu verändern. Das geschieht, wenn jemand auf authentische und echte Weise zum „Superkind" wird.

Als Superkind hast du die emotionale Reife eines Erwachsenen und hast dich auf natürliche Weise um deine Eltern gekümmert. Das zu tun, was du getan hast, um jedem Elternteil durch seine Schwierigkeiten hindurch zu helfen, war genau das, was du gebraucht hast, um zu lernen, deine Bestimmung zu erfüllen. Selbst wenn du als Kind nicht erfolgreich dabei warst, deine Eltern zu unterstützen, könntest du als Erwachsener damit Erfolg haben. Das kann deine Gefühle heilen, vernachlässigt worden zu sein, und unterbricht die Vernachlässigung, die du dein ganzes Leben lang mit dir getragen hast – entweder dadurch, dass du von dir geglaubt hast, du seist ebenfalls ein Vernachlässiger und versuchst, das irgendwie zu kompensieren, oder dadurch, dass du auf ganz direkte Weise deinen Partner, deine Kinder, deine Arbeit oder dich selbst vernachlässigt hast oder dadurch, dass du eine Kombination dieser beiden Verhaltensweisen zeigst.

Du kannst vor deinem geistigen Auge zu den Momenten zurückgehen, in denen du dich vernachlässigt gefühlt hast, und – statt dass du erneut die Verbundenheit unterbrichst – jetzt einen Schritt in eine neue Ebene von Verbundenheit mit deinen Eltern tun. Du könntest die Gaben öffnen, die du auf einer Seelenebene genau für diese Situation mitgebracht hattest, und die Gaben annehmen, die der Himmel für dich und deine Eltern bereithält. Du könntest dir selbst Liebe geben und die Liebe des Himmels in dir willkommen heißen, bis die Gefängniszelle, in die du dich selbst emotional eingeschlossen hattest, sich auflöst.

Dann würdest du dich bis zu deinem gegenwärtigen Alter wachsen lassen und in dich hineinschmelzen, sodass du ein größeres Ganzes wirst. Danach kannst du dich dem verwundeten Kind in deinem Elternteil oder deinen Eltern zuwenden und diesem Kind deine Liebe schenken und die Liebe des Himmels für dieses Kind oder diese Kinder ebenfalls willkommen heißen. Du könntest so zum Elternteil für deine Eltern werden, das Kind in ihnen lieben, bis dieses

Kind erwachsen wäre und sich wieder mit ihnen vereinigen könnte, sodass sich in ihnen so viel mehr Reife und Ganzheit zeigen könnte. Dies bringt ihnen mehr Liebe und mehr Selbstliebe zu dir und kann dir helfen, eine der Lektionen zu lernen, die so ausschlaggebend für deine Bestimmung sind.

68

Entscheide dich für Veränderung

In einem Seminar, das ich neulich hielt, sprach ich mit einem Mann, der ein goldenes Leben mit seiner geliebten Ehefrau, seinen Kindern und Enkelkindern lebte. Er war ein weiser und liebevoller Mann, aber der Himmel wollte mehr von ihm und für ihn. Der Himmel wollte, dass er ein liebevoller Vater und Großvater sein sollte, aber nicht nur für seine Familie, sondern für die Welt. Er war glücklich und zufrieden mit dem, wo er war, aber seine Ehefrau hatte manchmal Panikattacken, wenn sie an das dachte, was gerade in der Welt geschah, was seine unterbewusste Angst spiegelte.

Der Himmel wollte, dass er ein Meister liebevoller Weisheit werden sollte. Der Himmel wollte, dass er noch mehr inneren Frieden besitzen und ausstrahlen und den Teil von sich loslassen sollte, der die Welt verurteilte und ihn dazu brachte, sich getrennt zu fühlen, wodurch eine Trennungsangst entstand. Ich sprach mit ihm darüber, wie gut doch die Dinge in seinem Leben liefen, aber er saß immer noch in Begrenzungen fest, die er durchlaufen musste, beispielsweise begrenzende Glaubensmuster im Hinblick auf sein Alter. Jede Begrenzung, die er überwand, besonders die kollektiven Glaubensmuster im Hinblick auf das Alter, den Körper, die Gesundheit usw., befreite die Menschheit Schritt für Schritt von ihren Begrenzungen und Leiden. Als er erkannte, dass er anderen auch in diesem Stadium seines Lebens noch helfen konnte, auch wenn sein Leben noch so schön war, begann er zu erkennen, dass es auch im goldenen Leben Stadien gibt, die sogar noch größer und noch goldener sind als die, die er kannte.

Er war also berufen, nicht an diesem Punkt stehenzubleiben, sondern sich dafür zu entscheiden, sich zu verändern, denn auch im goldenen Leben gibt es immer noch den besseren Weg.

So entschied sich mein Freund im goldenen Leben dafür, zu vertrauen und anzunehmen, dass sich etwas verändern und sogar noch goldener werden könnte. Er entschied sich für noch größeren Frieden und dafür, ein echter Meister liebevoller Weisheit zu werden. Er entschied sich dafür, sich zu erinnern, dass alle seine Beziehungen ein Weg waren, die Welt an die Treppe zum Himmel zu bringen. Dann integrierte er die Teile von ihm, die einen Kreislauf von Abgetrenntheit und Trennungsangst in Gang setzten. Und es führte zu einem fröhlichen Abschluss dieser Seminarsitzung.

69

Was Übertragung dich lehrt

Übertragung lehrt dich, dass jedes Problem, unter dem du leidest, alles, mit dem du noch nicht glücklich bist, von einer unerledigten Situation aus deiner Vergangenheit kommt, die in die gegenwärtige problematische Situation oder in das gegenwärtige Symptom übertragen worden ist. „Alle Heilung besteht im Loslassen dessen, was aus der Vergangenheit kommt." (*Ein Kurs in Wundern*, Text 13. VIII.1:1)

Wenn du dich nun also einem gegenwärtigen Problem zuwendest und dich fragst, ob sich die darin angesprochenen Themen alt, sehr alt oder sowohl als auch anfühlen, kannst du ein Gefühl dafür bekommen, woher das Problem wirklich kommt. Wenn es sich alt anfühlt, dann kommt es gewöhnlich aus deiner Kindheit oder aus einem Punkt in diesem Leben. Wenn es sich sehr alt anfühlt, dann ist es wahrscheinlich über deine Ahnenkette an dich weitergegeben worden oder es kommt aus deiner Seelenebene, damit du etwas lernen sollst. Das wiederum kann aus einem „vergangenen Leben" kommen – ein Ausdruck, der die Seelenreise als Teil eines Traumbildes aus dem Unbewussten meint.

Was immer auch in deinem Leben geschieht – es kann dir eine notwendige Lektion vermitteln, mit der du einen Schritt vorwärts in Richtung Ganzheit und damit verbunden in Richtung größere Liebe und Erfolg tun kannst.

Es gibt viele Wege, wie du das erreichen kannst. Einer besteht darin, zu fragen, wie alt du warst, als das Problem anfing, und wer daran beteiligt war. Frage, was damals unvollendet geblieben ist und auch, welche dunkle Lektion du damals gelernt hast. Wenn du nun Liebe in die Situation damals einfließen lässt, kannst du den Himmel fragen, welche Lektion für dich in dieser Erfah-

189

rung lag. Die Lektion des Himmels ist ein Wunder, das Verbundenheit und Ganzheit mit sich bringt.

Ein anderer Weg besteht darin, zu fragen, wer die Menschen in der Gegenwart sind, die mit dem Problem zu tun haben. Du kannst dir vorstellen, dass diese Menschen jetzt vor dir stehen, etwa 20 Schritte weit weg. Du kannst dich dann entscheiden, ob du lieber das Problem behalten oder diesen Menschen und dir selbst vergeben möchtest. Wenn du dich für Vergebung entscheidest, dann kannst du jetzt vergeben. Dann können die anderen einen Schritt nach vorn tun oder wie viele Schritte auch immer dir geeignet erscheinen.

Wenn du nun diejenigen anschaust, denen du gerade vergeben hast, wirst du erkennen, dass sie Masken tragen – und du kannst ihnen die Maske abnehmen. Wer ist darunter? Du kannst dich dann fragen, welchen Groll du ihnen gegenüber noch in dir trägst und wofür du sie verurteilst. Und nun kannst du dich fragen, ob du das Problem behalten willst oder dich für eine Lösung entscheidest. Wenn du dich für eine Lösung entscheidest, dann kannst du nun erst dir vergeben und dann ihnen. Sie werden noch näher auf dich zutreten.

Wie nah sind sie dir nun gekommen? Nimm ihnen erneut die Maske ab. Die Übung ist abgeschlossen, wenn alle äußeren Figuren mit dir zu einer verschmolzen sind, was viele Heilschritte erfordern kann. Bis zu diesem Punkt vergib immer wieder und löse dann die Maske ab und frage dich, wie nah sie dir sind, bis sie alle vollständig bei dir sind.

Du kannst diese Übungen so lange fortsetzen, bis du eine Erfahrung von profundem Frieden in dir hast.

Du kannst diese Übungen auch im Voraus machen, um jede mögliche Situation mit deinem Partner zu heilen, denn sie wird dann mehr goldenes Leben in dein Leben bringen, sowohl für dich als einzelnen Menschen als auch für euch als Paar. Du kannst sie auch im Voraus für alle möglichen Situationen in deiner Umgebung machen, denn sie sind eine Art Frühwarnsystem, das dir anzeigen kann, was irgendwann in deinen Beziehungen zum Vorschein kommen wird. Du kannst so die Trennung zwischen dir und anderen aufheben, die die Trennung zwischen dir und deinem Selbst spiegelt, zwischen dir und deinem Partner und zwischen dir und dem Himmel.

70

Du bist auf dem Glauben
an Ungerechtigkeit aufgebaut

Was du von dir annimmst, ist auf Ungerechtigkeit aufgebaut. Jedes Selbstkonzept, das du in dir trägst und das durch irgendeine Form von Trennung entstanden ist, sowie jede Trennung selbst hast du aufgebaut, weil es etwas gab, das du als ungerecht erlebt hast – beispielsweise, dass dir jemand oder das Leben selbst etwas angetan hat. Aber kann es wirklich eine Ungerechtigkeit sein, wenn du dich selbst für sie entschieden hast – was du nämlich in deinem unterbewussten-unbewussten Geist getan hast?

Der Vorfall war die beste Ausrede, um dich zu trennen und autonomer zu werden, selbst wenn du dabei einen Teil der Wunde der Ungerechtigkeit in dir behalten musstest, um so deine Unabhängigkeit aufrechtzuerhalten. Diese lässt ein Muster des Sichaufopferns entstehen, ein Opfermuster, das weitere Ungerechtigkeiten in deinem Leben nach sich zieht – und daraus folgend noch mehr Unabhängigkeit. Du verbirgst natürlich, dass du dich dafür entschieden hast. Wenn du aber Erfolg und Liebe in deinem Leben willst, dann brauchst du dafür eine Einheit des Geistes.

Jede Trennung fühlte sich an wie ein Mangel an Ungleichheit, so, als ob jemand dir etwas Falsches angetan oder etwas nicht richtig gemacht hätte. In Wirklichkeit aber war der Mensch, von dem du glaubtest, er habe dir etwas angetan, derjenige, dem du deine Hilfe versprochen hast. Er war bedürftig und die Absicht deiner Seele beim Eintritt in dieses Leben war es, ihn aus diesem Bedürfnis, aus diesem Schmerz zu befreien. Aber der Sog, zu urteilen, sich zu trennen und die Dinge so zu tun, wie du sie haben willst, ist auf der Welt sehr stark. Daraus entsteht zwar auch Bewusstsein und Dualität, aber diese Trennung erzeugt auch Schmerz, Schuld und Angst. Du hättest dem Menschen, den du ungerechterweise zum „Bösewicht" gemacht hast, auch helfen können.

Du könntest ihm immer noch helfen, wenn du bereit bist, die Mauer zu beseitigen, die du aus Schmerz, Angst und Schuld um dich gebaut hast – was deine Entschuldigung dafür ist, die Dinge auf deine Weise zu tun. Wenn du bereit bist, diese Mauer niederzureißen, dann schreitest du auf natürliche Weise in deinem Leben und in deiner Beziehung voran. Du kannst mehr annehmen. Du kannst die himmlische Gabe der Gnade annehmen und ebenso die Macht, die Dinge besser zu machen, die aus deiner Bestimmung und aus deinem Schicksal resultiert. Du kannst die Mauern deines Egos lockern und dich dem Leben, dem Himmel und deinem Partner weiter öffnen.

Du kannst das goldene Leben in deiner Beziehung durch dieses Öffnen verstärken und das wird dir den Mut und das Selbstvertrauen geben, dich der nächsten Mauer zwischen dir und deinem Partner zu widmen.

In *Ein Kurs in Wundern* wird gesagt, dass alle Konzepte über deine Brüder und über dich selbst ebenso wie alle Ängste vor der Zukunft und Sorgen über die Vergangenheit die Folge von Ungerechtigkeit sind. Sie sind Zeugen einer verdrehten Welt. *Ein Kurs in Wundern* sagt dann weiter, dass deine Erfahrungen von Ungerechtigkeit deshalb erschaffen wurden, um die Gegenwart Gottes zu verleugnen, und dass die Welt, wie sie jetzt ist – eine Welt der Ungerechtigkeit –, von dir erschaffen wurde, um Gott aus ihr herauszuhalten.

Wenn du den Schritt tun würdest, deine Gaben, dein Schicksal und deine Bestimmung wirklich anzunehmen, wenn du wirklich vortreten würdest, dann würde die Mauer der Ungerechtigkeit zusammenbrechen und es würde in deinem Leben und in der Welt im allgemeinen mehr Einheit und mehr goldenes Leben geben, und auch mehr Liebe.

71

Der Aufstieg des Ödipus

Seid aufmerksam, wenn ihr verstärkt sexuelle Fantasien mit anderen Partnern entwickelt. Ihr denkt vielleicht, das sei normal, und in gewisser Weise ist es das auch. Dennoch, genau dies benutzt auch das Ego, um euch von eurem Partner abzulenken. Wenn sexuelle Fantasien aufkommen, dann können sie dich, deinen Partner und die Beziehung betrügen. Solche Fantasien signalisieren eine kleine Spaltung zwischen dir und deinem Partner, und wenn du viele solcher Fantasien hast, dann zeigt das, dass dein Ego weiß, du stehst kurz vor einem Durchbruch, in dem du größere Nähe und Erfüllung finden könntest. Das wird unweigerlich geschehen, wenn du auf deinen Partner zugehst und nicht dem Drang weg von ihm nachgibst, der durch deine Fantasien in dir entsteht.

In einer ödipalen Falle gibt es das Thema Besonderssein, Kampf und ein Gebiet, in dem du und dein Partner noch nicht vollkommen in Gemeinschaft verbunden seid. Wenn das auf einer Ebene des goldenen Lebens geschieht, dann werden dich einige chronische Probleme plagen. Du wirst aber wahrscheinlich keine Ahnung davon haben, dass dieses Problem und deine sexuellen Fantasien etwas miteinander zu tun haben. Die Abtrennung des Problems zeigt, dass es eine Zufriedenheitslücke zwischen dir und deinem Partner gibt und dass die sexuellen Fantasien diese Lücke zu füllen versuchen. Ganz gleich, in welchem Stadium du dich mit deinem Partner befindest: Wenn sexuelle Fantasien auftreten, dann ist dies eine Sabotage, die versucht, dich von einem neuen Grad an Nähe und Erfolg abzuhalten.

Du oder dein Partner wehren sich vielleicht dagegen und behaupten, eine scheinbar „unschuldige Freundschaft" mit jemand anderem zu führen. Wenn es eine ödipale Übertragung gibt, die aus der Vergangenheit kommt, und wenn Eifersucht geäußert oder unterdrückt wird, dann wird einer von euch leiden oder sich wenigstens sehr unbehaglich fühlen. Wenn ihr bewusst seid, werdet ihr erkennen, dass ihr hier ein Muster lebt, das weit zurück in eure Kindheit führt. Damals gab es vielleicht sexuelle Spiele, Fantasien, Missbrauch oder Unterdrückung, aber darunter ist immer Schuld und diese alte, vergrabene Schuld kann dich heute ängstlich machen und dich davon abhalten, das nächste Stadium von Nähe, Sex und Erfolg zu erreichen.

Wenn die heutige zweite Beziehung dir oder deinem Partner unschuldig genug erscheint, wollt ihr vielleicht nicht erkennen, dass es eine Anziehung zu einer Schuld gibt, die durch deine Träume genährt wird, und dass es diese Schuld ist, die dich zurückhält und verhindert, dass ihr die nächste Ebene des goldenen Lebens erreicht.

Je näher ihr dem goldenen Leben kommt, desto leichter wird es, spirituelle Lösungen für Probleme zu finden, ob sie nun groß sind oder klein. Wenn ihr in einem früheren Stadium eurer Beziehungsentwicklung seid, dann kann der Einsatz spiritueller Methoden und Prinzipen viel Zeit sparen.

Ihr könnt all diese Themen in die Hände Gottes legen. Als Erstes erinnert euch daran, dass die ödipale Verschwörung in euch beiden, in dir und in deinem Partner, gleichermaßen vorhanden ist, ganz gleich, wer von euch sie im Augenblick stärker auszuagieren scheint. Vielleicht hast du den Eindruck, dass das, was dein Partner tut, ein wenig verrückter ist, und du erkennst nicht, dass das, was du tust, ähnliche Ebenen von Verschmelzung mit jemandem oder Besonderssein in sich trägt. Lege jedoch alles, woran du im Zusammenhang mit dieser Situation denken kannst, ob nun Vergangenes oder Gegenwärtiges, in die Hände Gottes. Dein Verhalten, das Verhalten deines Partners, seine Beziehung zu jemand anderem, deine Beziehung zu jemand anderem, eure Beziehung zueinander und frühere ödipale Muster sexueller Unterdrückung oder Verschmelzung – lege sie alle in Gottes Hand. Lege all deine sexuellen Fantasien oder auch deine Furcht davor ebenso wie deine Bedürfnisse in Gottes Hand. Wenn du all das, einschließlich aller Emotionen, in Gottes Hand gelegt hast und du das Gefühl hast, dass du in Frieden bist, dann kannst du dich dem tiefer liegenden Muster zuwenden.

Konkurrenz, eine Folge zerstörter Verbundenheit, führt zu einer ödipalen Verschwörung. Der Urgrund von allem hat jedoch mit einer Konkurrenz mit

Gott zu tun. Du weist dasjenige, was du für Gott hältst, zurück oder verlässt es, und weil du dich auf eine so feindselige Art und Weise verhalten hast, glaubst du nun, dass Gott dein Feind ist und nicht die Liebe selbst. Dieser falsche, unbewusste Glaube setzt dich in einen klaren Nachteil, wenn du die Hilfe des Himmels brauchst, und dieser Nachteil ist genau das, was das Ego möchte. Die Absicht des Ego besteht darin, dich abzulenken, dich zu verlangsamen oder dich sogar zu stoppen, denn so bleibt es weiter lebendig.

Dennoch kannst du sogar die fehlerhaften Annahmen über dich und Gott, die damals die Trennung verursacht haben, in die Hand Gottes legen und um eine Erlösung bitten. Der Grund dafür liegt darin, dass Trennung eine Illusion ist, und du, obwohl du diese Trennung als real erlebt hast, immer noch im Geist Gottes vorhanden bist.

Das goldene Leben ist eine Durchgangsstation auf dem Weg nach Hause. Deshalb hat alles, was dich der Erkenntnis näher bringt, dass du dich bereits in der Freude des Einsseins befindest, eine natürliche Anziehungskraft in Richtung auf die Wahrheit.

Händige dein gesamtes Leben, all deine Unternehmungen, Gott aus. Erlaube dir, einfach nur wieder ein Kind Gottes zu sein. Gib dich nicht mit Fantasien zufrieden. Gott hat einen wesentlich besseren Plan für deinen Weg nach Hause, und zwar für alle Themen, für Liebe, Erfolg, Sexualität und Glücklichsein, als du ihn selbst entwickeln kannst. Gib also deinen Plan auf. Nimm Gottes Plan für dich an. Wenn Gott dein Vater ist, dann ist dein Familienname auch Gott und deshalb ist deine Essenz Liebe und Unschuld. Sei also Gottes Kind und wisse, dass du alles Gute verdienst.

72

Der Veränderung verpflichtet

E ins der Dinge, die dafür sorgen, dass sich deine Beziehung auf das Schönste entfaltet, ist deine Verpflichtung zur Veränderung. Jedes Problem ist ein Punkt, an dem du steckengeblieben bist, ein Punkt, an dem du Angst vor einer Veränderung hast, ein Punkt, an dem du Angst davor hast, dass deine Bedürfnisse nicht erfüllt werden, wenn du fortschreitest und in der Beziehung weitergehst. Aber deine innere Verpflichtung kann die geistige Spaltung in dir rückgängig machen, eine Spaltung, die die Dinge getrennt voneinander hält und deine Angst vor einer Veränderung aufrechterhält. Wahre Veränderung aber führt dich Schritt für Schritt zu einer noch größeren Ganzheit.

Verpflichtung der Veränderung gegenüber verhindert, dass die Dinge langweilig werden. Sie ermöglicht dir eine ständige innere Spannung, aber nicht die Art von Spannung, die unangenehm ist und die einen überwältigt. Sie ermöglicht dir vielmehr, das Stadium des Machtkampfes und der Konkurrenz zu überwinden, in dem du ansonsten feststeckst, und sie gibt dir die Möglichkeit, jedem weiteren, neuen Stadium vertrauensvoll gegenüberzutreten.

Dich der Veränderung zu verpflichten, bedeutet schlicht, dich deiner größeren Ganzheit zu verpflichten. Du kannst dich dafür entscheiden, und zwar aus vollem Herzen und mit deinem ganzen Verstand, dass sich die Dinge für dich, für deinen Partner und für eure Beziehung weiterentwickeln sollen. Sowohl deine Verpflichtung als auch die darauffolgende Veränderung werden dich heilen und dich weiter voranbringen. Dich dazu zu verpflichten, macht die Dinge leichter für dich, du wirst dadurch authentischer, wahrhaftiger und freier. Die richtige Richtung wird dir gezeigt. Türen öffnen sich für dich. Rollen, Opfer und Selbstkonzepte fallen weg und du brauchst das, was in deinem

196

Leben falsch ist, nicht weiter aus Angst vor deiner Veränderung aufrechtzuerhalten. Deine Verpflichtung setzt die Veränderung in Gang, und zwar in der bestmöglichen Art und Weise. Sie heilt die Angst, die dich bisher zurückhält, und ermöglicht dir, dass dir der Weg gezeigt wird. Dich der Veränderung zu verpflichten, ist dein großes „JA!" zum Leben!

Dich immer wieder der Veränderung zu verpflichten ist auch ein großes Geschenk an deinen Partner, denn immer dann, wenn dir ein Schritt vorwärts in deiner Partnerschaft gezeigt wird, kann auch dein Geliebter ihn tun. Diese Verpflichtung ist sehr wirtschaftlich, denn ihr beide könnt den Schritt nach vorn tun – zwei für den Preis von einem. Und, weil jede Verpflichtung die Wahrheit vorantreibt, wird dir die richtige Richtung schon gezeigt und du musst sie nicht erst noch finden. Wenn du dich also selbst rückhaltlos hingibst, dann fängt das Leben an, sich dir zu offenbaren, und nimmt dich mit auf eine Abenteuerreise des Lernens und Verlernens. Du wirst an Ganzheit zunehmen und Selbstkonzepte abwerfen, die dich in deinem Leben und in deinen Beziehungen behindert haben.

Dich der Veränderung zu verpflichten, wird dich in deinen Beziehungen erfolgreicher machen und auf Dauer eine süße Nähe erzeugen, die nicht wieder verlorengeht. Deine Verpflichtung zur Veränderung ist dabei relativ leicht zu erlangen, du kannst sie jeden Tag aussprechen, in jedem Moment, in dem du dich daran erinnerst.

Wenn du im Autoritätskonflikt feststeckst

Zum ersten Autoritätskonflikt in der Geschichte der Menschheit kam es der Bibel zufolge, als Adam und Eva Gott nicht gehorchten und vom Baum der Erkenntnis des Guten und des Bösen aßen. Das bewirkte eine Spaltung, eine Dualität, die erste Trennung. Es war das Abfallen in die Trennung, die durch den Autoritätskonflikt in dir entstand. Diese Spaltung erzeugte gleichzeitig die Täuschung, die Illusion, und so entstand aus der bisherigen göttlichen Harmlosigkeit des Geistes der Anfang einer Welt der Form und der Materie.

Dein erstes Selbstkonzept begann also mit jenem Drama der Auflehnung, des Autoritätskonfliktes und der Schuld, und jedes Mal, wenn du eine Trennung vollziehst, dann erzeugst du in dir dieses alte Drama erneut. Jedes Mal, wenn du vergibst, dich verbindest, liebst, etwas heilst oder segnest, tust du einen Schritt zurück in die Einheit, in die lebendige Erfahrung des Himmels, in dem Gott der Vater ist und du das Kind.

Jede Spaltung deines Geistes wurde zu einem Selbstkonzept und jedes einzelne trägt die eingespeicherte Information des Autoritätskonfliktes in sich. Die Trennung, die für dich notwendig ist, damit du glauben kannst, dass du jemand bist und eine Identität besitzt, trägt das Selbstkonzept des Rebellen in sich, statt dass sie dich als Geist und Kind Gottes erkennt. Stell dir vor, was geschieht, wenn diese Dynamik des Autoritätskonfliktes und des Rebellen in Beziehungen eingebracht wird – in deine Beziehungen, um genau zu sein. Wenn du erkennst, wie stark der Autoritätskonflikt in dir und anderen ist, fragst du dich vielleicht, wie du es je geschafft haben konntest, überhaupt irgendeine Ebene in einer Partnerschaft zu erreichen. Dennoch ist das Maß, in dem du die Distanz zwischen dir und deinem Partner beenden und mit ihm Frieden schließen kannst, genau das Maß, in dem du es mit jedem anderen und letztlich auch erneut mit Gott schaffst. Du kannst also jedes Problem, jede Auseinandersetzung als Gelegenheit sehen, die Nähe wieder zu vergrößern und die Distanz zu verringern, die vorher in dir schon da war. Du kannst dich selbst heilen und damit ein beiderseitiges Interesse verfolgen, wo bisher nur ein Gefühl da war, dass du und der oder die andere in genau entgegengesetzten Richtungen unterwegs waren. Gott, das Prinzip der Liebe und Glückseligkeit, wünscht sich nur Frieden und Miteinander für dich und stellt Hilfsmittel für dich bereit, um dies zu erreichen. Deine Beziehungen, und insbesondere deine Beziehung zu deinem Partner, sind so ein Hilfsmittel, das diejenigen Teile weg-schmelzen kann, die sagen: „Ich bin im Recht und habe das Recht, es so zu tun, wie ich es will", statt zu sagen: „Lass uns die Mauern zwischen uns schmelzen, damit wir in dieser Integrität die Wahrheit erkennen können". Wenn ihr euch für Letzteres entscheidet, schmilzt der innere Rebell und stattdessen können sich echte Kommunikation und Einheit ausbreiten.

74

Den Tyrannen erlösen

Wenn sich jemand missbräuchlich verhält, dann ist er ein Tyrann. Wenn jemand einen emotionalen Raum diktiert, der nicht von Liebe gelenkt ist, dann baut er damit ein Gefängnis, in das er alle um sich herum einschließt. Wenn jemand Schmerzen hat, dann leiden alle in seiner Umgebung. Um einen Tyrannen herum versucht man auf Zehenspitzen zu gehen, damit er nicht explodiert.

Ein Tyrann ist vergiftend, und eine Situation kann sowohl tyrannisch als auch vergiftend sein. Wenn es einen Tyrannen gibt, dann wirst du zum Sklaven – ob dieser dich durch seinen Missbrauch, durch seine Süchte, seine Emotionen wie Wut oder Herzeleid oder durch sein Verhalten wie Dominanz, Beklagen oder Sich-zum-Opfer-Machen tyrannisiert. Wenn so ein Mensch dich vergiftet, dann versuchst du immer, etwas von ihm zu bekommen – und wenn es nur Frieden ist. Dies bringt dich in eine abhängige Position und das bedeutet, dass die Ebenbürtigkeit in der Beziehung fehlt. In jeder Situation, in der es Tyrannei gibt, ist jemand, der dir nicht ebenbürtig ist. Deine kontinuierliche Hingabe an diese Ebenbürtigkeit wird all dies verändern.

Giftigkeit bedeutet auch, dass es einen Teufelskreis zwischen dem Tyrannen und dem Sklaven gibt, was bedeutet, dass du beide in dir trägst und dass ihr beide diese Schattenteile besitzt und wahrscheinlich die andere Seite nach außen trägt, entweder als Tyrann oder als Sklave.

Der Unterschied zwischen einem Schattenteil und einem Selbstkonzept besteht darin, dass du deine Schattenseite hasst, aber dass es weniger Selbsthass im Hinblick auf deine Selbstkonzepte gibt, und du glaubst, dass sie das Normale sind. Beide errichten aber Mauern der Trennung in deinem Geist und zwischen dir und anderen. Es sind Programme in deinem Biocomputer, die deine Lebensgeschichten schreiben. Die Schattenseiten und Selbstkonzepte zu integrieren, indem du sie auf ihre reine Energie und ihr reines Licht reduzierst und dieses Licht dann an deinen Geist als Ganzheit zurückgibst, ist eine gute Methode, sie zu heilen.

Du bist im Angesicht eines Tyrannen nicht machtlos, es gibt viele Heilprinzipien, die du anwenden kannst. Ihm und der Situation zu vergeben, Mal für Mal, hilft dir, ihm und der Situation, denn sie braucht Vergebung, da sie auch deine eigene Geschichte ist. Es ist nur ein unbewusstes Muster, dem du folgst und das du herstellst, ein Versuch, die Vergangenheit zu heilen oder den Konflikt zu verschlimmern, je nachdem, ob du nun der Stimme des Egos folgst oder der Stimme des Höheren Selbst.

Sich gegenseitig zu verstehen, ist ein weiteres hilfreiches Prinzip, das Verbundenheit herstellt und das die Tyrann-Sklaven-Dynamik heilt. Alles, was du fühlst, wenn du in Gegenwart eines Tyrannen bist, ist das, was der Tyrann in Wirklichkeit fühlt, und diese Emotionen sind es, die ihn dazu bringen, in der Art und Weise dominant zu sein, wie er es ist. Wenn du seine Gefühle verstehst und erkennst, dass du genau diese Emotionen auch gespürt hast, dann macht es das leichter, dich mit ihm von Geist zu Geist zu verbinden.

Eine Situation, die tyrannisch geworden ist, spiegelt eine Kombination von vielen Beziehungen wider, sowohl aus der Gegenwart als auch aus der Vergangenheit, und sie brauchen alle Heilung. Letztlich kannst du dich als ein ebensolcher Tyrann erkennen oder als ein ebensolcher Sklave oder als beides. Der Tyrann hat Angst davor, ein Sklave zu sein, und kompensiert das nur. Im Inneren fühlt sich der Tyrann wie ein Sklave und kompensiert das durch sein Verhalten.

Sowohl der Tyrann wie auch der Sklave sind Muster, die ein Leben lang anhalten. Wofür brauchst du diese Muster? Wenn ein Trauma aus deiner Vergangenheit dein gegenwärtiges Verhalten bestimmt und dich in Angst hält – wofür benutzt du es?

Ein Aspekt ist, dass du es benutzt, um dich zu verstecken und auf diese Weise vor deiner Bestimmung und deinem Schicksal wegzulaufen. Es sind Ausreden, aber weder die Vergangenheit noch die Vergangenheit in der Gegenwart, die eine Tyranneisituation abbildet, können dich letztlich davon abhalten, weiterzukommen und deine Seelengaben zu öffnen, die du eigentlich mitgebracht hast, um diese Situation zu heilen. Du kannst nun die Gaben des Himmels und die göttliche Gegenwart annehmen, die die Situation heilen würden, und du kannst auch deinen Auftrag annehmen, was ein natürliches Gegenmittel gegen ein solches Problem darstellt.

Letztlich gibt es noch dein Schicksal, das mit deiner goldenen Identität zu tun hat und das all die Liebenswürdigkeit und die Selbstliebe enthält, die sowohl Tyrannen als auch Sklaven so dringend brauchen. Teile dies energetisch mit allen Menschen, die an dieser Situation beteiligt sind. Zeige dich und hab nicht länger Angst, das zu tun, was du hier tun sollst, und der zu sein, als der zu sein du gekommen bist. Zeige dich und habe keine Angst mehr davor, zu strahlen. Du wirst gebraucht – sowohl um den Tyrannen und den Sklaven in dir selbst als auch in der Welt zu heilen. Deshalb bist du gekommen.

Alle Probleme, die du hast, sind Lektionen, die du noch nicht gelernt hast. Oft repräsentiert ein Problem eine dunkle Lektion, die vom Ego ausgeht und die sich als selbstzerstörerisches Muster zeigt. Der Himmel würde die Lektion bereitstellen, wenn du darum bitten würdest und leise zuließest, dass sie sich mit der Gnade und Stärke zeigt, die sie schenken kann. Die Lektionen des Himmels sind Wunder, die die Menschen und die Situation transformieren würden. Darum: Empfange und teile. Tyrannen-Sklaven-Situationen sind solche, die eine vergiftende Angst enthalten. Vollkommene Liebe, die die Liebe des Himmels ist, heilt diese Angst und die Täuschungen der Angst, indem sie darüber hinausschaut und die Wunder einlädt, sich in dieser Situation zu zeigen.

75

Deine Rüstung ablegen

Dein ganzes Leben lang hast du eine Rüstung getragen. Für alle deine Probleme und für alle Stellen, an denen du verwundet worden bist, hast du für dich eine Rüstung geschaffen. Unglücklicherweise wiegt diese Rüstung nicht nur viel, sondern sie verteidigt und blockiert in beide Richtungen. Wirkliche Hilfe bringt dir das nicht. Du denkst nur, dass sie dich bei einem Kampf retten wird, in Wirklichkeit aber führt sie dich in einen ständigen Kampf. Du erkennst nicht, dass du, wenn du so viel in deine Verteidigung investierst, auch bereit sein musst, diese Rüstung oft zu benutzen und so deine Ausgaben zu rechtfertigen. Eine Verteidigung erzeugt genau das, gegen das sie dich einst schützen sollte.

Inzwischen steht deine Rüstung zwischen dir und denen, die du liebst, zwischen dir und deinem Erfolg, zwischen dir und der Natur, zwischen dir und dem Himmel. Und wenn du älter wirst, dann hat sich dein Panzer abgenutzt und du verbrauchst all deine Energie, um deine Rüstung noch weiter tragen zu können. Deine Rüstung besteht aus Rollen, aus Kompensationen und Regeln, die du aufgebaut hast, um dich zu schützen. Aber sie haben den Schmerz nicht abgeblockt. Sie haben ihn in dir mit dir verschlossen, und deine Abwehrmuster verbergen nur den Schmerz und deine Schuldgefühle. Dadurch aber können sie nicht wirklich geheilt werden.

Denke also einmal über die Schutzpanzer auf deinem Kopf nach und frage dich, wie viele Helme du trägst. Diese Schichten repräsentieren deine Glaubensmuster, die die Welt, wie du sie wahrnimmst, durch begrenzende und schmerzhafte Arten und Weisen verzerren.

Wie viele Schulterplatten hat deine Rüstung? Sie repräsentieren die vielen Lasten der Tätigkeiten, die du dir aufgeladen hast und die dir eigentlich gar nicht gehören. Sie sind Formen von Opfern, die du bringst, weil du dich dagegen verteidigen musst, voranzuschreiten.

Frage dich dann, wie viele Rüstungsplatten du an jedem Arm und auf jeder Hand trägst. Sie stellen deine Stärke dar und deine Fähigkeit, Dinge zu organisieren. Dann frage dich, wie viele Brustplatten du hast und wie viele Hüftschutzschilder. Sie stehen für deinen Mut und deine Bereitschaft, dich zu verändern. Schließlich frage dich, wie viele Schutzpanzer du auf deinen Beinen und Füßen angelegt hast. Sie repräsentieren deine Bereitschaft, voranzuschreiten und Dinge wirklich zu verstehen.

Frage dich jetzt einmal, wie all diese Rüstungsteile deine Gesundheit, deine Beziehung zum Geld, deine Freiheit, dein Glück, dein Sexleben und deine Spiritualität beeinflusst haben. Welche Auswirkung hatten sie auf deine Partner, auf deine Ex-Partner, auf deine Kinder und auf deine Eltern?

Die Frage ist doch: Möchtest du wirklich diese ganze Rüstung weiter tragen, wenn sie verhindert, dass du empfangen kannst, und wenn sie diesen ganzen dunklen Einfluss auf dein Leben hat?

Während du so über jedes einzelne Stück deiner Rüstung nachdenkst, frage dich, wem du wirklich helfen würdest, wenn du dieses Stück deiner Rüstung loslassen würdest. Ist das, was dann geschieht, den Preis wert, deine Verteidigung herunterzulassen? Alle diese Verteidigungsmechanismen sind aus Angst und Trennung gebaut und haben dir bisher nur wenig geholfen. Ein Verteidigungsmechanismus verhindert nicht immer, dass du den Schmerz fühlen musst, aber er verhindert ganz sicher, dass du das Gute, was du fühlen könntest, nicht mehr empfangen kannst. Ein Verteidigungsmechanismus ist einmal aufgerichtet worden, um dich vor einem bestimmten Schmerz abzuschirmen, in Wirklichkeit aber schließt er die dunkle Geschichte, die zu seiner Aufrichtung geführt hat, in der Rüstung ein und perpetuiert so das, was damals geschah und mit wem.

Du könntest dich jetzt fragen, wann du diesen Rüstungsteil aufgebaut hast. Während er dazu da sein sollte, dich zu schützen und dich unabhängig zu machen, frage dich, ob er dir wirklich Freiheit gebracht hat – oder ob er dich nicht in Wirklichkeit in ein selbstgebautes Gefängnis eingeschlossen hat. Jedes Stück deiner Rüstung ist ein Stück Kontrolle, und das ist das Gegenteil von Vertrauen. Was willst du wirklich haben?

Du könntest dich jetzt dafür entscheiden, jedes Stück deiner Rüstung mit dem Schmerz zusammenzubringen, der unter ihr verschlossen ist, was dir Vertrauen anstelle von Kontrolle bringen würde und Ganzheit anstelle des Kampfes durch einen abgespaltenen Geist.

76

Was du dir selbst
nicht vergeben kannst

Was du dir selbst nicht vergeben kannst, ist in Wirklichkeit das, was du benutzt, um dich aus Angst kleiner zu machen. Schuld beispielsweise ist immer eine Möglichkeit, deine Angst zu verbergen, und chronische Schuld ist eine Möglichkeit, getrennt zu bleiben und gegen die Einheit mit dem Himmel zu rebellieren.

Letztlich entscheidest du dich meist für die Schuld und das hilft dir überhaupt nicht. Schuld ist eine Investition in das Ego und verursacht Rückschläge, denn wenn du irgendeine Form von Schuld in dir trägst, versuchst du dich durch negative Vorkommnisse oder Gefühle von Mangel selbst zu bestrafen.

Stattdessen könntest du dich für Unschuld entscheiden, die Lektion lernen und in deinem Leben wirklich vorankommen. Alles würde dann in der Situation ins richtige Licht gerückt werden und du würdest nicht mehr in einen dunklen Ruhm investieren und dich „besonders" machen, indem du „böse" bist.

Aber es gibt einen weiteren, wichtigen Faktor, der hier eine Rolle spielt, und zwar den, dass deine Selbstvorwürfe und deine Angriffe, die Teil deiner Schuld sind, sich auch auf diejenigen auswirken, die du liebst. Du wirst das nicht verhindern können. Du wirst vielleicht versuchen, dich zurückzuziehen, um deine Lieben nicht mit hineinzuziehen, aber dein Rückzug wird dieselbe Wirkung haben, als ob du sie direkt angegriffen hättest. Es gibt kein Ausweichen: du wirst anderen genau das antun, was du dir selbst antust, genauso, wie die Art, wie du mit dir umgehst, das spiegelt, wie du mit ihnen umgehst.

Wenn du möchtest, dass diejenigen, die du liebst, wirklich frei sind, dann vergibst du dir am besten selbst. Gewöhnlich fühlt jeder in einer negativen Situation oder als Folge davon dieselbe Menge Schuld. Und wenn du deine Schuld loslässt, bahnst du den Weg für jeden anderen in deiner Umgebung, dies auch zu tun.

Es gibt nichts, was du tust, das nicht Menschen beeinflusst. Deshalb achte darauf, dass du weise entscheidest, wenn es um dich und um diejenigen geht, die du liebst.

77

Vom Vergessen zum Erinnern

Um alles in Ordnung zu bringen, um Frieden zu schließen, um dich selbst glücklich zu machen und um deine Selbstliebe zu vergrößern, brauchst du nur an Gott zu denken. Immer an Gott zu denken bedeutet, stets in der Präsenz der Liebe zu leben, und die irreale Welt der Täuschungen, die du hergestellt hast, kann so wegschmelzen, um vom Garten ersetzt zu werden.

Allerdings vergisst du Gott oft und die Erfahrung des Paradieses verblasst. Dann greifst du an, direkt oder indirekt, indem du dich angreifen lässt. Du kannst nämlich nur entweder in der Egowelt des Angreifens sein oder in der wahren Welt der Liebe, aber nicht in beiden gleichzeitig. Nur wenn du die Art und Weise des Egos vergisst, kannst du dich an die Art und Weise Gottes und an eine Welt erinnern, die aus Liebe besteht und die der Eingang zum Himmel ist.

Wenn du den Himmel auf Erden haben willst, dann musst du vergessen, was im Äußeren scheinbar geschieht, damit du dich erinnern kannst. Du musst deinen Gedächtnisverlust vergessen. Vergiss also die Form des Angreifens und den Weg des Egos, denn der Weg, der aus dem Alptraum herausführt, den du selbst hergestellt hast, besteht darin, dich an Gott zu erinnern.

Aber du hast Gott und dich selbst als reinen Geist vergessen. Je mehr du dich an Gott erinnerst, desto mehr wirst du dich an die Liebe zwischen dir und deinem Partner erinnern. Je mehr du dich an Gott erinnerst, desto mehr wirst du das goldene Leben erleben, das auf diesem Erinnern aufgebaut ist. Das ermöglicht dir, Gott mit und in deinem Partner zu erfahren, denn du hast dich an Gott in dir erinnert.

78

Der Liebeskomet

Gibt es jemanden, den du liebst und dem es im Moment irgendwie schlecht geht oder der leidet? Dein Partner könnte der Richtige für diese Übung sein, wenn er oder sie auf irgendeine Weise Hilfe braucht. Fang doch mit deiner Heilung bei ihm oder ihr an. Dein Partner leidet, weil er knallvoll mit negativen Emotionen ist. Du kannst ihm dabei helfen.

Als Erstes spüre die Liebe, die du zu diesem Menschen hast. Dann stelle dir vor, dass sie aus deiner Brust heraus in ihre Richtung fließt, wie ein Liebeskomet. Dieser Komet brennt sich durch alle Trennungen und dann durch alle Schmerzen und allen Groll hindurch, dann durch die Angst und durch die Schuld. Es können sogar noch unbewusste Schichten dieser Dinge sichtbar werden, wenn du näherkommst.

Wenn du dich auf den Liebeskometen konzentrierst, wirst du alle diese Schichten mit einem Minimum an negativen Emotionen durchbrennen, bis du schließlich mit deiner Liebe an seinem Herzen ankommst und ihr euch vom Herzen her verbinden könnt.

Wenn dein Partner sich wirklich schlecht fühlt, dann kannst du den Himmel bitten, dass er seine Liebe durch deine hindurchströmen lässt, um ihr die Kraft eines Wunders zu verleihen. Du kannst diese Übung immer dann für deinen Partner machen, wenn es nötig erscheint. Liebe ist der größte und einzige Heiler.

Schicke jetzt deinen Liebeskometen zu deinem Partner, wenn du diese Übung bisher für jemand anderen gemacht hast. Verbinde dich mit ihm zuerst ganz allgemein, und dann im Hinblick auf irgendein spezifisches Problem, das er oder sie gerade hat. Lass deine Liebe dir den Mut verleihen, deinem Partner zu helfen, und geh dabei über jegliche Art von damit zusammenhängenden Emotionen hinaus, um ihn mit deiner Liebe von Herz zu Herzu zu befreien. Das ist eine exzellente Übung, die du jeden Tag für deinen Partner machen kannst.

Als Nächstes nimm jemanden, mit dem dich ein großer Groll verbindet. Ein gutes Zielobjekt dafür könnte derjenige sein, den du als Ausrede dafür benutzt, nicht voranzukommen oder in deinem Leben Erfolg zu haben. Geh zurück zu dem Moment, als das Muster anfing, ihn oder sie als deine beste Ausrede zu benutzen. Das lag daran, dass du Angst davor hattest, voranzukommen. Der andere brauchte auch deine Hilfe und alles, was weniger als ein liebevolles Verhalten ist, ist eigentlich ein Schrei und eine Bitte um Hilfe. Du kannst zu diesem Moment zurückgehen, bevor das Vorkommnis geschah, und den Liebeskometen zu dieser Stelle fliegen lassen, statt dass du dich wegen ihr oder ihm selbst verletzt und ihr dann die Schuld dafür gibst und dieses Ereignis als Grund dafür benutzt, dich abzutrennen und die Kontrolle zu übernehmen.

Dieses Vorkommnis und die damit verbundene Lektion und die Gaben, die an dieser Stelle sichtbar werden wollten, sind Teil deiner Bestimmung. Daher liegt es in deinem eigenen Interesse, diese Lektion jetzt zu lernen, denn diejenigen, die du liebst, sind davon abhängig, dass du in Erscheinung trittst und dich nicht versteckst und dafür Ausreden findest.

Wenn du diesen hellleuchtenden Liebeskometen erstrahlen lässt und ihn einsetzt, um dich mit deinem Partner und mit denjenigen, die du liebst, von Herz zu Herz zu verbinden, wirst du dich selbst von Beschränkungen befreien, die das Ego Unabhängigkeit nennt, und auch die Aufopferungen und die Opferhaltung aufgeben, die du in dir trägst. Diese machtvolle Übung kann dir und so vielen anderen jedes Mal helfen, wenn du dich dafür entscheidest, sie durchzuführen.

79

Mangel und der Mensch, den du nicht glücklich machen willst

Wenn es in deinem Leben einen Mangel gibt, dann gibt es da jemanden, für den du nicht in Fülle leben willst. Du willst ihm einfach nicht die Befriedigung gönnen. Du willst ihn oder sie nicht wirklich glücklich machen. Du hegst aus irgendeinem Grund einen Groll gegen den andern und dann spürst du in Bereichen wie Geld, Glücklichsein, mehr Liebe, Sex oder Erfolg einen Mangel in deinem Leben.

Es ist es dir wenigstens unbewusst wert, diesen Mangel zu spüren, selbst wenn dieses Erleben bis zum Punkt des Leidens geht, und das liegt daran, dass du dich weigerst, jemanden glücklich zu machen, und stattdessen das spürst, was du scheinbar so dringend ersehnst. Damit rächst du dich an ihm oder ihr für irgendetwas, aber was immer es auch war, es ist deine Art des Selbstangriffs, ganz gleich, aus welchem Grund.

Frage dich also, in welchen Bereichen du einen Mangel spürst und wem du einfach nicht gefallen willst. Egal, wovon du dich angenervt fühlst – es liegt meist daran, dass du ihren Widerstand und ihr Problem auf dich genommen hast. Und eigentlich ist das genau der Punkt, den du versprochen hattest, für sie oder ihn zu heilen.

Schenke ihm also deine Liebe und alle Gaben, die du in dir trägst und von denen du weißt, dass sie den Schmerz und den Widerstand des anderen heilen würden. Dann frage dich, was du im Hinblick auf denjenigen Bereich, in dem du Fülle brauchst, wirklich willst. Tu dies 20-mal. Das hat zur Folge, dass sich die Spaltungen in deinem Unterbewussten integrieren, und bringt dich dazu, dass du wirklich das bekommst, was du willst. Es erinnert dich daran, dass es viel wichtiger ist, dass du hast, was du willst, als die Beziehung mit jemandem dazu zu benutzen, dich selbst zu blockieren und mit dem Himmel zu kämpfen.

Du hast Angst davor, das zu bekommen, was du willst

Wenn du keine Angst hättest, dann würdest all das Geld, all die Liebe, all den Sex, all die Gesundheit, all den Erfolg, all die Anerkennung, all die Erleuchtung, all die Zeit und all die Leichtigkeit besitzen, die du anscheinend so sehr ersehnst.

Angst entsteht, weil es einen Konflikt in dir gibt. Du willst etwas und willst es gleichzeitig nicht. Du hättest es gerne und gleichzeitig hast du Angst davor. Ich habe neulich mit einer Frau gearbeitet, die gern mehr Zeit hätte. Was aber aus ihrem Unterbewusstsein aufstieg, war, dass sie Angst davor hatte, mehr Zeit zu haben, weil sich dann in ihr eine ganz neue Ebene ihrer Bestimmung zeigen würde, und das machte sie sehr unsicher. Deshalb sorgte sie unbewusst dafür, dass sie immer zu viel zu tun hatte, und opferte sich scheinbar auf, weil sie so vorgeben konnte, dass sie ja nicht die Zeit für die nächste Ebene ihrer Bestimmung hätte.

Auf der bewussten Ebene war sie zu beschäftigt, um ihre Bestimmung zu erfüllen, aber in Wirklichkeit opferte sie sich auf, was nicht geschieht, wenn du wirklich dein Leben lebst. Die einzige Art und Weise, in der du deine Bestimmung leben kannst, besteht darin, dass du es wahrhaftig tust, denn Wahrhaftigkeit und Bestimmung gehen Hand in Hand. Und **du** kannst deine Bestimmung nicht herbeiführen, das tut der Himmel durch dich.

Diese Frau also hatte so viel Angst, dass eine größere Liebe zu ihr kommen würde, wenn sie wirklich mehr Zeit hätte, und während sie auf der Ebene ihres Bewusstseins genau diese Liebe ersehnte, kam heraus, dass sie in Wirklichkeit eine Heidenangst davor hatte.

Ein anderer Teilnehmer hatte Angst davor, Geld zu besitzen, obwohl er dies wirklich für seine Rechnungen brauchte. Er fürchtete aber, dass Geld ihn weniger feinsinnig machen würde, und das war eine Eigenschaft, die er mehr als alles andere schätzte. Außerdem befürchtete er, dass ihm Geld eine Menge Verantwortung aufbürden würde. Eigentlich hatte er Angst davor, in diesem Bereich erwachsen zu werden, weil dies unterbewusst für ihn eine große Last bedeutete. Wir fanden heraus, dass es einen Teil in ihm gab, der sich emotional mit fünf Jahren geweigert hatte, weiterzuwachsen. Als wir diesem Teil von ihm Liebe schenkten, begann er zu wachsen, schmolz erneut in ihn hinein und gab ihm das Vertrauen, das vorher nicht dagewesen war. Er hatte sich bisher aufgeopfert, um Geld zu verdienen – ein sicheres Zeichen dafür, dass er im Hinblick auf Geld wenigstens in einer Epoche seines Lebens steckengeblieben war. Als wir seine Angst heilten, floss mehr Geld auf ganz natürliche Weise in sein Leben, ohne dass er sich dafür besonders anstrengen musste.

Erforsche dies nun im Hinblick auf das goldene Leben mit deinem Partner und mit deiner Familie. Wovor hast du Angst? Was glaubst du, könntest du verlieren, wenn du es wirklich annehmen würdest? Was ist deine negative Fantasie darüber, was geschehen würde, wenn du es besäßest? Furcht ist eine Illusion, eine Fantasie, die du erfunden hast.

Du könntest jetzt diese dunkle Fantasie loslassen und dich stattdessen für die Liebe entscheiden. Entscheide dich dafür, den Teil zu besitzen, in dem du ein Gefühl von Mangel hast, und integriere ihn mit dem verborgenen Teil dahinter, der es eigentlich nicht will, weil er Angst davor hat. Nachdem diese beiden Teile integriert sind, frage dich, wie viele Selbste so emotional blockiert waren, dass sie dich davon abgehalten haben, wirklich zu empfangen. Du könntest jetzt eine ganze Schwadron Engel bitten, zu dir zu kommen und dich zu unterstützen, alle diese Selbste wirklich zu lieben. Frage dich, wie alt diese Selbste waren. Geh dann zurück und liebe diese Selbste so lange, bis sie anfangen können zu wachsen, bis sie so alt sind, wie du jetzt bist. Dann lass sie mit dir verschmelzen. Öffne dich nun und empfange und erfreue dich an dem, was ist.

Integriere deinen Partner

Dies ist eine Übung, mit der du eine neue Ebene der Ganzheit für dich und für deinen Partner erreichen kannst. Sie kann euch beiden auf kraftvolle Weise helfen, einerseits, um Fallstricke und Probleme zu erkennen und zu heilen, und dann, um die Gaben zu teilen, die ihr beide erworben habt, sodass sich neue Gaben in euch beiden entwickeln können.

Ihr könnt die Übung auch machen, wenn ihr beide dieselben Symptome zeigt, denn sie besitzt die heilende Kraft der Integration. Wenn ihr zwei positive Seiten integriert, dann könnt ihr die positiven Eigenschaften teilen und so die Wirkungen vervielfachen. Wenn ihr etwas Positives und etwas Negatives integriert, dann wird die Energie des Negativen umgepolt und wird zu etwas Positivem, was zu eurer Ganzheit beiträgt. Und wenn ihr zwei negative Aspekte integriert, dann kehrt sich in euch beiden das Negative um und es entsteht für euch beide eine neue Ganzheit.

Wenn ihr negative körperliche Symptome integrieren wollt, dann vergesst nicht, die negativen Emotionen, die Teil des Unbewussten eines körperlichen Problems sind, ebenfalls zu integrieren. Das sind beispielsweise Bedürftigkeit, Opferhaltung, Unabhängigkeit, Angst, Schuld, Rache usw.

Macht euch also nun eine Liste der negativen Verhaltensweisen, die ihr an euch selbst und an eurem Partner wahrnehmen könnt. Notiert dabei auch Charaktereigenschaften und Gefühle.

Deine negativen Anteile	Die negativen Anteile deines Partners
1.	1. ....
2.	2. ....
3.	3. ....
4.	4. ....
5.	5. ....
6.	6. ....

Sprich nun mit deinem Partner über das, was ihr beide aufgeschrieben habt, was er oder sie in dir sieht und umgekehrt. Ihr könnt das beide als eine gemeinsame Heilungsgrundlage bezeichnen. Wenn ihr beide eure Liste durchgegangen seid, wählt beide einen Aspekt von eurer Liste – einen von dir und einen von der Liste deines Partners – und entscheidet euch dafür, dass ihr diesen jetzt integrieren wollt. Bittet den Himmel darum, ihn jetzt zu einer neuen Ganzheit zu bringen und ihn zu integrieren. Stellt euch dabei vor, dass dieser Aspekt nun zu Licht und Energie wird, und kommt dann zusammen, damit dieses Licht sich über euch beide ergießen kann.

Nun macht ihr dasselbe mit euren Gaben. Nehmt dazu jeweils zwei.

Deine Gaben	Die Gaben deines Partners
1.	1. ....
2.	2. ....
3.	3. ....
4.	4. ....
5.	5. ....
6.	6. ....
7.	7. ....
8.	8. ....

Nun haltet Ausschau nach einem Ort, wo es eine wie auch immer geartete Form des Ungleichgewichts zwischen euch gibt, wo also einer von euch beispielsweise mehr Geld in die Beziehung einbringt oder wo einer vielleicht gesünder ist. Macht dies mit jeder Form des Ungleichgewichts, die ihr finden könnte, beispielsweise im Hinblick auf Sex, auf das Kochen, auf das Putzen und Aufräumen, auf bezahlte Arbeit oder das ganz allgemeine Geben in der Beziehung. All dies könnt ihr nun ins Gleichgewicht bringen und das wird eine neue Ganzheit für euch beide erzeugen.

Bemerkt dabei, wie einer von euch einen Pol und der andere den anderen Pol verkörpert und wie das bisher kein Gleichgewicht ergibt. Integriert nun diese Ungleichgewichte und nehmt wahr, wie ein neues Gleichgewicht entsteht.

Ungleichgewichte in eurer Beziehung

Deine

1. ....
2. ....
3. ....
4. ....
5. ....

Die deines Partners

6. ....
7. ....
8. ....
9. ....
10. ....

Achtet sorgsam darauf, wie sich eure Beziehung im folgenden Monat verändert. Wiederholt die Übung, wenn ihr bemerkt, dass es noch etwas zu integrieren gibt.

82

Verrat heilen

Auf der tiefsten Ebene von Schuld, aus der alle anderen Formen der Schuld hervorgehen, geht es um die Trennung von Gott. Du gehst damit um, wie du gewöhnlich damit umgehst, wenn du Schuld verspürst, das heißt, du projizierst deine Schuld als Vorwurf auf jemand anderen. Jedesmal, wenn dir etwas wehgetan hat, hast du jemand anderem dafür die Schuld gegeben, hast deine Schuld auf ihn projiziert und selbst keine Verantwortung übernommen.

Geh einmal rückwärts durch dein Leben und denke an all die Schmerzen, die du erlebt hast und für die du anderen die Schuld gegeben hast. Es gibt einen verborgenen Schuldspeicher unter den schmerzlichen Ereignissen und du bestrafst dich selbst ebenso wie alle anderen immer noch dafür. Nun jedoch ist die Zeit gekommen, dich davon zu befreien. Entscheidend ist, dass der Sinn von Schuld darin besteht, die unentrinnbare Anziehungskraft Gottes und die Tatsache, wie sehr du von Ihm geliebt wirst, zu bekämpfen. Wenn du dir erlauben würdest, sie zu fühlen, würdest du die Welt der Trennung überwinden und erneut in der Einheit sein.

Die Vorstellung, dass du von Gott verraten, gestraft und verlassen worden bist, ist in Wirklichkeit *genau das, was du getan hast*. In der Tiefe deines Unbewussten findest du die ödipale Verschwörung als Meer der Schuld. Du glaubst, dass du Gott getötet und seine Gaben für deine eigene Welt gestohlen hast, wo du selbst wie Gott sein könntest. Und nun glaubst du, dass Gott auf dich wütend ist und dich verurteilt, aber in Wirklichkeit bist du wütend auf Gott und verurteilst Ihn. Aber wie könnte Gott, der die vollkommene Liebe ist, dich verurteilen oder verlassen und eins dieser Dinge tun, die du auf Ihn projiziert hast?

Schuld und Projektion gehen Hand in Hand, ebenso wie Schuld und Vorwurf. Aus diesem allerersten Muster heraus trägst du das Schuld-Projektionsmuster in deine Familie und hast das Gefühl, dass bestimmte Familienmitglieder dich verraten und betrogen haben. Das verbirgt natürlich in Wirklichkeit deine Schuld, weil du sie verraten und betrogen hast. Du hast nämlich versprochen, dass du deine Familienmitglieder retten würdest, und deshalb muss es einen Weg geben, wie dies erfüllt werden kann.

Deine Gaben, deine Bestimmung und dein Schicksal würden sie retten können, wenn du nicht so von der Schuld angezogen wärest und in dein Ego investierst, statt dich der Liebe und der Bezogenheit zuzuwenden. Schuld bedeutet Selbstbestrafung. Sie ist der Grund dafür, dass du dich selbst verraten und gekreuzigt hast. Dein Glaube, dass du deine Eltern und auch Gott verraten hast, bringt dich dazu, dass du dich im Geschäftsleben und in Beziehungen vom Leben selbst betrogen fühlst. Wenn du jedoch so betrogen wirst, dann betrügst du auch andere, dich selbst, deine Bestimmung und dein Schicksal.

Jede Form des Opfergefühls ist unterbewusst ein Zustand, bei dem du hinter deinem Schmerz und deinem Gefühl, ein Opfer zu sein, verbirgst, wie du dich selbst und andere angreifst und betrügst, weil du dich eigentlich so schuldig fühlst. Auf unbewusste Weise betrügst du damit dich selbst und Gott und entscheidest dich stattdessen für das Ego und seine falschen Versprechungen. Je mehr du das tust, desto weiter entfernst du dich vom Himmel und machst gleichzeitig deine Welt zu einer Hölle auf Erden.

Denke mal eine Minute darüber nach. Gott kann gar nicht betrogen werden. Einheit kann man nicht teilen oder zerbrechen. Sie ist das, was ist. Du kannst nur annehmen, dass du Gott betrogen hast. Jedes Mal, wenn du verletzt worden bist, dann war unter deinem Schmerz oder deinem Ärger über denjenigen, der dir das angetan hat – der Täter, deine Eltern, dein Partner oder Gott – das Gefühl und der Glaube, dass du wiederum jemanden in der Vergangenheit oder in der Gegenwart betrogen hast. Einige dieser Muster von Verrat und Betrogensein haben mit Missverständnissen schon im Mutterleib begonnen und haben sich durch deine Kindheit hingezogen. Betrügen ist eins der letzten Muster, die man bei seiner Seelenreise erlösen muss. Gewöhnlich kannst du es erst im höchsten Stadium der Meisterschaft wirklich loswerden.

Wenn du dich dem Pfad der Heilung verpflichtet hast, dann kannst du dich immer dann, wenn Schmerz oder ein Gefühl des Betrogenseins aufkommen, der Kommunikation und der Heilung zuwenden. Der erste Entschluss dafür ist die Bereitschaft, zu vergeben und dich wieder zu verbinden, um diese Situation zu transformieren. Dann kannst du dich selbst genau an der Stelle, an der du dich zum Opfer gemacht fühlst, stattdessen erneut in Frieden und Ganzheit bringen. Der schlimmste Schmerz, den du bei einer gegebenen Situation fühlen kannst, ist der Schmerz über die geplatzten Träume und das Gefühl des Betrogenseins.

Geh also zurück zu den Ereignissen, wo du dich betrogen gefühlt hast. Frage dich, welche Art von Verrat du selbst begangen hast und dass du dich selbst bestrafst, weil du dich betrogen hast und deine Träume geplatzt sind. Nun vergib jedem, der an diesem Ereignis beteiligt war, denn jeder einzelne repräsentiert deine vergangenen Betrügereien, und vergib dir selbst und der Situation. Geh dann zurück in die Situation, für die du dich schuldig fühlst, und vergib dir und beende so die Trennung. Tu dies, bis du dich wieder friedlich und glücklich fühlst.

83

Die verschiedenen Formen der Wut

Ihr wisst alle, das Angriff und Aggression Formen von Wut sind. Aber es gibt viele Formen, in denen Wut sich zeigen kann. Rückzug ist eine Form der Wut, die oft eingesetzt wird, um direkte Aggression zu kontrollieren oder ihr entgegenzuwirken. Jedesmal, wenn du versuchst, Schuldgefühle auf jemanden zu laden, greifst du ihn in Wirklichkeit an. Es ist leichter, in Vorwürfen, Groll oder Verurteilungen Formen von Angriff zu erkennen. Selbst passive Aggression ist als Form von Angriff anerkannt. Aber du erkennst gewöhnlich nicht, dass auch dein Opfersein bittere Feindseligkeit hervorruft, die zudem oft noch unter Verleugnung verborgen wird, aber dennoch weiter wuchert. Opfersein ist ein Kampfmodus, und selbst wenn du dich als Opfer jemandem unterordnest, fühlst du dich ihm moralisch überlegen.

In Opfersituationen gibt es Rückzug und direkten Angriff, der hinter einem Verwundetsein verborgen wird. Als ich in das Unbewusste hinabzusteigen begann, sowohl in mein eigenes als auch in das anderer Menschen, zeigte sich, dass in Opfersituationen ein hohes Maß an Rache verborgen war. Du gibst anderen die Schuld für etwas und gibst ihnen damit eine bestimmte Rolle. Auf diese Weise ziehst du dich von ihnen zurück, aber auch von dir selbst und vom Himmel. Das gibt dir die Entschuldigung dafür, dass du vor deiner Bestimmung wegläufst und nicht den dafür notwendigen Schritt vollziehst, um mehr Erfolg und Nähe zu erlangen.

Darauf zu bestehen, dass ein anderer die Schuld hat, bedeutet, ihn in eine Ebene niedrigeren Werts einzusortieren, wo er Bestrafung verdient. Wenn du das anderen antust, dann tust du es auch dir selbst an. Wenn du dir das antust, dann ziehst du dich nicht nur zurück, sondern du greifst diejenigen an, die du liebst, und letztlich auch den Himmel. Du sagst indirekt zu allen: „Ihr könnt mich nicht haben, weil ich schlecht und giftig bin". Und genau wie in den Situationen, in denen du zum Opfer gemacht wurdest, weigerst du dich, die Gaben des Himmels zu empfangen und die Gaben deiner Seele, deiner Bestimmung und deines Schicksals entgegenzunehmen, die die Situation verhindert oder verbessert haben könnten, sogar noch, bevor sie sich ereignet hat.

Stattdessen hast du dich dafür entschieden, den Weg des Ego zu gehen und dich sowohl hartherzig wie auch voll mit Schuldgefühlen werden zu lassen, um dich abtrennen zu können. Du hättest dich auch dafür entscheiden können, den Weg des höheren Geistes zu gehen und die neuen Ebenen der Liebe und der Freiheit zu genießen, statt ein schmerzliches Drama zu wiederholen, dass dich nur noch ängstlicher macht.

Abtrennung ist eine Form des Angriffs, die Schuld hervorruft. Indem das Ego sich trennt und sich auf Schuld aufbaut, kann es im Tiefsten nur angreifen – sich selbst und andere. Das Ego hat nur Interesse daran, alle Formen der Wut zu fördern, die alle auf deine Kosten gehen.

Es liegt deshalb wirklich in deinem Interesse, alle Formen der Wut bei dir zu finden, denn sie können dir zeigen, wo du dich in deiner Suche im Außen verstrickt hast und nach etwas Äußerem suchst, was deine Bedürfnisse erfüllt. Das kann nur zu Wut führen. Bedürfnisse beginnen mit einer Trennung und sie erzeugen eine Haltung von Nehmen, was wiederum zu Angriff und Herzeleid, zu Forderungen und Kampfsituationen führt. Du denkst, dass es bei Beziehungen doch darum geht, dass da jemand ist, der deine Bedürfnisse erfüllt, aber das macht die Beziehung zu einer „besonderen Beziehung" statt zu einer liebevollen Beziehung. Reife besteht darin, dass an der Stelle, wo *du oder dein Partner* ein Bedürfnis hat, **du** aufgerufen bist zu geben. Das verwandelt deine Beziehung in eine glückliche Beziehung und vergrößert das goldene Leben.

Im selben Maß, in dem du versuchst, etwas von deinem Partner und vom Leben zu bekommen, hast du in dir immer noch Schmerz und Dunkelheit, die in dir eine unheilige Allianz eingegangen sind. Genau an diesem Ort hast du dich von deinem Partner getrennt, statt dich mit ihm, mit dir und mit dem Himmel zu verbinden. Es ist ein Ort in deinem Geist und in deinem Herzen, wo du noch nicht verbunden bist, und genau dort wirst du Aufopferung, Unabhängigkeit und Abhängigkeit in dir finden.

Alles, was du versuchst, von außen zu bekommen, wird nur zu Enttäuschung, Desillusionierung, Verletzung und Herzeleid, Reizbarkeit, Wut, Ärger und Tobsucht führen. Selbst die geringsten Formen eines Beginns dieser Gefühle können dir zeigen, dass du aus deiner Mitte gekommen bist und dass du nach etwas außerhalb von dir selbst suchst, um dich zu retten und dich sicherer zu machen.

Das goldene Leben aber kommt ausschließlich aus dir selbst. Hier liegt der Himmel. Das Äußere kann dir nur spiegeln, wo du verurteilst, dich abtrennst und projizierst. Das Maß deiner Suche im Außen zeigt, wie sehr du aus deiner Mitte bist und wie sehr du noch Vergebung brauchst. Das bleibt deine Bestimmung – der Welt zu vergeben, denn die Welt ist dein projizierter Ärger, dein Werturteil und deine Schuld. Wenn du der Welt vergibst, dann wird sie als Erstes wohlwollender und dann verwandelt sie sich in „den Garten". Der Garten ist kein Ort, den du mit Bedürfnissen, Angst oder Wut betreten kannst. Es ist ein Ort schimmernder Unschuld und Schönheit, der auf dich wartet, als Schritt, der über das goldene Leben hinausführt.

Suche also nach Orten, wo du noch Wut verspürst, Reizbarkeit und Ärger. Wisse, dass du einen Fehler machst. Zu versuchen, den anderen anzugreifen, um zu versuchen, seinem Angriff zu entkommen (was ein irreführendes Versprechen des Ego ist), vergrößert nur deine Schuld, die sich unter der Selbstgerechtigkeit deiner Wut verbirgt. Es ist deshalb wichtig, schnell zu sein und dich selbst zu sprengen, wenn du es falsch gemacht hast, was sich in deinem Ärger zeigen kann. Genau an diesem Ort bist du aufgerufen, dich selbst zu verwandeln.

Jedesmal, wenn du versuchst, deinen Partner zu verändern, damit er so wird, wie du ihn brauchst, kann dir dieser Versuch zeigen, wo du selbst noch festhängst und verwundet bist, und dann forderst, dein Partner solle dir das geben, was du dir selbst oder deinem Partner nicht geben kannst. Wenn du dich aber deiner eigenen Heilung und deiner eigenen Veränderung verpflichtest, wird dein Partner dies ganz automatisch in demselben Ausmaß auch tun.

Kontrolliere deine Vergangenheit und suche nach Zeiten, in denen du wütend oder verletzt warst. Auf einer unbewussten Ebene bist du von deiner Vergangenheit verwundet worden, von deinen uralten Selbstkonzepten, die du nach außen auf die Menschen in deiner Umgebung projiziert hast, sodass du erkennen kannst, welche Bedürfnisse in dir noch zu heilen sind. Auf einer

Ebene des Unterbewussten hast du dich dafür entschieden, verwundet sein zu wollen, damit du dich trennen und die Dinge so machen konntest, wie du es wolltest. Angriff oder Angegriffenwerden *ist dein Angriff*. Das braucht Vergebung. Je größer die Wunde, desto größer die unwahre Abhängigkeit und desto größer die Abkehr vom goldenen Leben und seinen Gaben, ebenso wie von der Liebe deines Partners.

Im Namen dieser Liebe, im Namen der Wahrheit: Betrachte deine Vergangenheit nun mit neuen Augen. Statt wie bisher jedes Problem als Form verborgenen Angriffs zu benutzen (alle Probleme sind Formen, mit denen man sich gegenseitig beschuldigen kann), nutze es als Form der Heilung. Alles, was du heilst, bringt dir und deinem Partner und letztlich auch der Welt mehr Glück.

84

Kundalini und Gnade

Kundalini ist die Lebensenergie, die von deinen Füßen und den unteren beiden Chakras am unteren Ende der Wirbelsäule im Genitalbereich aufsteigt. Diese Energien sind sehr belebend und in hohem Maße sexuell. Die Energie sollte dann nach oben zum Herzzentrum fließen, um dort auf die Gnadenenergie zu treffen, die in das Kronenchakra auf dem höchsten Punkt deines Kopfes einströmt. Wenn sie sich im Herzzentrum treffen, dann dehnt sich die Energie nach außen zu anderen als Liebe aus und nach innen zu Gott. Das Ausmaß, indem du im Außen deinen Partner und alle anderen Wesen liebst, ist dasselbe Maß, mit dem du innen Gott liebst. Es ist diese Liebe, die Gott willkommen heißt und Ihn einlädt, zu dir zu kommen, sodass du dich daran erinnern kannst, wie du geschaffen wurdest, unbegrenzt und liebevoll.

Es ist sehr wichtig, die Fallen zu heilen, die deine Energie blockiert haben, während sie als Gnade nach unten fließt. Es könnte sein, dass sie aus irgendeinem Grund blockiert wurde, weil du nicht wirklich in deinen Körper gekommen bist oder weil du zwar kamst, aber ein Teil von dir wieder gegangen ist und sich dem ganzen Hiersein auf diesem rauen Planeten verweigert hat.

Es könnte auch sein, dass es größere Kämpfe mit Gott gegeben hat, die die Gnade blockiert haben und dich auf den Pfad der Trennung setzten. Das blockiert deine Inspiration, deine Führung, deine spirituelle Vision und deine Freude. Sie blockiert die göttliche Gegenwart, und das erlaubt dir nicht, deinen Selbstwert und deine Selbstliebe vollständig zu fühlen. Die Gnade lenkt dich in all dem, was du tust und tut es im Zweifelsfall auch für dich. Die Gnade hält dich auch auf dem rechten Weg im Denken und zeigt dir, dass es immer um Liebe und Heilung geht, auch wenn es nicht ganz direkt um Liebe zu gehen scheint.

Alles Dunkle so anzugehen, dass es darin für dich und andere etwas zu heilen gibt, hält dich in einem Zustand der Unschuld. Alles andere außer Liebe oder Heilung eröffnet die Schuld, das Verurteilen und das Leid. Jeder Ort, an dem du die Gnade blockiert hast, ist der Ort, an dem du die Liebe blockierst und hartherzig wirst. Das wird auch die Liebe blockieren, die zu dir kommen möchte, und du wirst dich im Mangel fühlen.

Der Schlüssel besteht darin, dich zu fragen, wie oft du die Gnade blockiert hast, und dann, wie alt du damals warst. Beginne mit der Befruchtung. Die Traumata der Kindheit waren Echos der Grunderfahrungen im Mutterleib. Was dir mit drei oder vier Jahren zugestoßen ist, hat sich bereits als Problem gezeigt, als du drei oder vier Monate alt warst.

Die Ärgernisse, die du erlebt hast, zeigen dir die Absicht deines Egos, vor deiner Bestimmung wegzulaufen, dich stattdessen klein zu machen und die Dinge so zu tun, wie du es willst. Du könntest dich jetzt entscheiden, zurückzugehen bis an den Punkt in deinem Leben, bevor diese Ereignisse geschehen sind, und jeden zu einhundert Prozent zu lieben, der daran beteiligt war. So würdest du die Gnade zusammen mit der göttlichen Liebe einladen und eine neue Ebene von Verbundenheit, Nähe und Erfolg erzeugen, statt dein Problem fortzuführen.

Liebe genau an diese Stelle zu bringen beantwortet den Hilferuf, der von denen um dich herum ausgesprochen worden ist. Die Alternative besteht darin, andere zu manipulieren, wenn sie eigentlich Hilfe bräuchten, und ihre Schmerzen und ihre Probleme auf dich zu nehmen.

Wenn du all das abgeschlossen hast und die Gnade wieder frei nach unten in dein Herz fließen kann, dann wirst du eine wesentlich größere Fähigkeit, zu lieben und dich zu freuen, spüren.

Erforsche nun dein Wurzelchakra. Frage intuitiv, zu wie viel Prozent es noch arbeitet. Frage auch, wie viele größere Blockaden du erlebt hast, die dieses Chakra beschädigt haben. Sie könnten sich beispielsweise als Nahtoderfahrungen, Unfälle, schwere Erkrankungen, körperlichen Missbrauch oder Schwäche gezeigt haben. Sie könnten im Kern eine Opfer-Bedürftigkeits-Rache enthalten oder eine Opferhaltung, bei der du versuchst, andere zu retten, indem du dich selbst zum Opfer bringst, oder letztlich auch durch Unabhängigkeit und die Ausrede, dich abzutrennen und die Kontrolle zu übernehmen.

Wiederhole diese Übung auch für das Kronenchakra, weil alles andere zu selbstzerstörerischen Mustern führt. Alle Orte, an denen deine Sexualität unterbrochen worden ist, wie durch Herzbrüche oder Missbrauch, blockiert nicht nur deine Sexualität und die Kundalini-Energie, sondern greift auch dein Selbstwertgefühl an. Du kannst nur das zulassen, dessen du dich wert fühlst, denn ohne Selbstliebe behandelst du dich schlecht und sorgst unbewusst auch dafür, dass du schlecht behandelt wirst. Frage dich auch hier, zu wie viel Prozent dieses Chakra arbeitet. Frage dich dann, wie viele Vorkommnisse du klären solltest, angefangen von deiner Empfängnis. Frage dich, wer daran beteiligt war und was genau geschehen ist. Frage dich, was der Sinn war, der darin lag und der dieses Ereignis geschehen ließ.

Entscheide dich nun erneut. Du kannst dich für die Kreuzigung oder für die Auferstehung entscheiden. Du weißt schon, wofür du dich damals entschieden hast, denn du hast entweder den Himmel oder die Hölle mit den Menschen erlebt, die daran beteiligt waren. Gehe im Geist noch einmal zurück zu jedem Ereignis, und zwar einen Moment, bevor es geschehen ist. Entscheide dich erneut. Möchtest du die Liebe bringen, die erlöst, oder möchtest du dich wegwerfen? Und wenn du dich wegwirfst – welcher Sinn könnte darin gelegen haben?

Du kannst dich aber auch dafür entscheiden, nun Liebe hierhin zu bringen.

Wenn du dann alle diese Ereignisse geheilt hast, dann bring die Energie von deinen Füßen aufwärts in dein Wurzelchakra. Dann bring sie zu deinem zweiten Chakra und schließlich nach oben zum Herzchakra, wo sie sich mit der Gnade verbindet, die ja von oben herabfließt. Dann lass die Energie sich nach außen und nach innen ausdehnen und heiße damit deinen Partner und Gott willkommen.

Wiederhole diese Imagination oft. Sie hilft dir, dich zu entwickeln – nicht nur zur Meisterschaft, sondern auch als Tantrischer Meister. Diese Energie, die das Innen und das Außen verbindet, ist eine Quelle für Wunder und eine Brücke zwischen Himmel und Erde. Alle Blockaden zwischen dir und deinem Geliebten, zwischen anderen und Gott werden auf diese Weise gereinigt. Genieße die zunehmende goldene Qualität in deinem Leben und in deinen Beziehungen, die sich als Folge davon einstellt.

Am Scheideweg:
Urteilen oder Geben?

Wenn du in deinem Leben irgendein verstörendes oder ärgerliches Ereignis erlebst, dann kann es dir zeigen, dass du geurteilt hast – entweder über etwas, in dessen Folge es dann zu diesem Ereignis kam, oder wenigstens so, dass es für dich dann verstörend oder ärgerlich geworden ist. Du befindest dich dennoch gerade an einem Scheideweg, und zwar an einem, den die meisten Menschen gar nicht kennen. Du kannst nämlich auf deinem Weg des Beurteilens weitergehen und andere zu falsch denkenden oder falsch handelnden Menschen machen, was in Wirklichkeit deine verborgene Schuld verstärkt und dein Ego weiter anschwellen lässt. Oder du kannst dich für den Weg der Heilung entscheiden.

Auf der einen Seite des Scheideweges gibt es den Weg der Verdammnis – für dich und für andere. Auf dem anderen Weg weigerst du dich, dich weiter zu verdammen, damit jeder wirklich befreit wird. Statt dich zu trennen und dich über die anderen, die du verdammst, zu stellen, entscheidest du dich für Hingabe. Deine Hingabe ist es, die den Unterschied ausmacht, und zwar einen großen Unterschied. Statt dass du dich zurückziehst, was notgedrungen im Gefolge des Urteilens geschieht, schreitest du voran und streckst die Hand zum andern aus. Das verändert alles, sowohl für dich als auch für denjenigen, den du als Ausrede dafür benutzt hast, zu kontrollieren, unabhängig zu sein und das Recht auf deiner Seite zu haben.

An diesem Scheideweg tut die Entscheidung für die Hingabe manchmal richtig weh. Dieser Schmerz jedoch ist eine Wiederholung des Schmerzes, der in dir war, als du zum ersten Mal geurteilt und den Fehler des Verdammens gemacht hast. Denn diese Entscheidung hat die Spaltung in deinem Geist verursacht und auch die Trennung von dem Einen, mit dem der Schmerz ursprünglich einmal angefangen hat. Dieser Schmerz hat seither in dir gewartet auf den Moment, in dem du am Scheideweg die richtige Entscheidung triffst.

Und nun besteht der Weg zur wahren Ganzheit darin, dich ganz in den Schmerz fallenzulassen und gleichzeitig weiter in der Hingabe zu bleiben. Wenn du gleichzeitig den Schmerz zulässt und dich durch ihn hindurchbewegst, bis du an einem Punkt größerer Verbundenheit angekommen bist, führt dich genau das dazu, dass du deine größere Ganzheit erkennen kannst. Du übernimmst dann die Verantwortung für die Erfahrung und die Situation und entscheidest dich für den richtigen Weg.

Wenn du dich aber für den falschen Weg entscheidest, dann wirst du dich selbstgerecht fühlen und dein Ego wird glücklich sein, weil es erneut etwas von dem Schmerz für dich abspalten kann. Aber es wäre unwahr und würde nur das Problem unter weiteren Abwehrschichten begraben.

Also vergib, gib dich hin und strecke deine helfende Hand aus, statt dich zurückzuziehen. Der heilende Weg wird dich mit dem anderen wieder verbinden und dich mit größerer Leichtigkeit erfüllen, und du wirst auf einer ganz neuen Ebene wesentlich erfolgreicher sein.

Wenn du also das nächste Mal ein Ärgernis erlebst, dann erkenne den Scheideweg und entscheide dich für den Pfad, der dein Leben und nicht dein Ego erweitert. Und wenn eine tiefere Schicht spürbar wird, dann entscheide dich erneut dafür, dich rückhaltlos hinzugeben und so frei zu sein.

86

Kommunikation mit dem Einssein

„Du wirst Kommunikation mit diesem Einssein erst dann lernen, wenn du lernst, das Ursachlose zu leugnen, und die Ursache Gottes als die deine annimmst. Die Macht, die Gott Seinem
Sohn gegeben hat, ist sein, und Sein Sohn kann nichts anderes
sehen oder anzusehen beschließen, ohne sich selbst die Strafe der
Schuld aufzuerlegen anstelle all der glücklichen Unterweisung,
die der Heilige Geist Ihm freudig anbieten möchte.

Ein Kurs in Wundern, Kap. 14, III/8

Hier geht es um deine Beziehung zu Gott, die ausschlaggebend für deine
Beziehungen zu jedem anderen und zu dir selbst ist. Damit wird dir ein
Weg aus der Welt der Täuschung gezeigt. Deine Entscheidung, in einer Welt
der Trennung zu bleiben, die du dir ausgedacht hast, hat sie zu einer Welt der
Schuld gemacht, weil jedesmal, wenn du dich trennst, Schuld aufkommt und
als Folge davon Selbstbestrafung einsetzt. Der Geist aller Menschen ist miteinander verbunden, aber die Schuld blockiert dieses Bewusstsein und verstärkt
die Illusion des Getrenntseins.

Als du dich von Gott abgewandt hast, hast du dich von der Liebe abgewandt
und das trennt dich auch von deinem geliebten Partner. Aber die Schnellstraße zurück zur Liebe besteht darin, das Ursachlose zu leugnen – dass nämlich irgendetwas in der Welt irgendetwas bewirken könnte. Die Schnellstraße
besteht darin, den Urgrund und die Macht anzunehmen, die damit verbunden
ist, diese Macht als Gabe des Geliebten anzunehmen, der dich in die Einheit

allen Geistes einlädt, und dadurch in die Einheit zu gelangen. Du kannst das Ursachlose aufgeben und dafür die Ekstase der wahren Kommunikation erleben.

Dir werden viele gute Dinge angeboten und du bist aufgerufen, sie anzunehmen, wobei das Erste darin besteht, dass Gott die uranfängliche Ursache ist und es keine andere gibt. Dich daran zu erinnern, ist die Einfahrt auf die Schnellstraße, die aus der Trennung herausführt. Auf der Ebene des goldenen Lebens ist alles, was ein Akt der Liebe zu deinem Partner ist, ein Anschub, der dich Gott und seinem Zirkel der Liebe näherbringt und der auch deinen Partner dorthin einlädt. Auf ähnliche Weise lädst du die göttliche Gegenwart immer mehr in dein Herz ein, wenn du deinen Partner willkommen heißt, deine Täuschungen aufgibst und ihn tiefer in dein Herz bringst.

Gott ist die Ursache aller Ursachen. Keine der Geschichten oder Probleme, die du erlebst, hat irgendeinen Wahrheitsgehalt. Sie alle sind auf der Grundlage des Ursachlosen entstanden, was du als Ausrede erfunden hast, um dich zu trennen. Aber mit Gott gibt es keine Ausreden, sondern nur die Einladung, nach Hause zurückzukehren. Zurück zu Gott als ursächlicher Ursache, in die Er dich einlädt und die Er auf dich ausdehnt. Wenn du das Ursachlose bestreiten kannst, dann fallen alle Probleme weg, die dich von der Nähe abhalten, und du erkennst die Wirklichkeit des Einsseins.

Dir wird die Macht der Ursache aller Ursachen angeboten. Als Gott sich in deine Schöpfung ausdehnte, teilte er Seine Eigenschaften der Liebe und Macht und Ursache mit dir. Als du dich gegen Ihn entschieden hast, hast du dich abgetrennt und Furcht, Schuld und Opfergefühle in dein Leben gebracht. Ein Schritt näher auf das Annehmen Gottes in deinem Leben zu ist gleichbedeutend mit einem Schritt der Liebe auf deinen Partner zu, und ein Schritt der Liebe auf deinen Partner zu ist gleichbedeutend mit einer Entscheidung für die Unschuld mit Gott und dir selbst als einzige wirkliche Ursache.

Triff also jetzt die Entscheidung, das Ursachlose zu meiden und dich stattdessen für die wahre Ursache der Liebe zu entscheiden. Das bedeutet gleichzeitig, dass das Ego aufhört zu sein, und dass das Einssein und die Liebe wirklich beginnen kann.

87

Deine Bestimmung erreichen

Das große Glück ist eins der sicheren Zeichen, dass du deine Bestimmung erreicht hast. Deine Bestimmung ist das, zu dem du berufen bist. Wenn du deine Bestimmung erlangt hast, tust du nur noch das, was dir deine Inspiration zu tun eingibt und zu dem du aufgerufen bist. Das hilft dir und anderen. Das Goldene scheint dich und deinen Partner zu umgeben. Es beginnt vielleicht mit kleinen Mengen, dehnt sich dann aber aus. Und Friede beginnt in dich einzuströmen, wenn dein Schicksal sich erfüllt, denn der Friede ist es, der die Liebe beginnen lässt, die Fülle, die Gesundheit und die Freude. Friede ist das Mittel, mit dem man das Paradies betreten kann.

Ihr lebt in einer Welt des Kampfes, weil ihr getrennt und im Dualismus verhaftet seid. Es ist eine Welt der Gegensätze. Deine Bestimmung jedoch macht aus all deiner Dunkelheit Licht. Sie macht aus Angst Liebe und aus Schuld wieder Unschuld. Was unwahr ist, kann im Licht der Wahrheit und Bestimmung nicht existieren, denn diese beiden sind deine Wahrheit, die alle guten Dinge zu dir rufen, die du verdient hast – und das ist alles, was gut ist.

Wenn du deine Bestimmung erreichst, dann gibst du das nutzlose Getue auf, ebenso das unwahre Konsumieren. Du hörst auf, Vergnügungen hinterherzulaufen, um dich hineinzustürzen, und merkst, dass alles vergnüglicher wird. Aus der Komplexität der Dinge wird Einfachheit. Du bist in einem Prozess, deinen denkenden Ego-Intellekt zu verlieren und stattdessen zu deinen Sinnen zu kommen.

Die Zwiebel der Selbstheilung Schicht für Schicht abzuschälen ist ein Prozess, der nicht aufhört, aber als Teil deiner Bestimmung hast du dich zu deiner Heilung verpflichtet, und als Folge davon weißt du, dass alles, was hochkommt, zu deinem Nutzen ist. Dadurch, dass du dich deiner Heilung verpflichtet hast, hast du dir die Unschuld zu eigen gemacht, für dich selbst und auch für andere. Du erkennst, dass das, was du in der Welt siehst, dein eigener Geist ist, der nur zurückgespiegelt wird. Du übernimmst Verantwortung für die Welt und dafür, wie du sie wahrnimmst. Du weißt, dass der Grund, aus dem du gekommen bist, darin besteht, dich zu heilen.

Wie weißt du aber, dass es wahr ist, dass das Leben nicht nur immer besser wird, sondern dass du durch dein Vergeben auch die Welt heilst? Du heilst die Welt, indem du alle Gegensätze vereinst. Du heilst die Welt durch deine Liebe und durch deinen Glauben, und das setzt Wunder frei. Du liebst deinen Partner so sehr, dass diese Liebe den Zugang zum goldenen Leben für dich freimacht und die Tür zum Himmel auf Erden öffnet und danach zum Himmel selbst. Du erkennst, dass Trennung, die Grundsubstanz des Ego, in Wirklichkeit die Ursache aller Probleme ist, und du verpflichtest dich zu Verbundenheit, Gegenseitigkeit und Ebenbürtigkeit.

In der Ebene deines Schicksals hast du gelernt, zu segnen und zu geben und nicht länger zu urteilen. Deine Dankbarkeit sorgt dafür, dass das Goldene sich ausdehnt. Ganz gleich, was dir geschenkt wird, es wird alles zu Dankbarkeit und das lässt das Goldene in dir zunehmen und Dankbarkeit für das entstehen, was dir gezeigt wird und was Heilung braucht. Du beginnst zu erkennen, dass alles gut ist und dass alles, was dir geschieht, zu deinem Besten und in deinem besten Interesse geschieht.

Auf der Ebene deines Schicksals lebst du im Zustand der Gnade und wenn du dich aus diesem Zustand heraus inspiriert fühlst, etwas zu tun, dann lässt du die Gnade es für dich tun. Du wirst so zum Partner des Himmels, ebenso sehr, wie du Partner deines Geliebten bist.

Immer dann, wenn du eine negative Emotion in dir fühlst, fasst du dich an die eigene Nase. Du erkennst durch diese Emotion, dass du jemandem die Schuld gegeben hast und dass es genau dieser Mensch ist, dem du vergeben sollst, damit ihr beide befreit werdet.

Du nimmst dir jeden Tag Zeit dafür, die Gemeinschaft zu heilen, indem du die Dunkelheit, die du in dir vergraben hast, ans Licht bringst. Du segnest die Welt und vergibst ihr. Du erkennst die Bedürfnisse um dich herum und öffnest dich für neue Ebenen der Gaben, damit du diesen Bedürfnissen entsprechen kannst, wobei du dich auf immer tiefere Weise mit deinem Geliebten verbindest, um zuzulassen, dass sich eure Liebe immer weiter ausdehnt. Du ziehst die Projektionen, die du in der Welt gespiegelt siehst, immer weiter zurück, indem du erkennst, dass sie nur Spiegelungen deiner Selbstkonzepte sind. Du lässt deine Angriffe und Selbstangriffe sein, sodass du stattdessen helfen kannst.

Du erkennst, dass du ein Kind Gottes bist, kein Körper, sondern so viel mehr. Du bist Geist, sicher, grenzenlos und frei. Und so gibst du auf der Ebene des Schicksals deinen Glauben auf, dass du sterblich bist, und lässt damit auch deine Angst vor dem Tod und die gleichzeitige Anziehung in diese Richtung los.

Du schützt deinen Frieden und benutzt ihn ebenso wie die Liebe, die Gesundheit und das Glück, die er bringt, als Maß dafür, ob und inwieweit du auf der richtigen Spur bist.

Du bist im Fluss und willst nichts anderes, als dem Tao zu folgen und der Führung des Heiligen Geistes zu lauschen. Du wirst für deinen Partner immer verfügbarer, du wirst auch für Gott immer verfügbarer und ebenso für all die Gaben, die Gott dir schenken möchte. Du bist bereit, dein Leben dem Himmel hinzugeben, du gibst dein Ego auf und sein grundlegendes und kostbarstes Vorrecht, Entscheidungen zu treffen. Stattdessen lässt du zu, dass der Himmel dies für dich übernimmt.

Sowohl du als auch dein Partner seid nun zu lebendigen Schätzen geworden. Ihr habt euch für den Pfad der Wiederauferstehung und Erlösung entschieden und meidet die Kreuzigung und das Leid. Ihr wisst, dass es hinter dieser Welt noch eine Welt gibt, die ihr wollt, und dass diese eine Rückkehr zum Garten ist. Ihr entscheidet euch immer wieder dafür, den Himmel auf die Erde zu bringen und ladet den Heiligen Moment ein, wo immer die Öffnung zur Ewigkeit winkt.

Ihr seid eine Oase in der Wüste, Leuchtfeuer in der Dunkelheit der Nacht, die den Weg nach Hause weisen. Euer Leben ist ein Leben geworden, das dem Dienen gewidmet ist, und es gibt so viele gesegnete Augenblicke der Freude für euch. Ihr erkennt euren Partner als euer Tor zur Einheit, und so heilt ihr Unterschiedlichkeiten oder Leblosigkeit mit Liebe und Verbundenheit, weil ihr erkannt habt, dass die Trennung und die Spaltung zwischen euch etwas war, für das ihr euch selbst entschieden habt, und dass dieser Fehler korrigiert werden kann. Das wird euch von euren Ängsten, Problemen und Auseinandersetzungen befreien und euch miteinander und mit der Liebe noch tiefer verbinden.

88

Liebe die Vergangenheit, erlöse die Gegenwart

Wenn alles, was von der Vergangenheit übrig ist, nur noch die Liebe für sie ist, dann ist das ein Zeichen dafür, dass all deine Karma-Verstrickungen sich aufgelöst haben. Dein Friede wird von keinen alten Mustern mehr gestört. Keine Versuchungen werden dich mehr versuchen und dich glauben machen, dass etwas außerhalb von dir dich retten könnte. Du wirst dann das Gegenwärtige mit seiner Möglichkeit, eine Tür zum Himmel zu sein, bewahren. Hier bist du nun so nah bei deinem Partner, dass die Brücke zur Ewigkeit sich für dich öffnet, wenn du dich zu deinem Partner hin ausstreckst. Der heilige Moment des Einsseins ist so nah, dass die Körper verschwinden können und die großen Strahlen für alle Zeit scheinen.

Verbringe nun heute etwas Zeit damit, deine Vergangenheit durch eure Liebe zu befreien. Es war eine Geschichte, die du damals geschrieben hast und die nicht mehr existiert, es sei denn, dass du sie aus irgendeinem Grund erzählst und dass dieser Grund dich von der Liebe abhält. Sie ist ein Traum, der sich langsam auflöst, es sei denn, dass du ihn dir selbst immer wieder erzählst. Aber wie bei einem Traum hast du die entscheidenden Einzelheiten schon vergessen.

Geh jetzt also innerlich zu einer glücklichen Szene aus deiner Vergangenheit. Schenke allen und allem, die daran beteiligt sind, deine Liebe, besonders dir selbst. Die Szenerie wird dann mehr und mehr zu strahlen beginnen und anfangen, dich immer mehr zu segnen.

Geh dann zu irgendeiner unglückseligen Szene aus deiner Vergangenheit. Es ist ganz gleich, ob es sich dabei um eine große Sache oder um irgendeine Kleinigkeit handelt, um einen Moment, als du einfach nicht ganz glücklich warst.

Geh dahin zurück und liebe jeden. Jeder in dieser Szene brauchte deine Liebe, besonders du selbst. Liebe alles in dieser Szene und du wirst bemerken, dass die Vergangenheit sich unter deinem liebevollen Blick verwandelt und die Gegenwart vor weiteren Angriffen aus der Vergangenheit nun verschont bleibt.

89

Was eure Beziehung behindert

Was eure Beziehung behindert, ist nicht der jeweilige Partner, sondern eure Vergangenheit. Sie bestimmt eure Bedürfnisse, die zu Gefühlen von Entbehrung und Enttäuschung führen. Sie ist es, die dich dazu bringt, von deinem Partner etwas zu nehmen oder zu bekommen und so zu versuchen, ihn zu einer Quelle deiner Befriedigung zu machen und ihn zu bestrafen, wenn er es nicht werden oder sein will. Das Ausmaß, indem du deine Vergangenheit nicht überwunden hast, entspricht genau dem Ausmaß, in dem du dich dann an deinem Partner zu rächen versuchst.

Ihr beide macht so eure Beziehung zu einer Allianz der Wut und Enttäuschung. Ihr benutzt die Vergangenheit gegen die Gegenwart, obwohl die Gegenwart eigentlich ein Ort der Freude ist. Die Vergangenheit, an die du dich erinnerst, ist eine Sinnestäuschung, außer, wenn es um die liebevollen und glücklichen Erinnerungen geht, die du hast. Das Unbewusste zeigt dir damit, dass du diejenigen um dich herum zu Unrecht beschuldigt hast und sie so zu einer Entschuldigung dafür machst, dich selbst kleinzumachen und dich zu verstecken. Deine Vergangenheit dient so heute einem gewissen Zweck, um dir wenigstens in deinem Geist zu erlauben, das, was du willst, zu tun oder nicht zu tun. Du hältst in deiner Loyalität gegenüber dem Ziel des Ego, dich getrennt zu halten, an etwas fest, dass in Wirklichkeit gar nicht existiert, denn es verbirgt vor dir die Tatsache, dass die gesamte Negativität deiner Vergangenheit in Wirklichkeit nur deine eigene Hartherzigkeit zeigt. So zeigt sich heute, was damals zu deiner karmischen Unfähigkeit zu empfangen geführt hat.

Deine Vergangenheit ist vorbei, darum lass sie gehen. Heile sie. Vergib ihr. Kehre in die Gegenwart zurück. Du spürst, wenn du in der Gegenwart bist, denn es ist der Ort, an dem Schönheit und Fülle wohnen. Hier kannst du im Frieden sein und Glück erfahren.

Es ist jetzt Zeit, die Vergangenheit dem Himmel zu übergeben und eure Beziehung erneut der Ganzheit zu widmen, indem ihr dem Himmel den Auftrag dazu gebt. Sonst bleibt euer Ego am Steuer und widmet sich der Trennung und dem Mangel an Zufriedenheit in eurer Beziehung, wobei dann die Gegenwart zu einer Geisel der Vergangenheit wird.

Ihr werdet genau spüren, auf welche Stimme ihr hört, und zwar durch die Ergebnisse, die ihr erreicht. Wird es die Stimme des Egos sein oder die des höheren Bewusstseins? Möchtet ihr Teil des Problems sein oder wollt ihr die Lösung in Händen tragen? Übernehmt Verantwortung für alles, was sich als Problem zeigt, wie etwas, das aus der Vergangenheit kommt und an dem ihr bisher festgehalten habt und das euch suggeriert, ihr müsstet immer noch etwas bekommen und es sei in der Gegenwart immer noch nicht vorhanden. Euer höheres Bewusstsein aber kennt den Ausweg. Übernehmt die Verantwortung für das Problem und gebt euch miteinander in vollem Maß der Wahrheit hin, die das gegenwärtige Problem auflösen kann.

Was wollt ihr wirklich?

Es gibt immer eine Wahl. Deshalb ist die Hauptfrage: Was wollt ihr wirklich? Ganz gleich, wie kompliziert eine solche Entscheidung aussieht, sie lässt sich immer auf die einfache Frage herunterbrechen: Wollt ihr ein Gastgeber Gottes oder eine Geisel des Egos sein? Natürlich versucht das Ego, der Vater der Lügen, euch zu erzählen, dass ihr in Wirklichkeit ein Sklave Gottes sein werdet. Aber das ist unmöglich! Warum sollte ein Vater sich seinen Sohn zum Sklaven machen? Das kann gar nicht geschehen, es sei denn, der Vater wäre selbst schon ein Sklave. Aber wie könnte sonst dein Vater dich zu einem Sklaven machen? Es wäre ein absolut ungöttliches Verhalten, das die Grundlagen des Lebens und allen Seins auflösen würde. Und wenn du immer noch da bist, dann ist auch Gott immer noch weiter Gott.

Die Frage ist:

- Willst du Gott oder willst du das Ego?
- Entscheidest du dich für das Leben oder für den Tod?
- Willst du die Gegenwart oder die Vergangenheit?
- Wählst du Glücklichsein oder Selbstgerechtigkeit?
- Entscheidest du dich für Liebe oder für Angst?
- Möchtest du Vergebung oder jemandem die Schuld geben?
- Willst du Ausdehnung oder Projektion?
- Entscheidest du dich für die Wahrheit oder für die Täuschung?
- Willst du verbunden sein oder dir etwas vormachen?
- Wählst du Schönheit oder Hässlichkeit?
- Willst du das Tao oder entscheidest du dich für Kontrolle?
- Möchtest du Segen bringen oder urteilen?

- Möchtest du, dass dein Geist sich auf den Himmel ausrichtet oder vom Ego gefangen genommen wird?
- Möchtest du Trennung oder Verbundenheit?
- Möchtest du Liebe oder Angst?
- Willst du Vertrauen oder Furcht?
- Willst du Freude oder Angriff und Selbstangriff?
- Möchtest du eine Win-Win- oder eine Gewinnen-Verlieren-Situation?
- Möchtest du den Weg der Wahrheit oder deinen Weg?
- Willst du Unschuld oder Schuld?

Du kannst merken, was du wirklich willst, wenn du erkennst, wofür du dich entscheidest. Wenn du dich für das Ego entscheidest, wirst du das ziemlich schnell merken, einfach, indem du erkennst, wie du dich fühlst. Bringt die Entscheidung, die du triffst, dich der Freude näher oder der Maßlosigkeit? Ist es eine Wahl, die Bestand hat, oder bringt sie dir nur eine momentane Fröhlichkeit? Bringt sie die Kooperation oder Konkurrenz?

Diese Entscheidungen gehen so weiter, Augenblick für Augenblick, bis eine Zeit kommt, in der du aufhörst, dich selbst zu entscheiden, und es stattdessen dem Himmel überlässt, alle Entscheidungen für dich zu treffen, denn er wird immer die Heilung wählen, die dich zu einer größeren Einheit bringt.

Betrachte deinen Tag. Wie fühlst du dich, wie hast du dich gefühlt? Deine Gefühle zeigen dir, in welche Richtung du gehst. Entscheidest du dich für Frieden oder für Kampf? Für Ordnung oder für Chaos? Für Heilung und Schärfe im Erkennen oder für Steckenbleiben und Schmerz?

Diese Übung ist eine der wertvollsten Praktiken, die du für dich einrichten und üben kannst. Überprüfe dich so während des ganzen Tages immer wieder und auch am Ende des Tages. Für welche Richtung hast du dich entschieden? Welche Entscheidungen hast du getroffen? Was willst du wirklich?

91

Schattenfiguren und Selbstkonzepte

Die Welt besteht aus deinen Selbstkonzepten, die du nach außen projiziert hast. Du kannst daran erkennen, was du in Wahrheit von dir hältst, und die Tatsache, dass du dies auf die Welt projiziert hast, zeigt, dass du diesen Teil von dir verurteilst und ihn dann aus deinem Bewusstsein und deiner Ganzheit abspaltest. Indem du diese Teile von deinem Ganzen abbrichst, formst du deine Selbstkonzepte.

Zwischen deinen Selbstkonzepten und dem Ganzen spürst du Schmerz, Verlust, Furcht und Schuld, die als Folge des Verlustes an Verbundenheit entstehen. Dann baust du eine Identität auf, die sich über die Ewigkeit legt, über deinen Geist und über deine Unbegrenztheit, damit du dich selbst „erzeugen" kannst, und du scheidest dich auf diese Weise von Gott und davon, wie Er dich erschaffen hat.

All diese Selbstkonzepte sind wie hautenge Körperumhüllungen. Du denkst, dass sie du sind. Sie sind wie Stimmen in deinem Kopf, die dir einreden, dass du ihren Vorschriften folgen sollst, um glücklich zu werden, und viele von ihnen stehen auch noch im Widerspruch zueinander. Du besitzt Zehntausende solcher Selbstkonzepte und jedes einzelne ist eine Täuschung, die dazu führt, dass du in eine illusionäre Welt siehst. Jedes Mal, wenn du durch Liebe, Segen, Heilung oder Hilfe ein Gefühl von Frieden und Fließen in deinem Leben erzeugst, reißt du eine dieser Zellophanhüllen ab, die dich von dir, deinem Partner, von anderen und vom Leben trennen. Je mehr dieser Selbstkonzepte du loslassen kannst, desto friedvoller und freundlicher, wohlmeinender wird die Welt.

Schattenfiguren sind Selbstkonzepte, für die du dich zutiefst schuldig fühlst. Du hast dich verurteilt, und dann diese Stücke aus deiner Bewusstheit von dir selbst abgespalten, hast sie unterdrückt und dann nach außen in die Welt projiziert. Solange du nicht die himmlische, vollkommene Welt betrittst, die hinter der existiert, die du projiziert hast, kannst du nur die Selbstanteile erkennen, die du von dir weggestoßen hast. Deine Bedürfnisse spiegeln wider, was du gerne von der Welt bekommen möchtest. Sie kamen auf, als du die Bindung gebrochen hast, um deine eigene Identität zu schaffen. Das Muster, mit dem du dies als Kind getan hast, um dich zu trennen und dein Ego aufzubauen – indem du dich nämlich zum Opfer gemacht und diejenigen in Misskredit gebracht hast, die du eigentlich deinem Auftrag nach retten solltest – war dasselbe Muster, das schon deine Seele eingeschlagen hat, als sie sich vom Einssein losgesagt hat oder wenigstens gedacht hat, dass du es getan hättest. Was du von der Welt zu bekommen versuchst, ist genau dasselbe, was du in dir selbst verurteilt und abgelehnt hast. Dein Verlangen nach etwas, was außerhalb von dir selbst liegt, verbirgt dein inneres Urteil darüber, ebenso wie deine Angst vor Verbundenheit und einem Verlust deiner Identität, die du als Gegenwehr gegen das aufgebaut hast, wie du von Gott erschaffen wurdest. Das bringt eine Ambivalenz in dir hervor, wenn es darum geht, erfolgreich zu sein, und darum ist manchmal so viel harte Arbeit erforderlich, um es zu werden. Deine Schattengestalten sind Selbstkonzepte, die du hasst. Was du aber in dir verurteilst, das musst du nach außen projizieren, weil du die Schuld nicht ertragen kannst.

Das Wesen von Projektion besteht darin, dass du alles, was du anderen angetan hast, und zwar sowohl im wörtlichen wie auch im übertragenen Sinn, nach außen projizierst und dann annimmst, dass die anderen es dir angetan hätten.

> „Sie (die Schattenfiguren) stellen das Böse dar, von dem du glaubst, es sei dir angetan worden. Du bringst sie nur mit, um Böses mit Bösem zu vergelten, in der Hoffnung, dass ihr Zeugnis dich befähigt, an einen anderen als schuldig zu denken, ohne dir selbst zu schaden."
>
> *Ein Kurs in Wundern*, T-17.III.1.9:10

Und ein weiteres Zitat spricht auf ganz direkte Weise über deine imaginierten Schatten und stammt ebenfalls aus *Ein Kurs in Wundern*:

„Denn die Schattengestalten, die du unsterblich machen möchtest, sind „Feinde" der Wirklichkeit. Sei willens, dem SOHN
GOTTES das zu vergeben, was er nicht getan hat."

Ein Kurs in Wundern, T-17.III.1.4:5:

Auch hier werden die Schattenfiguren benutzt, um dir die Erlaubnis zu geben,
das zu tun, was du tun möchtest, oder das nicht zu tun, was du nicht tun willst,
aber sie halten dich in einem Teufelskreis von Angriff und Selbstangriff gefangen und genau das ist die Grundlage des Egos.

„Die Schattengestalten sprechen immer für Rache und ... diese
(Schatten-)Beziehungen bezwecken ausnahmslos den Ausschluss
der Wahrheit über den anderen und über dich. Das ist der Grund,
weshalb du in beiden etwas siehst, was nicht da ist, und aus ihnen
beiden Sklaven der Rache machst."

Ein Kurs in Wundern, T-17.III.2.2:4

Du bist aufgerufen, der Welt zu helfen und ihr zu vergeben. Das befreit dich
von Schuld und hilft dir dabei, die Hilferufe in deiner Umgebung zu hören,
statt nur diejenigen wahrzunehmen, die Strafe verdienen. Derjenige, den du
hasst, bist ausschließlich du selbst. Was du von dir abgespalten hast, verdient
deine Vergebung und deine Integration. Das bringt dir größeren Frieden und
Ganzheit, was die Basis für Liebe, Selbstliebe und Glück darstellt.

Alles in der Welt, was du hasst oder auch nur verurteilst, ist dasjenige, das
dich von deinem Partner und vom goldenen Leben trennt. Sei darum bereit,
diese Selbstkonzepte und Schattenfiguren loszulassen. Selbstkonzepte und
Schattenfiguren sind nur so von dir getrennt wie die Menge Schuld und
Selbsthass, die jede enthält. Lass darum diese Glaubenssätze und Selbstkonzepte dich nicht von deinem Partner trennen, denn du wirst irgendwann da
ankommen, dass du deinen Partner für das beschuldigst, was du in dir selbst
nicht annehmen kannst. Um der Wahrheit und eurer Beziehung willen, lass
diese Selbstkonzepte und Schattenfiguren nicht zwischen dich und die Liebe,
zwischen dich und deinen Geliebten treten.

92

Ich bin du, Teil 3

Die Welt, wie du sie wahrnimmst, bedeckt die Einheit. Dennoch ist die Welt nicht so, wie du sie siehst. Buddha hat davon gesprochen, wie sie wirklich ist: die Leere, die bedeutungslos ist, und die Welt, die wir mit unserem Geist erschaffen haben, um dies zu bedecken. Die Quantenphysik spricht von einer Welt des Lichts, die nichts anderes ist, ehe du dich entscheidest, dass sie anders sein soll. Die Mystiker sprechen von den Großen Strahlen, von denen ihr alle Teile seid und die von den Identitäten bedeckt werden, die du für dich geschaffen hast. Und so erlebst du dich in einer Welt der Dualität und Trennung, in der Gegensätze und Unterschiede erscheinen.

Wenn Heilung geschieht, dann hat das einen vereinenden Effekt auf deine Wahrnehmung. Die Welt wird freundlicher und wohlwollender, auch wenn dies nur ein bisschen mehr so ist. Die Abkürzung zum Pfad der Heilung, die Ausrichtung zu einem sich ewig erweiternden Glauben, Frieden und zur Wahrheit, ist der Heilige Moment. Während des Heiligen Momentes lösen sich die Körper auf. Das geschieht, weil zwei Geister eins geworden sind und weil es so etwas wie einen Blitzschlag der Liebe gibt, der die Tür zur Ewigkeit öffnet. In diesem Moment können die Großen Strahlen wahrgenommen werden und du erlebst dich als eins mit deinem Partner, eins mit allem. Dies verschiebt nicht nur die Software, sondern auch die Hardware deines Verstandes und dadurch auch deine ganze Wahrnehmung. Wenn du einmal einen Blick in die Einheit getan hast, dann wirst du nie wieder vollständig an die Welt der Trennung glauben. In deinem höchsten Verlangen nach Wahrheit bist du in diesem Moment über die Welt der Täuschung hinausgelangt. Du lernst durch deine eigene Erfahrung, dass du wirklich eins mit deinem Partner bist und dass die

Erfahrung, gemeinsam *ein* Geist zu sein, der schnellste Weg nach Hause ist. Nach dieser Erfahrung wirst du nie wieder vollständig glauben können, dass du und dein Partner getrennt seid. Du kannst die Einheit durch deinen Partner erfahren, sodass du, wenn du in diese Welt zurückkehrst, riesige Fortschritte gemacht hast, um erneut im Garten Eden zu leben.

Jetzt ist die Zeit, dich bereitzuerklären, eins mit deinem Partner zu sein, das mehr als alles andere zu wollen, dich dafür zu verpflichten, dich dem ganz hinzugeben, sodass du die Welt jenseits der Körper erfahren und aus deinem innersten Wesen zu deinem Geliebten sagen kannst: „Ich bin du."

93

Persönliche Gedanken aufgeben

Du gibst vor, dass du die Gedanken der anderen nicht hören kannst, aber in Wirklichkeit kannst du es und unterdrückst diese Fähigkeit nur. Und dann unterdrückst du sogar die Tatsache, dass du die Gedanken von anderen lesen kannst. Hellsichtige und andere Menschen mit außersinnlichen Fähigkeiten unterdrücken diese Fähigkeit nicht.

Du begräbst diese Fähigkeit, weil du nicht möchtest, dass andere sich auch in deinen privaten Gedanken tummeln können. Dieser Art, dich von anderen zu entfernen, liegt ein Verlangen zugrunde, getrennt zu bleiben. Es ist ein unbewusster Wunsch, dass andere dich beurteilen sollen und dich dabei aufgrund deines Verhaltens bewerten und nicht aufgrund deiner Gedanken. Du glaubst, dass Nähe davon abhängt, was du mit deinem Körper tust, und nicht davon, was du mit deinem Verstand machst. Du glaubst, dass dein Verstand die Erlaubnis hat, alles zu tun, was er will, wenn du umgekehrt dafür sorgst, dass dein Körper nichts Verbotenes tut.

In Wahrheit ist es der Verstand, der Verbundenheit und Nähe herstellt. Wenn euer Verstand sich nicht mit eurem Körper verbindet, wenn ihr eure Körper im Sex und in körperlicher Nähe zusammenbringt, dann kommt so eher eine Lektion über „Klempnerei" statt eine über Intimität und Nähe zustande.

Ihr verbergt auch ganze Gedankenkammern vor euch selbst, weil ihr euch schämt oder euch schuldig dafür fühlt, aber das vergräbt die Dunkelheit lediglich im eigenen Inneren und das hat auch eine Auswirkung auf dich. Diese schuldvollen Gedanken schließen dich in ein Glaubensmuster aus Sünde ein, was dann zu Selbstangriffen und Selbstbestrafung führt. Das bindet dich in Bereichen der Unverbesserlichkeit, was zwar gut für das Ego ist, aber schlecht für jeden anderen Bereich deines Lebens – von Beziehungen bis zur Gesundheit. Schuld ist eine Mauer zwischen dir und deinem Partner. Und sie ist es, die das Ego entstehen lässt, denn ansonsten würde es sich in der Glückseligkeit auflösen, die als Folge des goldenen Lebens entsteht.

Das Ego ist aus Glaubenssätzen der Sünde und Schuld erbaut, während du im goldenen Leben einfach erkennst, dass du vielleicht Fehler gemacht hast und dass diese Fehler korrigiert werden können.

Es ist ganz wichtig, transparent zu werden, weil das ein Ausdruck der Meisterschaft ist. Wenn du deine persönlichen Gedanken aufgibst, dann gibt es nichts mehr, was zwischen dir und deinem Partner steht. Das wiederum lädt den Heiligen Moment ein und überwindet die Zeit und die Materie. Persönliche Gedanken aufzugeben, schenkt dir zudem eine größere Integrität. Du tust es, weil du Wahrheit und Liebe über alles schätzt und nicht mehr möchtest, dass etwas dich abtrennt oder deinen Geist spaltet. Du möchtest nur noch Frieden und Ganzheit in dir spüren und du willst nichts anderes für dich und deinen Partner als Liebe und Einssein.

Es ist darum an der Zeit, deine Fehler einzugestehen, weil du noch immer an deinen privaten Gedanken festgehalten hast, und stattdessen deinen Wunsch zu spüren, das zu entdecken, was du bisher in dir vergraben hast. Auf diese Weise können alle deine Gedanken ans Licht kommen und sich dort als Ausdruck von Illusionen auflösen.

Dein Teil besteht darin, bereit zu sein, sie überhaupt an die Oberfläche dringen zu lassen. Dann händige sie schnell dem Himmel aus und bitte diesen darum, alles für dich zu lösen.

Deine persönlichen Gedanken aufzugeben, ermöglicht dir, andere mit wesentlich mehr Mitgefühl zu verstehen, denn der einzige Weg, einen anderen wirklich zu sehen, besteht darin, dies in Liebe zu tun. Bewerten und Urteilen hält dich an der Außenseite eines Menschen fest, wo du nur das sehen kannst, was du von dir selbst denkst und hältst und wo du deine eigene Schuld projiziert hast.

94

Der wichtige Scheideweg
der ödipalen Verschwörung

Ich habe mich in den Jahren 1984 bis 1989 intensiv mit dem Ödipuskomplex beschäftigt und bin am Ende dieser tiefenpsychologischen Untersuchung zu dem Schluss gekommen, dass er eine Verschwörung ist. Eine Verschwörung ist eine Falle, die aufgestellt wird, damit sie aussieht, als gäbe es aus ihr keinen Ausweg. Nach dieser intensiven Beschäftigung habe ich herausgefunden, dass die ödipale Verschwörung ebenso wie die Familienverschwörung der beste Links-rechts-K.-o.-Schlag ist, den das Ego besitzt, um Beziehungen zu einer der größten Fallen werden zu lassen, statt sie als den besten und schnellsten Weg zu Wachstum und Ausdehnung zu erkennen.

Ich erkannte, dass etwa bei 85 Prozent der Beziehungen, die es nicht schafften, zusammenzubleiben, die ödipale Verschwörung zugrunde lag und eine der Wurzeln des Scheiterns bildete. Und weil die ödipale Verschwörung so unbewusst ist, haben die meisten Menschen keine Ahnung davon, was für eine bösartige Falle sie darstellt. Wenn man sich mit ihr nicht auseinandersetzt, dann setzt sie sich mit dir auseinander. Sie kann deine Beziehungen, dein Sexualleben, deine Nähe und deinen Erfolg sabotieren. Sie kann wie ein Brunnen der Schuld sein und deinen Fluss blockieren, deine Bestimmung und deine spirituelle Verbundenheit und sie kann dich in einer Leblosigkeit und Furcht festhalten.

Einer der Wege, wie du erkennen kannst, dass du dich an einer Weggabelung befindest, besteht darin, einige der Symptome der ödipalen Verschwörung zu erkennen. An der Spitze dieser Liste stehen Dilemmas. Sie sind ein ganz sicheres Zeichen, dass du in einer ödipalen Verschwörung gefangen bist. Festgefahren zu sein und ein Gefühl zu haben, dass es keinen Ausweg gibt, ist ein weiterer, weit verbreiteter Indikator einer Beziehungsfalle, die von der ödipalen Verschwörung erzeugt worden ist. Ein weiteres Anzeichen ist eine Dreiecksbeziehung oder das Verlangen, jemanden an die Stelle deines Partners treten zu lassen, von dem du glaubst, er passe besser zu dir.

Weitere Symptome sind unter anderem ein Gefühl totaler Leblosigkeit, Verlust von sexuellem Verlangen, Widerwillen oder gar Abscheu, wenn du nur an Sex denkst oder den Körper deines Partners berührst. Auch unerklärliche Blockaden am Arbeitsplatz oder in deinen Beziehungen zeigen, dass der Ödipus in dir sehr lebendig und wohlauf ist. Verlorene Bindungen in deiner Herkunftsfamilie und in deinen Beziehungen und ein starker Wunsch nach Unabhängigkeit können weitere Zeichen sein. Und noch weitere Symptome sind ein Vermeiden der eigenen Bestimmung, Dreiecksbeziehungen, keine Beziehungen oder vollkommen erkaltete Beziehungen.

An der Weggabelung einer ödipalen Verschwörung mit ihren Dilemmas gibt es jedoch eine Entscheidungsmöglichkeit. Du kannst dich entscheiden für Wahrheit und Partnerschaft, für Unschuld und Verpflichtung dir selbst gegenüber, für Zugehörigkeit und wechselseitige Abhängigkeit. An dieser Stelle gibt es auch Gaben: Gnade, deine Bestimmung und dein Schicksal sind geradezu Gegengifte für diese Falle. Ein weiterer Weg ist vermehrtes Geben und Empfangen.

Anzuerkennen, dass du dich an einer Weggabelung befindest, ist am wichtigsten. Du musst dich nicht erst noch in die dunkleren Wasser der Fallen der ödipalen Verschwörung treiben lassen. Wenn du die Weggabelung erkennst, dann siehst du auch, dass du eine Entscheidungsfreiheit hast und kein Sklave mehr sein musst.

Die Schuld, die die Folge der ödipalen Verschwörung ist, baut dein Ego auf und stärkt die Überzeugung, dass du nur dein Körper bist. Alles, was dein Ego nutzen kann, um sich aufzubauen, ist von großem Wert dafür. Die ödipale Verschwörung beeinträchtigt nicht nur deine Beziehung zu deinem Partner und deiner Familie, sie kann auch deine Beziehung zu Gott trüben. In deiner Familie kann sie dazu führen, dass du auf unterbewusster Ebene denkst, dass du den Elternteil desselben Geschlechts umgebracht und den gegengeschlechtlichen Elternteil geraubt hast, sodass du deine Familie dadurch zerstört hast. Auf einer unbewussten Ebene kann sie zu der Überzeugung führen, dass du

Gott getötet und seine Gaben geraubt hast und dann eine Welt nach deinem Willen geschaffen hast, in der Er keinen Platz hatte.

Ebenso, wie die ödipale Verschwörung dazu führt, dass du unbewusst Angst vor der Liebe hast, bringt sie dich dazu, dass du die Liebe fürchtest und sogar glaubst, Gott sei dein Feind. Ebenso, wie Schuld Ambivalenz und Trennung in Beziehungen hervorruft, wird sie auch dazu genutzt, Gott auf Abstand zu halten.

Wenn du also erkennst, wie wichtig diese Weggabelung ist, kannst du auch erkennen, wie ausschlaggebend es ist, dass du dich für die Liebe statt für die Trennung entscheidest. Ödipus blendete sich, als er erkannte, dass er die Ursache all der Schwierigkeiten war, die Griechenland befallen hatten, und dass er, ohne es zu wissen, seinen Vater getötet und seine Mutter geheiratet hatte. Du kannst also blind gegenüber den Problemen sein, die aufgrund der ödipalen Verschwörung in dir auftauchen, weil sie so unterdrückt ist.

Dennoch musstest du auf irgendeiner Ebene spüren, um was es ging, und auch daran glauben, sonst hättest du sie nicht unterdrücken können. Es ist darum ausschlaggebend, jeden dunklen und schuldbeladenen Fleck in deinem Geist ans Licht zu bringen, damit er vollständig losgelassen werden kann, und zu erkennen, dass das ganze Thema ein Morast der Täuschung ist, die vom Ego aus dem einzigen Grund angezettelt worden ist, die Trennung aufzubauen und zu erhalten. Die ödipale Verschwörung kann nur dann anfangen, wenn es eine Trennung oder eine verlorengegangene Verbindung gibt, und sie vergrößert die Trennung und erhält sie zugunsten des Ego aufrecht, das aus dieser Trennung besteht und von ihr abhängt, um weiter bestehen zu können.

Also, jetzt ist die Zeit, sich neu zu entscheiden. Würdest du dich für die Liebe entscheiden oder für etwas, das dich trennt? Alle Leblosigkeit schmilzt in wirklicher Nähe, wie es auch jeder Abscheu gegen deinen Partner tut, der nur aufkam, weil du unbeendete sexuelle Gefühle deinen Familienmitgliedern gegenüber auf ihn oder sie übertragen hast und dich gleichzeitig davon abgestoßen fühltest. Deine Bewusstheit und deine Entscheidung, dich immer wieder deinem Partner und Gott zuzuwenden, schmilzt diese alten und uralten Seelenmuster, und ersetzt sie durch wahre Verbundenheit.

Kommuniziere darum heute mit deinem Partner über irgendein Symptom der ödipalen Verschwörung und bewege dich um der Liebe und Wahrheit willen dann auf ihn zu.

95

Der Weg von einer besonderen zu einer heiligen Beziehung

Die Wandlung eurer Beziehung von einer besonderen zu einer heiligen Beziehung ist einer der Hauptaspekte von Heilung. Sie kann eine Beziehung transformieren und sie aus der Geiselhaft des Egos befreien. Es ist das Verlangen danach, eure Beziehung aus dem ständigen Wiedererleben von Bedürfnissen und Forderungen nach Aufmerksamkeit zu erlösen, die eine Beziehung von einer besonderen Beziehung zu dem machen kann, was sie eigentlich sein sollte. Ohne diesen Wandel werdet ihr niemals das goldene Leben mit eurem Partner erreichen. Besonderssein versucht, Liebe und Hass Seite an Seite in derselben Beziehung sein zu lassen. Sie ist ein Verlangen danach, Angriff und Kampf zu einem Aspekt der Beziehung selbst zu machen, und Schuld dazu zu benutzen, dass ein Partner sie dem anderen auflädt, weil seine Bedürfnisse nicht erfüllt werden. In einer besonderen Beziehung suchst du danach, deinen Partner als Geisel für deine Bedürfnisse zu nehmen oder als Verteidigung gegen die Einsamkeit, die zu einer immer größeren Einsamkeit und zu Wut führt. Du wirfst ihm dann vor, was du dir selbst und ihm nicht geben kannst. Eine besondere Beziehung zerstört sich selbst, selbst wenn die Partner die Beziehung durch Schuld, Krieg oder Leblosigkeit zusammenzuhalten versuchen.

Dennoch ist es ganz leicht, sie in eine heilige Beziehung zu transformieren. Ihr widmet ganz einfach die Beziehung der Ganzheit und verpflichtet euch, dass sie zu einer Treppe zum Himmel werden soll. Dann übergebt ihr die Beziehung dem Himmel und bittet darum, dass er sie für euch transformieren soll und dabei all eure Irrtümer und Täuschungen korrigiert. Dies ist das grundlegendste Thema einer Beziehung: sie auf eine heilige Beziehung auszurichten. Es ist wahrscheinlich das Wichtigste, was ihr für eure Beziehung tun könnt, denn damit richtet ihr sie auch auf Glück und Glücklichsein aus.

Eine besondere Beziehung ist ein Versuch, den Himmel und die Hölle in eurer Beziehung zu erhalten. Wenn ihr aber nach Persönlichkeitswachstum Ausschau haltet, nach Wahrheit und spiritueller Entwicklung, dann geht dies nur, wenn ihr euch einer heiligen Beziehung verpflichtet und so den richtigen Weg findet, um das goldene Leben zu erreichen. Ihr werdet dann natürlich nach wie vor Fehler machen, wenn ihr beispielsweise versucht, dass der andere eure Bedürfnisse erfüllt und emotionale Erpressung dazu einsetzt, aber ihr erkennt wenigstens eure Fehler wesentlich schneller und entschuldigt euch bei eurem Partner. Der einzige Weg zu einem goldenen Leben besteht darin, euch einer heiligen Beziehung gegenüber zu verpflichten. Das goldene Leben ist eine Zwischenstation auf dem Weg zum Himmel auf Erden und zum mystischen Leben.

96

∾

Wie Groll euch von der Wahrheit fernhält

Wenn ihr die Verletzungen erforscht, die ihr durch euren Partner bekommen habt, werdet ihr merken, wie sie euch auf Abstand zu eurem Partner gebracht haben. Und je weiter ihr von ihm weg seid, desto stärker wird das verzerrte Wahrnehmen, desto größer werden eure Probleme und desto intensiver wird die Feindseligkeit zwischen euch.

Nun erforscht alle Verletzungen, die ihr durch eure Familien erlitten habt. Was ist dadurch an Anklagen gegen sie entstanden? Wie hat dieser Groll gegen die Familie eure Nähe zu eurer Familie beeinflusst? Eine andere Art, dieses Thema zu erforschen, besteht darin, darüber nachzudenken, wie distanziert ihr bestimmten Familienmitgliedern gegenüber seid. Die Distanz zeigt an, wie viel Groll und Urteil ihr noch gegen sie hegt.

Als Nächstes erforscht die Vorwürfe und die Distanz, die ihr Freunden und Kollegen gegenüber fühlt. Welchen Groll hegt ihr gegen diese Menschen? Wie hat das eure Arbeit, euren Erfolg und eure Freundschaft zu ihnen beeinflusst? Je mehr Trennung vorhanden ist, desto weniger seid ihr bereit, andere in einem positiven Licht zu sehen und auf eine Lösung hinzuarbeiten, bei der jeder von euch gewinnt und jeder denselben Nutzen davon hat.

Wähle jetzt einen der wichtigsten Kollegen aus deiner Arbeitsgruppe. Frage dich, wie dein Groll gegen diesen Menschen dein Leben beeinflusst hat. Wovon hat dich dieser Groll abgehalten? Was gab er dir für eine heimliche Erlaubnis? Was durftest du deshalb tun, was du sonst nicht getan hättest? Was war die Opferhaltung, die du deswegen einnehmen konntest? Welche Süchte konntest du deshalb aufrechterhalten? Nimm wahr, wie du Abstand und Sucht höher schätzt als den Erfolg und die Liebe, die du bei einer größeren Freundschaft diesen Menschen gegenüber erreichen würdest. Verbundenheit bringt Freundschaft, Teamwork und Gemeinschaft. Sie beendet die Konkurrenz und bringt Erfolg für jeden.

Deine Gefühle des Grolls sind eine Lüge, und Lügen bringen dich und andere dazu, zu leiden. Sie sind Träume von Bewertungen, die Angriffe anfachen und direkt auf den Tod zustreben. Groll ist ein Angriff voll von Bewertungen, die nur dazu dienen, dich von dem anderen zu trennen. Groll ist eine Entschuldigung dafür, dich zu trennen, jemand zu beschuldigen, nicht selbst die Verantwortung zu übernehmen, dich zu verbergen, vor deiner Bestimmung davonzulaufen und deine innere Führung und Inspiration zu blockieren. Groll sitzt direkt neben dem Ego, dem Vater der Lügen, und all das war Teil des Plans des Egos, sich selbst und deine Selbstkonzepte zu errichten.

Deine Selbstkonzepte unterscheiden sich deutlich von dem, wie du eigentlich geschaffen worden bist, aber sie haben dir die Meinung vermittelt, dass du dich selbst erschaffen hättest. Diese Selbstkonzepte ermöglichen dir, dich unzufrieden zu fühlen, was du brauchst, um dir die Erlaubnis zu geben, einen Menschen durch einen anderen zu ersetzen, der dir scheinbar mehr Erfüllung schenken kann, statt dich selbst zu ändern und ganz zu werden.

Ersatzmöglichkeiten sind eine Strategie des Egos, um zu verbergen, was du selbst diesem Menschen oder der Situation versagt hast, bei der du scheinbar im Stich gelassen worden bist. Sie macht andere zu Idolen, die dazu da sind, dir Erfüllung zu schenken. In Wirklichkeit ist der andere, wenn du dich gleichzeitig rückhaltlos hingibst, deine Tür nach Hause, derjenige, der dir durch deine Vergebung die verlorene Verbundenheit zurückbringt, die deine Hassträume auflösen würden. Wenn du dem anderen das gibst, was er dir angeblich geben sollte, um deine Bedürfnisse zu erfüllen, dann brauchst du es nicht mehr, dass er sich in einer bestimmten Weise verhält, damit deine Bedürfnisse erfüllt werden, und dein ganzer Groll löst sich auf. Niemand bessert sich, wenn man ihm nichts schenkt.

Deinem Ego zufolge meinst du, du wärst glücklich, wenn der andere bloß nicht dies oder das getan oder gesagt hätte. Dein Groll und deine Wertmaßstäbe verankern jedoch bloß deinen Glauben, dass das Glück außerhalb von dir zu finden ist. Das blockiert dich in dem immerwährenden Versuch, etwas außerhalb von dir selbst zu bekommen, hart dafür zu arbeiten, damit nichts deine Pläne durchkreuzt und du es so haben kannst, wie du meinst, es zu brauchen. Dies wiederum hält dich gefangen auf einer bestimmten Ebene von Groll denen gegenüber, die sich auf eine bestimmte Weise verhalten sollten, um dich glücklich zu machen, es dann aber nicht taten.

So verbirgst du die Wahrheit. Du verbirgst, dass du deinen Willen missbraucht hast, um etwas zu erhalten, was du unbedingt haben willst. Deine Suche nach Idolen maskiert bloß deine Enttäuschung darüber, dass du nicht das bekommst, was du willst. All das dient dazu, dich davon abzuhalten, abzulenken und zu behindern, das goldene Leben zu bekommen. Dein Groll zeigt dir, dass sich jemand anderes ändern sollte und nicht du. Er blockiert die Wahrheit der Heilung, der Inspiration und der Antworten, die der Himmel dir gerne schenken würde, was dich wirklich befreien würde, und gleichzeitig deine eigene Fähigkeit, dich in deiner wahren Identität als Licht zu erkennen. Dein Groll hält dich sowohl blockiert als auch besessen davon, sodass du nicht einmal erkennst, dass dich dies auch davon abhält, dich selbst als Geist und Licht zu erkennen, was deine wahre Identität ist.

Bitte deshalb heute um Wahrheit. Strebe sie an, von ganzem Herzen. Wünsche dir, dass du dich endlich als Licht erkennst. Es ist deine grundlegende Wahrheit. Diese Wahrheit wird all die Irrtümer korrigieren, ebenso deinen Mangel an Bewusstheit über dich selbst als Licht und wird das goldene Leben schneller für dich verwirklichen.

97

Verbitterung und Zorn

Der Unterschied zwischen Verbitterung und Zorn ist die Menge von Ärger, die dabei zum Ausdruck gebracht wird. Zorn ist extremer Ärger und enthält auch den Aspekt der Raserei. Verbitterung ist mehr ein langsames Glühen, aber es ist eben ein Glühen. Beide trennen dich von deinem Partner, der die Grundlage des goldenen Lebens ist – ganz gleich, gegen wen sie sich richten. Ein goldenes Leben ist die absolute Essenz des Wohlwollens. Weil es voll Frieden ist, segnet es auf natürliche Weise.

Weder Verbitterung noch Zorn übernehmen Verantwortung für das, was sich gerade in deinem Leben zuträgt. Du projizierst deine Verantwortung nach außen, und dein Ärger folgt diesen Fußspuren. Sowohl Verbitterung als auch Zorn verbrennen das verbindende Gewebe zwischen dir und deinem Partner, zwischen dir und allen anderen. Vielleicht spürst du Verbitterung gegen jemand anderen als deinen Partner, aber wenn du überhaupt Verbitterung und Zorn spürst, dann beeinträchtigt das alle deine Beziehungen.

Du erkennst nicht, dass du in dir die Verbitterung und den Zorn aus deinen Kindertagen spürst und wahrscheinlich auch aus wichtigen vergangenen Beziehungen. Diese sind Auslöser für deinen Ärger und das führt zu Kämpfen, bei denen du entweder fliehst oder deinerseits angreifst. Wenn diese aus einer Ebene unterhalb deines Bewusstseins eingeschlossen werden, dann führt dies zu Leblosigkeit und Mauern, die du scheinbar nicht überwinden kannst. Dann brauchst du die Hilfe des Höheren Bewusstseins.

Erkläre ganz einfach deine Absicht und wende dich an dein Höheres Bewusstsein, um all die Verletzungen, Hassgefühle, deinen Groll und deinen Zorn aufzurufen. Dein Groll ist die Folge davon, dass Menschen sich dir gegenüber so verhalten haben, als wären sie dir scheinbar überlegen. Oder sie haben dich auf gemeine oder herablassende Weise behandelt. Das wird oft von deiner Seite dadurch unterstützt, dass du dich mit ihnen vergleichst. Hass und verletzte Gefühle sind meist die Folge des Gefühls, dass dich jemand falsch gesehen oder Schaden verursacht hat, den du tragen musstest.

Unterbewusst jedoch wolltest du etwas Besonderes sein, du wolltest Trennung, Ausreden und du wolltest beweisen, dass du der Bessere warst. Zorn kann aufkommen, wenn du Schaden nimmst, wenn du Herzeleid erfährst, Schuldgefühle hast, dich ausgebrannt fühlst, etwas aushältst, dich kontrolliert fühlst, wenn du dich missbraucht fühlst, übermäßig erschöpft, gedemütigt, wenn deine Bedürfnisse hintertrieben werden, wenn jemand dir Schmerzen zufügt, wenn du dich benutzt oder missbraucht fühlst, bei Hass oder Schuld.

Nun ist die Zeit gekommen, diese Kammern zu entdecken, in denen du deine Angriffe, Selbstangriffe und Schwächen speicherst. Sie zu entdecken, ist schon die halbe Miete. Wenn du diese verborgenen Speicher findest, dann kannst du dich fragen, welche Auswirkung sie auf dein Leben gehabt haben. Wenn möglich, stell dir dich selbst in der Ursprungsszene vor, als diese Gefühle zum ersten Mal aufkamen, und wiederhole immer wieder die Worte: „Ich könnte jetzt auch stattdessen Frieden erkennen." (*Ein Kurs in Wundern*, Lektion 34)

Nach jedem Mal erforsche, wie die Szene jetzt aussieht und wie du dich fühlst. Es gibt bei all diesen Szenen und bei der Wut, die du in dir gespeichert hast, verborgene positive Folgen für dein Ego. Du hättest stattdessen Frieden haben können, und Frieden bringt Verbundenheit, Liebe, Gesundheit, Fülle und Glück mit sich. Wiederhole dies immer wieder. Die Vorteile, die du durch deinen Zorn bekommen hättest, hätten dich nie glücklich gemacht. Nur Frieden kann dich glücklich machen. Benutze nicht diese verborgenen oder auch nicht so verborgenen Themen, um dich auf Abstand von deinem Partner zu halten, wenn du stattdessen Frieden und Liebe hättest haben können.

98

Das Selbst, das nie erwachsen wurde

Wenn du leidest und das Leid nicht heilt, dann leidest du weiter, ganz egal, wie gut du das bestreiten oder es abspalten kannst. Du leidest weiter im Inneren, und das Selbst, das verwundet wurde, bleibt im Schmerz gefangen. Dieses Selbst bleibt im selben Alter stehen wie zu dem Zeitpunkt, als es verletzt wurde.

Der Geist ist sehr produktiv und er hört nicht damit auf, ehe du ihn nicht im Tode stoppst, und auch dann schläft er nur eine Weile. Aber das Selbst, das verletzt wurde, bleibt emotional eingefroren, und zwar genau in dem Alter, in dem die Verletzung geschah. Wenn du erwachsen wirst, bist du vielleicht immer noch in deiner emotionalen Reife an diesem Punkt.

Diese Teile besitzen keine Selbstliebe und auch keine Liebe, die sie heilen würde. Jeder emotionale Ausbruch, jeder Wutanfall ist in Wirklichkeit ein Hilferuf, bei dem du hoffst, dass jemand außerhalb von dir selbst durch dein Verhalten hindurchschauen und denjenigen Teil von dir sehen möge, dessen du dir nicht einmal selbst wirklich bewusst bist. Es mag vielleicht aussehen, als würdest du Amok laufen, es kann aber sein, dass der Dreijährige in dir das Steuer übernommen hat. Dann solltest du besser dafür sorgen, dass sich niemand auf den Fußgängerwegen befindet.

Wenn es also ein Problem oder ein Ärgernis in dir gibt, könntest du dich auch fragen, wie alt der Teil in dir ist, der nie erwachsen geworden ist. Dieser Teil braucht dann eine Such- und Rettungstruppe. Du kannst dann nämlich zurück zu diesen Selbstanteilen gehen und sie wirklich lieben. Du kannst auch die Liebe derjenigen, die du kennst und von denen du weißt, dass sie alles für dich tun würden, dazuholen. Du kannst auch die Liebe des Himmels dazu einladen. Auf diese Weise wird das eingefrorene Selbst anfangen zu wachsen. Es wird weiter wachsen und reifen, bis es dein gegenwärtiges Alter erreicht hat. Dann wird es in dich zurückschmelzen und dir Ganzheit schenken, wo bisher Leid und Abspaltung im Geiste war.

Das bringt dich auf eine neue Ebene der Reife, und deine Fähigkeit zur Resonanz anderen gegenüber, die ähnlich eingefroren sind und leiden, wird zunehmen.

99

Liebe und Hass gehören zusammen

Wie zwei gegensätzliche Glaubenssysteme, die du in dir trägst, können auch Liebe und Hass Seite an Seite in deinem Inneren existieren. Sie werden nur von deinem Ego getrennt voneinander gehalten, das weiß, wenn sie zusammenkommen dürften, dann würde es zu einer Heilung kommen, die die Folge von Integration ist. Besonders positive Menschen tragen dieses Problem stärker als andere in sich. Es zeigt sich dann vielleicht als Krankheit, man verletzt sich oder erleidet eine Niederlage, die zeigen kann, wo man seinen blinden Fleck hat. Es gehört sich, dass du diese Aspekte deines Inneren heilst, bevor es für dich ein schlimmes Erwachen gibt.

Es ist wichtig zu wissen, wie autodestruktiv Hass ist. Er ist die Wurzel jedes größeren Problems oder Traumas, das du hast. Es ist eine Verteidigung gegen den Selbsthass, den du fühlst. Hass und Selbsthass sind Teile eines Teufelskreises, der die Grundlage des Egos bildet. Hass und Selbsthass nagen in deinem Inneren und lassen deine Träume platzen, bauen aber gleichzeitig mit Angriff und Selbstangriffen dein Ego immer weiter auf.

Es gibt einen Weg, wie du dir deines verborgenen oder nicht so verborgenen Hasses bewusst werden kannst. Als Erstes werde dir all der Menschen bewusst, die dich geliebt und dir in deinem Leben geholfen haben. Nimm dir dafür etwa fünf Minuten Zeit. Danach denke an die Zeiten, als sie dich wirklich verletzt oder buchstäblich dein Herz gebrochen haben. Wenn du daran denken kannst, ist dies immer noch in dir, aber abgespalten. Geh im Geiste durch jedes einzelne Ereignis. Fühle die Emotionen der Verletztheit und des Hasses und aller anderen Gefühle, so intensiv wie möglich. Dann zieh die Macht, die du aufgrund dieser Ereignisse weggeworfen hast, zu dir zurück. Sauge diese

Macht zurück zu dir, in dich hinein. Eine Atemmethode, die ich hierzu hilfreich finde, besteht darin, die Macht, vor der du Angst hattest, in dich zurückzubringen, während du einatmest. Tu dies so lange, bis das Ereignis nichts Emotionales mehr in sich trägt und bis es sich aufzulösen scheint.

Es kann dir auch helfen zu erkennen, wie du dieses Ereignis benutzt hast, um nicht weiter vorwärts in Richtung auf mehr Nähe zu gehen, weil du Angst und innere Bewertungen in dir getragen hast, die beide Formen des Angriffs und Selbstangriffs sind. Du kannst dann deine Liebe, dein Höheres Bewusstsein oder deinen Spirit als Farbe imaginieren. Du kannst auch intuitiv spüren, wo du die Stellen des Hasses und Selbsthasses in deinem Körper trägst. Dann kannst du mit deinen Händen über deinen Körper streichen – von der Stelle, an der die Dunkelheit verborgen war, bis zu der Stelle, wo sie sich mit deinem Höheren Bewusstsein verbinden will. Lass die Energie und die Farben in einer heilenden Integration ineinanderfließen. Bei dieser Integration kommen entweder zwei positive, zwei negative oder ein negativ-positiver Aspekt zusammen und bilden ein neues Ganzes. Lass sie ineinanderschmelzen und zu einer neuen Farbe werden.

Achte darauf, dass sich nun eine weitere Emotion zeigen kann, wenn ein weiterer Konflikt unter dem ersten verborgen ist. Du kannst auch dieser genau an der Stelle, wo sie in deinem Körper eingeschlossen ist, eine Farbe geben und dann kannst du sie mit deinem Geist oder mit der höchsten Integration zusammenfließen lassen.

Der verborgene Konflikt von Liebe und Hass, die Seite an Seite in dir leben, ohne dass du es weißt, hält dich an einem bestimmten Entwicklungspunkt gefangen, was verhindert, dass du weiter vorankommst. Der Konflikt löst Angst in dir aus und hält einen Speicher von Schuld, Wertlosigkeit und Mangel an Selbstvertrauen aufrecht. Er verschließt auch einen Glaubenssatz in dir, dass du alles allein tun musst, statt dass du dich von der Gnade abhängig machst.

Das ist im gleichen Maße stressig wie auch narzisstisch.

Wenn du so einmal mit den Menschen, die du liebst, durch dein Leben gegangen bist, kannst du eine weitere Runde mit deinen Feinden machen, mit denen, die dich angegriffen und geringgeschätzt haben. Diese spiegeln deine Schatten wider, deine Ahnenmuster und karmischen Muster, die alle Schmerz, alte Geschichten und Hass/Selbsthass in sich tragen. Geh zu jeder einzelnen zurück und zieh die Macht zu dir zurück. Du kannst auch fragen, wozu du sie benutzt hast. War es, weil du vor deiner Bestimmung, vor deinem Schicksal weggelaufen bist? War es, weil du so deine Schatten-Selbstkonzepte nach außen projizieren und so versuchen konntest, deine Schuld zu erleichtern, und deine Überlegenheit und deinen moralischen Aufstieg über andere beweisen wolltest?

Diese Dynamik, zusammen mit dem Versuch, dies zu verbergen, Kontrolle zu erlangen und es im Leben nur um dich gehen zu lassen sowie unabhängig zu sein, sind Schlüsselthemen, die du in beinahe jedem Problem/Trauma ausmachen kannst.

Wenn du einmal diese Dynamik verstanden hast, bist du in der Lage, zu erkennen, dass jedes dunkle Ereignis, jedes Problem einem verborgenen Zweck für dich dient. Diese Ehrlichkeit im Hinblick auf dich selbst kann dir helfen, eine neue Entscheidung zu treffen und voranzuschreiten und nicht länger andere oder Ereignisse als Entschuldigung dafür zu benutzen, es nicht zu tun, und nun stattdessen mit der Heilung zu beginnen, die für den nächsten Schritt mit seinem größeren Selbstvertrauen und seiner stärkeren Selbstliebe notwendig ist.

Der verborgene Hass hat dich in einem Zustand des Konfliktes und der Leblosigkeit in deinen Beziehungen festgehalten. Du verdienst etwas Besseres. Du verdienst alles.

100

Wenn du dich hilflos fühlst, stehst du deiner Bestimmung im Weg

Hilflosigkeit zu erleben, ist eine der schlimmsten Erfahrungen, die du haben kannst. Ganz gleich, ob du sie in Bezug auf Fremde erlebst oder in Bezug auf Menschen, die du liebst, im Hinblick auf dich selbst oder auf andere. Wenn du dich hilflos fühlst, dann hast du ein wie auch immer geartetes persönliches Interesse an der Situation. Hilflosigkeit ist eng mit Wertlosigkeit verbunden, und es ist diese Überzeugung, die dir dieses Erlebnis vermittelt und dir das Gefühl gibt, dass du nichts Nützliches beschicken könntest.

Es gibt viele Möglichkeiten, mit der du Hilflosigkeit begegnen kannst, um sie zu überwinden. Hier sind einige: Frage den Himmel: „Worin besteht mein Wert?" Die Antwort, die dir einfach so in den Sinn kommt, gewöhnlich in Sekundenschnelle, trägt deinen Wert mit sich.

Dein Wert kommt aus deiner Identität als Geist, als Kind Gottes. Aber du hast diese Identität mit vielen Selbstbildern überlagert. Sie sind alle Selbstkonzepte, sogar die positiven, und beinhalten die Notwendigkeit, dich von deiner Ganzheit abzuspalten. Das wiederum bewirkt Schmerz, Angst, Verlust, Bedürfnisse, Widerstand, Unzulänglichkeit und Schuld. Du hast dein Selbst in einem Versuch erstickt, eine eigene Identität aufzubauen, und du musstest schmerzliche Situationen schaffen, um das tun zu können. Jede Spaltung hat dich dir selbst gegenüber weniger unschuldig gemacht und dich geschwächt. Unsere Bestimmung liegt darin, sowohl unschuldig als auch stark zu sein. Es geht darum, zu erkennen, dass es nicht nur in dir eine größere Stärke gibt, sondern eine Stärke, auf die du dich verlassen kannst. Sie führt zum goldenen

263

Leben, das sich später in den Garten bzw. den Himmel auf Erden verwandelt. Das ist eine lebendige Erfahrung deiner Ganzheit und Heiligkeit. Darin besteht deine wahre Kraft. Du erinnerst dich, dass du Geist bist, mit all der Liebe und der Macht der Einheit, von der du Teil bist. Das ist deine Bestimmung und diese blockierst du, wenn du dich hilflos fühlst.

Wenn du dich so fühlst, dann kannst du damit beginnen, die Menschen in deiner Umgebung um Hilfe zu bitten und ebenso dein Inneres. Als Geist erkennst du dann, dass Gott in dir ist und du Teil dieser Einheit bist, Teil des göttlichen Geistes. Darin besteht deine Macht und dies verleiht dir Kraft. Das ist dein Schicksal, das mit dem großen Glück beginnt und dann in die Meisterschaft übergeht, sodass du zu einer Brücke zwischen Himmel und Erde wirst. Nur das Ego, das du mit Myriaden von Selbstkonzepten aufgebaut hast, hält dich davon ab, diese Wahrheit über dich zu erkennen. Es sind deine Selbstkonzepte und die Tatsache, dass du an der Trennung des Egos festhältst, was dich hilflos macht.

Du kannst deinem Partner oder dir selbst nicht helfen, wenn du nicht weißt, wer du bist. Nur die Heiligkeit deines Geistes kann eine Situation retten. Bitte darum um die Hilfe des Himmels und spüre, dass du dadurch über alle Situationen hinausgetragen wirst, die dich festhalten. All deine Emotionen, Glaubensmuster, Gedanken und Selbstkonzepte, die dich fest im Griff haben und dich am Vorwärtskommen hindern, lösen sich auf, wenn du über sie hinausgetragen wirst, tief in dich hinein, bis zu dem Ort, wo du reines Licht und Liebe bist. Aus diesem Ort heraus kannst du die Welt segnen und – indem du dies tust – alles bewirken und erreichen.

Du kannst damit beginnen, dass du deine Augen schließt und darum bittest, dass alle deine Gedanken, die nicht liebevoll sind, zum inneren Licht gebracht werden. Alle Gedanken, die nicht Liebe sind, wie beispielsweise Angst, Verletztheit, Wut, Unruhe, Bewertungen und Schmerz können so zum Licht deines Geistes gebracht werden. Diese Glaubensmuster halten dich fest in dem Glauben, dass du etwas anderes als Liebe und Licht bist, und deshalb ohne die Macht und den Segen deiner Ganzheit und Heiligkeit auskommen musst. Diese Ganzheit kommt aus deiner Einheit, aus dem Bewusstsein, Teil des göttlichen Bewusstseins zu sein. Lass also deine Ganzheit diese Situationen segnen, alle Menschen und Probleme, die Teil davon sind. Lass deinen Spirit die Welt segnen. Das wird sie retten. Du kannst nicht wirklich glauben, dass du ganz

oder heilig bist, wenn du all die Selbstkonzepte aufrechterhältst, die du aufgebaut hast.

Jetzt ist die Zeit, deshalb erkenne dich selbst, wie du geschaffen wurdest.
Lass dein Licht die Welt segnen. Statt hilflos zu sein, lass deine Liebe sichtbar
werden und andere ganz machen, angefangen mit dir selbst.

Zusammenfassung

D as goldene Leben ist möglich für dich, ebenso für deinen Partner und für eure Beziehung. Wenn du es bisher nicht erreicht hast, dann gibt es wahrscheinlich noch einige Prinzipien, die du lernen solltest – Vergebung und Selbstvergebung sind die wichtigsten davon. Sie heilen die den Problemen zugrundliegenden Ängste und Schuldgefühle, die dich zurückhalten. Es ist Gottes Wille, dass du ein goldenes Leben führst, denn es ist Sein Wille, dass du Ihm immer näherkommst, bis du erkennst, dass du das Einssein nie verlassen hast.

Jetzt wäre also eine gute Zeit, dich zu entscheiden, ob du dem Willen des Egos oder Gottes und deinem eigenen wahren Willen folgen willst. Deine Lebensqualität wird davon abhängen.

Karten der Partnerschaft
Liebe in Partnerschaft und Beziehungen
Chuck Spezzano

2. Auflage

90 künstlerisch gestaltete, farbige Karten mit Begleitbuch, ISBN 978-3-86616-090-3

Die Karten der Partnerschaft wollen dazu beitragen, eine Beziehung auch dann lebendig zu erhalten, wenn die Phase der ersten Verliebtheit vorbei ist, und sie wollen dem Paar, das sie befragt, dabei helfen, erfolgreich alle Hindernisse und Klippen zu umschiffen, die jede Beziehung überwinden muss, um auf lange Sicht glücklich und erfolgreich sein zu können. Wie schon bei den Karten des Lebens hat die Künstlerin Petra Kühne auch hier wieder zu jedem Thema der insgesamt 90 Karten ein vollendetes kleines Kunstwerk geschaffen. Ein Begleitbuch erläutert die Bedeutung jeder Karte, zeigt Prinzipien auf, die verstehen helfen, was eine Beziehung voranbringt und was sie zurückhält, und macht Vorschläge für mögliche Befragungen. Die Karten der Partnerschaft sind eine wirklich gelungene Fortsetzung der bereits vor einigen Jahren bei Via Nova erschienenen Karten der Liebe und knüpfen nahtlos an deren großen Erfolg an.

Die inneren Heilkräfte erwecken
Heilung von • Krankheiten • Beziehungen • Lebensumständen
Chuck Spezzano

Hardcover, 256 Seiten, ISBN 978-3-86616-259-4

Hinter unseren Krankheiten, Beziehungs- und Lebensproblemen stecken sehr oft unbewusste und unterbewusste Lebensmuster. Diese in ihrer ganzen Tiefe zu erkennen und aufzulösen, um ein gesundes und erfülltes Leben zu führen, dazu lädt das neue Buch von Chuck Spezzano ein. Das Besondere dieses neuen Meisterwerkes ist, dass der Leser hier Erkenntnisse, Methoden und Techniken findet, die aus Spezzanos unmittelbarer, über 35-jährigen therapeutischen Arbeit stammen. Dieses Buch vermittelt lebendiges Wissen und vitale Weisheiten mit sehr praxisbezogenen Methoden und Übungen. Ein heilsamer Ratgeber und weiser Begleiter auf der Reise zu sich selbst, zu mehr Gesundheit, Zufriedenheit und Lebensfreude.

Partnerschaft und spirituelles Leben
Gemeinsam in ein höheres Bewusstsein
Chuck Spezzano

Hardcover, 272 Seiten, ISBN 978-3-86616-329-4

Mit gewohnt durchdringender Bewusstseinsklarheit und mitfühlender Menschenkenntnis öffnet der weltberühmte Weisheitslehrer mit den Botschaften dieses Buches unsere Herzen und unsern Geist für ein tiefes spirituelles Verständnis von Partnerschaft. In seiner unvergleichlichen Weise erinnert er uns daran, im Anderen, in uns selbst und in allen Prozessen, die in der Begegnung stattfinden, das Göttliche zu erkennen. Welche Widerstände und Schwierigkeiten wir auch immer in und durch unser Partnerschaft erfahren, sie sind die großen Wegweiser für unsere Heilung. Und wahre Heilung kann nur in und durch die Liebe geschehen. Dieses grandiose „Meisterwerk der Liebe" zeigt uns, wie wir gemäß unserer göttlichen Natur ein erfüllendes Miteinander leben können.

Karten der Selbstheilung
Illustrationen von Petra Kühne
Chuck Spezzano

2. Auflage

100 farbige Karten mit Begleitbuch (240 Seiten), ISBN 978-3-86616-209-9

Die Karten der Selbstheilung sind eine große Hilfe, denn sie geben jedem die Möglichkeit, unterbewusste Muster zu erkennen und aufzulösen, die oft Ursache von Krankheiten und Problemen sind. Die Karten der Selbstheilung sind nach bewährter Manier in fünfzig positive und fünfzig negative Karten unterteilt, und wie schon bei den Karten des Lebens und den Karten der Partnerschaft hat die Künstlerin Petra Kühne wunderbare kleine Kunstwerke geschaffen, die die Aussagen der Karten mit Leben erfüllen. Ein Begleitbuch erläutert die Bedeutung der Karten, macht Vorschläge für mögliche Legungen und stellt zudem heilende Übungen vor, die helfen, die Ursachen von Krankheiten und Problemen zu erkennen und aufzulösen.

Wie Sie herausfinden, wann Ihre Beziehung wirklich zu Ende ist und was Sie tun können, um sie zu retten
Chuck Spezzano

3. Auflage

Taschenbuch, 168 Seiten, ISBN 978-3-86616-108-5

Heute sind (vor)schnelle Trennungen an der Tagesordnung, weil jeder glaubt, er könne beim nächsten Partner das Glück finden, das der gegenwärtige Partner ihm scheinbar nicht geben kann. Die Chance, in einer bestehenden Beziehung zu echter Partnerschaft zu gelangen, wird so oftmals voreilig und leichtfertig vergeben. Der erfahrene und weltweit bekannte Beziehungsexperte macht im vorliegenden Buch klar, was eine Beziehung zerstört und was sie zu stärken vermag. Er vermittelt Prinzipien der Heilung, die dazu beitragen können, eine Beziehung aus dem gefährlichen Fahrwasser einer drohenden Trennung herauszuführen, und er zeigt eine „narrensichere" Methode auf, die es einem oder beiden Partnern ermöglicht, zweifelsfrei festzustellen, ob ihre Beziehung wirklich zu Ende ist oder nicht.

Liebe & Partnerschaft – DVD
Wie Sie Ihre Partnerschaft erfolgreich gestalten
Chuck und Lency Spezzano

Laufzeit 108 Min. , ISBN 978-3-86616-109-2

Die weltberühmten Beziehungsexperten Chuck und Lency Spezzano sowie Jeff Allen stellen praktische und effektive Lösungen für alle Ihre Beziehungsprobleme vor. Mit über 100 Minuten fesselnder persönlicher Erzählungen, einfachen Erklärungen und innovativen Lösungen erforscht diese DVD auf unterhaltsame Weise die Höhen und Tiefen von Liebe und Partnerschaft einschließlich folgender Themen: Sich verlieben, wenn die Liebe vorbei zu sein scheint, die Bedeutung von Sexualität, gebrochene Herzen heilen, Affären überwinden, Streit beenden, der Beziehung neues Leben geben.

Die Brücke
Das Musical
Barbara Schenkbier / Reinhold Hoffmann

CD, Laufzeit: 64 Minuten, 25 Songs, ISBN 978-3-86616-351-5

Der Ursprung? Vergessen! Die Identität? Getilgt! In einer Welt fern der unseren, haben die Menschen – unterdrückt von einem skrupellosen Wissen-
schaftler und abhängig vom Serum einer Pflanze – ihr wahres Sein einge-
tauscht gegen ein Leben ohne Sorgen und Schmerz. Sie haben vergessen,
wer sie sind und woher sie kommen. Doch es keimt Hoffnung. Zwei Menschen, ein Mann und eine
Frau, begeben sich gemeinsam auf die Suche nach Liebe, Glück und Freiheit. Ein gefährliches Un-
terfangen. Doch die beiden sind nicht allein. Eine geheimnisvolle, große Kraft weist Ihnen den Weg
und zeigt ihnen ihre Bestimmung: Die Brücke zu finden, die alles Leben miteinander verbindet. Nach
einer riskanten Flucht stoßen sie schon bald auf Unterstützer und das spannende Abenteuer nimmt
seinen Lauf. Werden sie die Fähigkeit erhalten die Menschen aus ihrer Maskerade zu befreien? Sind
sie bereit für den großen Tanz des Lebens? Die spannende Geschichte, inspiriert von der erfolgreichen
Autorin Barbara Schenkbier als Musical geschrieben, führt ausdrucksstark und liebevoll in eine Zeit,
die sowohl in die Zukunft weist, als auch den Spiegel der heutigen Zeit vor Augen hält.

Der Aufstieg der Seele
Meditationsübungen des Raja-Yoga
Swami Kriyananda

Paperback, 240 Seiten, ISBN 978-3-86616-298-3

Wer sich auf die Übungen dieses ungewöhnlichen Buches einlässt, ganz
gleich ob Anfänger oder Fortgeschrittener, der kann mit dem hier erstmals
vermittelten Wissen zu höchstem Bewusstsein gelangen. Die detaillierten,
praxisnahen Beschreibungen sowie die sehr konkreten Meditationsan-
leitungen aus der Tradition des Raya-Yogas führen den Leser Schritt für
Schritt zum Erwachen des Geistes. Auch die Auswirkungen auf die Physi-
ologie sowie der Nutzen für das tägliche Leben werden sehr ausführlich
beschrieben. Selten zuvor hat es solch klare Anweisungen für den Prozess
der Erleuchtung gegeben wie in diesem Buch, das inspiriert ist von der großen Weisheit des be-
rühmten Paramahamsa Yogananda, Autor des Weltbestsellers „Autobiografie eines Yogis".

Sein Bewusstsein auf eine höhere
Seinsebene bringen
Geführte Meditationen
Werner Vogel

CD, Laufzeit: 70 Minuten, ISBN 978-3-86616-123-8

Die Grundübung aller spirituellen Wege ist die Meditation. Das Ziel der
Meditation in allen spirituellen Traditionen ist die Erfahrung eines nicht-
dualistischen Bewusstseinszustands. Um in den Zustand des Geistes in der bewussten Erfahrung
des „ewigen Hier und Jetzt" zu kommen, bedarf es einer stufenweise aufgebauten Übungspraxis.
Geführte Meditationen können helfen, den zerstreuten Geist zu sammeln und auszurichten. Dadurch
kommt der Übende zur Ruhe und zur Erfahrung der inneren Stille. Der Geist beruhigt sich und wird
klar wie die Oberfläche eines aufgewühlten Sees, auf dessen Grund man sehen kann. Schließlich tritt
der Zustand der gesammelten inhaltslosen Wachheit im Geist ein und der Übende wird offen und frei
für ein höheres Bewusstsein. In der CD werden 3 Meditationsübungen angeboten, teilweise unterlegt
mit meditativer Musik.

Wie Beziehungen wirklich gelingen
Neue Wege für Liebe und Partnerschaft
Jeff und Sue Allen

Hardcover, 256 Seiten, ISBN 978-3-86616-210-5

Beziehungen sollten eigentlich der Himmel auf Erden sein, aber genau das Gegenteil ist fast immer der Fall. Die Liebe zum Partner liegt unter dem Schmerz ständiger Auseinandersetzungen, gegenseitiger Schuldzuweisungen und tiefer Verletzungen vergraben. Jeff und Sue Allen zeigen in ihrem Buch nicht nur die verborgenen Triebkräfte auf, die in allen Beziehungen am Werk sind, sondern auch Wege, sie zu erkennen und zu verwandeln. Anhand ihrer eigenen authentischen Geschichte nehmen sie den Leser mit auf eine Reise durch die Stadien, Gefahren, Irrgärten und Fallen, die es in einer Beziehung zu überwinden gilt, um zu wahrer Liebe und echtem Glück zu gelangen.

Kann denn Liebe Lüge sein?
Ein radikal neues Verständnis von Liebe und Beziehungen
Joseph Fries / Wolfgang Weigand

Hardcover, 192 Seiten, ISBN 978-3-86616-296-9

Wer träumt nicht von der großen Liebe und einer glücklichen Partnerschaft? Kaum ein Thema bewegt die Sehnsüchte der Menschen mehr! Dass heute zugleich so viele Beziehungen scheitern, ist ein Dilemma, dem dieses Buch auf den Grund geht. Es vermittelt ein neues Verständnis von Beziehungen und eine zeitgemäße spirituelle Sicht auf die „Fallstricke der Liebe" im 21. Jahrhundert. Zugleich räumt es auf mit falschen Erwartungen und romantischen Vorstellungen und zeigt einen realen Weg der Heilung durch die Entwicklung der eigenen Liebesfähigkeit. Sehr hilfreich ist das erstmal hier vorgestellte Jofri-Balance-Modell, das die Ursachen vieler Verstrickungen offenlegt. Für alle, die nicht weiter von der großen Liebe träumen wollen, sondern sie in ihrem Leben wirklich erfahren möchten!

Eheglück statt Ehekrise
Peter K. Keller

Auroris Taschenbuch, 128 Seiten, ISBN 978-3-86616-297-6

Wie Ehe und Partnerschaft zu einem beglückenden Abenteuer und wie Krisen gemeistert und als Chance genutzt werden können, darüber erzählt der Erfolgsautor von „Lachen, Singen, Tanzen", Peter K. Keller, in diesem Buch. Die wertvollen persönlichen Erfahrungen, Erkenntnisse und Reflektionen geleiten den Leser durch die weitverzweigten Wegstrecken, Einbahnstraßen und Sackgassen, die jedem während einer Partnerschaft begegnen können. Ein hoffnungsvolles Buch mit vielen hilfreichen Tipps und Anregungen, die sich schon in der langjährigen Seminararbeit des Erfolgscoachs bewährt haben. Inspirierende Einsichten und erfreuliche Aussichten, für alle, die bereit sind, auch in schwierigen Zeiten für ihr Eheglück einzustehen und ihr Wissen über Liebe und Partnerschaft zu vertiefen.